伦敦城记

［英］克里斯托弗·希伯特　著

刘娲　译

上海人民出版社

骑虎的酒神巴克斯：利德贺街出土的罗马嵌花地面铺饰。

15世纪的华贵服饰：传说中的尤瑟王（King Uther Pendragon）在伦敦的王宫，微型画。

柏蒙西郊区的婚宴，乔恩·赫夫纳格尔（Jons Hoefnagel）绘，约 1590 年。

英国最早期的具有中国风格的物件之一：1619 年为
东印度公司法庭制造的马具商公会（Saddler's Company）的投票箱。

《查理二世在皇家骑兵团阅兵场》（*Charles II on Horseguards Parade*），约 1680 年（局部）。

泰晤士河上圣殿梯道（Temple Stairs）旁的霜冻集市，1683—1684 年。

伦敦城、伦敦城南和威斯敏斯特桥，罗伯特·格里菲尔（Robert Griffier）绘，1748 年。

科文特花园玫瑰酒馆的狂欢，选自霍加斯《浪子生涯》。

贴着海报的伦敦街景，约翰·佩里（John Parry）绘，1835 年

圣保罗大教堂及现代城市：大卫·托马斯（David Thomas）《1967年的伦敦》局部。

献给斯图尔特和蕾切尔

目 录

作者的话

　　尽管本书着重介绍伦敦的发展史以及伦敦人的社会生活，但我也试图在某种程度上将其打造为一本指南。本书无意佯装全面，但在最后部分，我将本书中提及或以插图展示的，目前仍能在伦敦观赏、享受到的所有建筑、景观、宝藏和乐趣，都作了一些详细的说明。谨希望通过此举，本书能为不熟悉伦敦的访客派上一些实际的用途，同时也能为熟悉伦敦但对它了解并不深入、对它所展示的独特和多样性永不厌倦之人，譬如像我这样的人，起到一些实际的作用。

　　感谢我的好友、《伦敦纵览》（*The Survey of London*）的总编谢泼德博士（F. H. W. Sheppard）。他阅读了本书的初稿，提出了许多宝贵的意见。同时非常感谢哈米什·弗朗西斯（Hamish Francis）先生审阅校稿，感谢我的妻子编撰索引，感谢插图研究服务公司（Illustration Research Service）收集的所有图片，许多图片为首次引用。

第一章　古罗马时代的伦敦

图 1-1　库珀街（Cooper's Row）上现存的一段古罗马城墙，约公元 200 年。

尼禄大帝（Emperor Nero）统治的第七年，在新近被征服的不列颠省，爆发了一场由凯尔特部落人发动的大暴乱。公元61年，罗马士兵占领了诺福克爱西尼人（Iceni）的女王布狄卡（Boadicea）①的宫殿，她因拒不交出爱西尼人的财富而受到鞭笞，两个女儿也遭到强暴。对罗马的狂妄统治久怀不满的爱西尼人，已被逼入了出离愤怒的境地。

在邻近部落特里诺凡帝人（Trinovantes）的帮助下，爱西尼人冲入罗马人的城镇科尔切斯特（Colchester），屠杀居民，烧毁房屋，击溃了从林肯（Lincoln）回防、姗姗来迟的第九军团。随即，在布狄卡的带领下，他们掉头向南朝泰晤士河而去。仅仅几天之内，这支粗野而庞大的军队就已在傲然窥伺着郎蒂尼亚姆港（Londinium，现伦敦）。

此地未设堡垒，也未建护城墙。其原因是，尽管郎蒂尼亚姆存有大

---

① 布狄卡（英文：Boudica 或 Boudicca），旧称博阿迪西亚（拉丁语：Boadicea，或译波阿狄西亚），威尔士语中称她为比达格（Buddug）(？—公元60年或61年)，是英格兰东英吉利亚地区古代爱西尼部落的王后和女王，她领导了不列颠诸部落反抗罗马帝国占领军统治的起义。——译注
本书注码①②③…为译注，请见同页末；注码1、2、3…为英文版文末注，请见"注释与指南"部分。——编者

图 1-2　骑虎的酒神巴克斯：利德贺街出土的罗马嵌花地面铺饰。

量的军需物资，但它仅是一个河畔的贸易中心而非军事要塞。除了少量建筑以岩石和砖瓦砌成之外，绝大部分房屋均以木头和茅草建造，脆弱而不堪一击。木材搭建的码头上，堆满了成捆、成箱、罐装和桶装的货物。各个码头由木桩支撑，木桩伸入定时涨落的清澈河水之下的卵石之中。岸边杂乱遍布着仓库、店铺和酒馆，在集市的货摊外，是篱笆搭成的养猪人、烧炭人的陋屋，它们全都毫不设防，易受攻击。

起义爆发之时，罗马总督苏维托尼乌斯·保利努斯（Suetonius Paulinus）的大部分军队尚远在威尔士，从北方赶回来保卫这座港口，与强悍的部落人对抗显然已无可能，他只能接受现实而弃之于命运发落。郎蒂尼亚姆所遭受的破坏是迅速而彻底的。它被大火烧毁，其居民遭到屠杀，街道、房屋和公共场所很快被大量的碎石和松软鲜红的灰烬所埋葬。

布狄卡得以复仇，但没能取得最终的胜利。有尼禄大帝难以计数的资源做后盾，保利努斯同不列颠部落人展开了规模战，并一举将其击败。为了避免落入敌手，布狄卡吞下了毒药，与成千上万人一同死去。

尽管她彻底摧毁了最初的郎蒂尼亚姆，但另一座更完善的城镇迅速兴起而取而代之，因为罗马人意识到，此处是通往不列颠省的关键所在。

早在罗马人还未到来之前，这座岛上的原住民和早先的入侵者，就在郎蒂尼亚姆所坐落的那条宽阔河流的沿岸建立了定居点。这条河是他们的交通要道，也是食物的来源。它不仅将各个定居点相连，而且在北海海水灌入海峡之前，还连接起了不列颠和大陆主体部分（当时，不列颠也还是欧陆的一部分）。① 然而，在这条宽阔河流所经之处，仅有一处能被罗马人用来建成重要港口和商业中心，这就是建起郎蒂尼亚姆的

2

---

① 欧洲大陆原和不列颠岛相连。约 10000—8000 年前，因冰川融化、海平面上升，两者之间的陆地逐渐被淹没。——译注

图 1-3　齐普赛街浴池排水道内发现的地砖上印的儿童脚印，2 世纪初期。

那片地域。更下游的定居点，缺乏郎蒂尼亚姆那样的碎石河床，无法支撑桥梁，也不能提供浅滩。而在上游，约有 100 英尺宽且至少比如今低 15 英尺的河流，无法容纳罗马帝国商船队的大船。而在郎蒂尼亚姆，既有船队所需的潮水，也有安全的跨河之处，能将罗马人权力与安全所依赖的错综复杂的道路连接起来。

　　一年又一年，伦敦逐步发展并繁荣起来。至 3 世纪中叶，它已成为不列颠省的行政、金融及商业中心，居住在此的大约已有 3 万人，50 年之后，这个数量又几乎翻了一倍。4 世纪初期的罗马—不列颠伦敦人，居住在占地 326 英亩的半环形区域内，周围以 3 英里长、墙基厚约 8 英尺、高达 20 英尺的牢固石墙所环绕。石墙延绵包围着整座城镇，从伦敦塔如今所处的山丘，沿着河岸往西直至 1 英里之外、早已被现代城镇所覆盖的弗利特河（Fleet River）与泰晤士河的交汇口。在通往城内的主干道处设有数道城门，城墙上后来又以一系列伸出的堡垒和塔楼加强防御，克里普尔门（Cripplegate）附近还设了一道驻军要塞。[1]

在如今伦敦桥稍下游处，有一座横跨泰晤士河的木桥，宽度足以容纳双向人流，出城人流前往河对岸的郊区，即如今萨瑟克（Southwark）的街道覆盖之处；进城人流通过城门进入城内。城门上的岗哨，虎视眈眈地俯瞰着脚下长长的码头上停泊着的艘艘帆船。

在城墙内，城中心铺着路面的主街道，宽阔、笔直而整齐，沿街道排列的房屋牢固而雄伟。尽管苦力和码头工人依然居住在茅草棚或小木屋中，但罗马人在布狄卡毁城后重建的房屋中，大部分都用上了砖、石、瓦。大部分房屋的墙壁都被涂成深红色，低斜的屋顶被涂上较浅的橙红色，这些房屋大多又小又矮。但也有一些房屋有四五层高，庭院内喷洒着喷泉，花园墙上攀爬着葡萄藤。

巴西利卡堂（The Basilica）是政府和工商界的中心，从河边的城门入城的游客，一眼就可以望到它。它位于康希尔（Cornhill，意为谷山），是一座醒目的庞大建筑，长 500 英尺，内饰大理石的拱形墙高达 70 英尺。这座神殿供奉的是古波斯光神密特拉（Mithras），其信徒也被罗马军团所接纳。这座神殿的优雅，不亚于在罗马帝国其他西方行省中发现的任何神殿。[2]

各个城门旁的公共浴池，诸多的商铺、商行前宽大的拱门，商人们带廊柱的府邸，日夜不息地铸造着金币和镀银铜币的造币厂，所有这一切都令游客们深信，这座城市配得上格拉提安皇帝（Emperor Gratian）统治时期赋予它的新名字——奥古斯塔（Augusta）。

城里的生活是高度文明且愉悦的，只是穷人除外。城墙外的农场和城墙内的果蔬园，出产着优良的肉类、蔬菜和水果。中空的树干将新鲜、干净而充足的饮水引入城内。泰晤士河和弗利特河，从城墙的南部和西部流过，还有一条小河沃尔布鲁克（Walbrook），分成两股蜿蜒流经通往科尔切斯特道路旁的沼泽地，穿过城墙北部的涵洞继续向前，在

图 1-4 忏悔者爱德华（Edward the Confessor）① 与
建筑师和工匠讨论威斯敏斯特大教堂（Westminster Abbey）的修建。

图 1-5 圣彼得在威斯敏斯特大教堂献祭：13 世纪中叶画稿。

① 忏悔者爱德华（约 1001—1066 年 1 月 5 日）是英国的盎格鲁-撒克逊王朝君
主（1041 年至 1066 年在位），因为对基督教信仰有无比的虔诚，被称作"忏悔
者"，或称"圣爱德华"。——译注

靠近城镇的中心地带，河两岸被以支柱加固，河上架起了桥梁。所有的河流都盛产丰富的鱼类：鲑鱼、鳟鱼，还有各类肉质粗糙的淡水鱼。

在沃尔布鲁克河东岸、巴西利卡堂以北，遍布着富人的住宅。它们涂着明亮的颜色，嵌花大理石地板下有加热暖气管在冬天供暖，室内陈设豪华，装潢考究，铺设着花岗石、大理石，摆设着青铜器和陶土雕塑。从现今留存的大量的文物碎片中可以看出，这些房屋内的用具形形色色，人们的生活方式雅致、舒适而文明：有蓝色、黄色的玻璃碗盏，银质的盘、刀、勺、叉，油灯和烛台，墨水缸、墨水笔、尖笔、涂蜡的写字板，骨笛和骨哨、骰子和筹码、铜铃和铜镜、挖耳勺、皮肤刮板，以及古罗马梳妆台上所发现的所有物品，包括黄杨木梳、油膏罐、香水瓶、唇膏罐，还有串珠、耳环、手镯及修甲工具等。

4

有时候，被发现的物品会反映出郎蒂尼亚姆奥古斯塔不那么舒适的情景：一条用于鞭笞不服奴隶的铜丝鞭、一块古罗马角斗士的大理石墓

图 1-6 沃尔布鲁克发现的青铜杆秤，公元 1 世纪或 2 世纪。（左上图）
图 1-7 沃尔布鲁克河床内发现的镂空皮鞋，公元 1 世纪或 2 世纪。（右下图）

碑，或一块涂蜡的写字板，上面写着：请关照将那女奴换成钱。有时候，出土的物品仿佛突然间弥补了 16 个世纪的流逝而留下的缺口：一套外科手术用具、一架精致的天平、一位眼科医生用于盖处方的印章，还有一块瓷砖上的拉丁铭文，是一位被懒惰的工友惹恼的砖瓦工刻下的：这 13 天里奥斯塔里斯每天都不见人影。

　　郎蒂尼亚姆看来是不缺活儿干。城墙内有砖场、陶土坊、玻璃坊、木匠坊、磨坊、泥瓦匠场和工坊，它们制造工具和农用器具。布料大部分为家纺，但皮鞋和凉鞋（均为订制，没有一双是相同的），带有繁复装饰的鞋底，皮面上刻有主人的缩写字母，无疑是专业鞋匠的杰作。

图 1-8　酒神巴克斯雕像，陪伴于旁的为森林之神西勒诺斯（Silenus）、森林之神萨梯、女祭司和一头豹子。来自沃尔布鲁克密特拉神殿。

买得起的人永远不缺奢侈品：意大利进口的葡萄酒（优于不列颠发酵工艺）和橄榄油，埃及的地毯和织物，东方的象牙、丝绸、胡椒和香料。因此，郎蒂尼亚姆作为古罗马的前哨，它不仅是不列颠省最大、西罗马帝国第五大城镇，而且还是阿尔卑斯山以北最舒适的地方之一。

然而，在公元4世纪当中，郎蒂尼亚姆却逐步走向衰落。古罗马帝国的崩溃，导致这座城市也步其后尘。甚至在霍诺里乌斯大帝（Emperor Honorius）召回不列颠省的罗马军团之前，城里的海岸边就已经海盗为患，撒克逊入侵者也已经在海岸东南部建立了定居点。公元457年，不列颠人在肯特（Kent）与撒克逊王亨吉斯特（Hengist）手下勇猛的战士展开一场大战之后，幸存的不列颠人被收留在此时已失去昔日荣光的郎蒂尼亚姆，在接下来的一个半世纪里，这座城镇在历史记载中再也难觅踪影。

第二章　中世纪早期的伦敦

（604—1381 年）

图 2-1　圣殿教堂（Temple Church）中的圣殿骑士墓穴，13 世纪。

郎蒂尼亚姆或许变成了一片荒芜，仅存少量穷困的牧人在野草废墟中艰难求生；更为可能的是，它向入侵者屈服，居民们由此确保了某种程度的独立生存。无论是哪种状况，可以肯定的是，到604年，这座城镇又恢复了昔日的重要性，因为圣奥古斯丁（St Augustine）向其派遣了一位主教：一位来自罗马名叫默利图斯（Mellitus）的修道士。

然而，默利图斯发现，伦敦人是坚定的异教徒，比起圣奥古斯丁的坎特伯雷人要顽固得多。尽管伦敦建起了一座祭拜圣保罗的大教堂，但当默利图斯的赞助人、基督徒肯特王塞伯特（King Sebert of Kent）去世之后，伦敦人却将主教驱逐出城，恢复了他们原有的宗教，迎回了原来的祭司。

这种坚定的保守主义和傲然的独立精神，是伦敦的典型个性，早在它历史的最初500年就已形成。在古罗马时代，郎蒂尼亚姆既非（坎特伯雷和塞伦赛斯特那样的）部落首府，也非（科尔切斯特和约克那样的）殖民地（殖民地外驻有军队以防不时之需）。因此，在撒克逊时代早期，伦敦游离于整个国家的组织和法律体系之外。

公元851年，丹麦人洗劫了伦敦，他们放火点着了易燃的房屋，将

图 2-2 撒克逊十字架底座上的动物图案，约公元 1040 年，
发现于柏京万圣堂（All Hallows，Barking）原址。

古罗马时代保留的大部分东西烧为灰烬。破坏是惊人的，但伦敦的精神
和个性依然得以流传。率军抵御丹麦入侵者的英王阿尔弗雷德（King
Alfred）① 深知，伦敦所努力维系的独立的观念，或许总有一天会面临考
验，但它的重建，却是王国生存的根本。

　　阿尔弗雷德明白，必须要严守伦敦，它不仅仅是泰晤士河上防御维
京船队的屏障，同时也是陆上军事行动的基地。公元 883 年，伦敦守
住了。丹麦占领军被赶走，城墙得到重建以防敌人卷土重来，市民们组

①　阿尔弗雷德大王（公元 849—899 年），盎格鲁-撒克逊英格兰时期威塞克斯王国
　　国王，也是英国历史上第一个以"盎格鲁-撒克逊人的国王"自称且名副其实之
　　人。他进行了广泛的军事改革（"阿尔弗雷德改革"），并率众抗击北欧海盗维
　　京人的侵略，使英格兰大部分地区回归盎格鲁-撒克逊人的统治，故得享大王
　　（Alfred the Great）尊称。同时也是英国唯一一位被授予"大王"（the Great）名
　　号的君主，被后人尊称为"英国国父"。——译注

织成为训练有素的强大军队。阿尔弗雷德大帝能干的女婿埃塞尔雷德（Ethelred）被任命为伦敦总督。

为推动城镇的重新发展，阿尔弗雷德将城墙内的成片土地拨给那些有能力将其恢复到昔日之重要地位的人，这些人包括主教、贵族和国王自己的家人。划给他们的区域，都方便通往河边和当时已经建成的两处集市：一处叫东市（Eastcheap），是普通民众的市场，位于现齐普赛街（Cheapside）；一处叫西市（Westcheap），服务于王室成员，因按照基督教传统，王宫须紧邻城里的大教堂。

在阿尔弗雷德、埃塞尔雷德及其继任者们的统治下，随着更多的土地被拨给新的土地主，土地主又把在别处地产上和境外的人带来定居，伦敦城（当时的人们称它为 Lunduntown）自泰晤士河向北、自圣保罗大教堂向外逐步扩大。可能于阿尔弗雷德的重孙埃德加（Edgar）统治时期，公元 957 至 975 年，鲁昂（Rouen）的葡萄酒商在现文特纳坊（Vintners' Place）所处位置定居下来，几年之后，一些日耳曼商人又在邻近的道盖特门（Dowgate）建立了定居点。公元 1016 年，伦敦人接受丹麦首领克努特（Cnut）为王，许多丹麦人随后也理所当然地在城里、城外定居。在城墙外的人，大部分沿城墙东侧在河岸边居住，但也有一些人住在城墙西侧的鲁德门（Ludgate）外，即如今圣克莱门特丹麦人教堂（St Clement Danes）所处的区域，位于弗利特（舰队）街（Fleet Street）和斯特兰德（河岸）街（the Strand）之间。一些人家定居在克拉珀姆（Clapham），其地名源于他们的首领奥斯古特·克拉珀（Osgod Clapa）。还有一些人家居住在利河（Lea）边的哈克尼（Hackney），在当时被称为哈康之岛（Hakon's Ea 或 Hakon's island）。

在那些岁月里，伦敦桥南端的定居点不断扩大，重要性日益凸显，它成为王室自治区，有权开办集市和设立市场，但它的坏名声自此也持

9

续了几百年，是浪子、醉汉、妓女出没的放荡、混乱之地。

在这片叫南华克（Sudwerke，即后来的萨瑟克）的地区，遍布着酒馆、货摊、渔民的茅草房，它们屡屡在维京人的袭击中遭到夷平和破坏，还常遭大火焚毁。在伦敦的城墙内，火灾亦是主要的灾害之一，因为除了少数富人的宅邸和少量像柏京万圣堂（All Hallows Barking）那样的教堂，撒克逊的城镇大多以木头为建筑材料。[1]

公元 961 年，一场凶猛的大火烧毁了最初的圣保罗大教堂。21 年之后，又一场大火肆虐，从主教门（Bishopsgate）一直烧到河边，在 851 年丹麦人袭击之后所剩无几的古罗马时代的建筑物，在这场大火中被焚毁殆尽。不过，尽管石头稀缺，需要从肯特以河运，或从南面 30 英里

图 2-3　亨利三世重建之后的威斯敏斯特大教堂，
以及他所赠予的五只大钟，13 世纪画稿。

之外的梅尔萨姆（Merstham）陆运，但在北面城门之外 1 英里左右的地方，却盛产木材，因此这座城镇很快便从废墟上重新拔地而起。

大约在 1060 年，忏悔者爱德华放弃了他在伦敦的主要行宫——位于圣保罗大教堂旁的沃洛贝宫（Wardrobe），搬入了河上游以西一英里半外的新王宫，留下了一大片可以重新开发的新区域。而在新王宫所在之处，爱德华又出资为圣彼得大教堂的修道士们重新修建了一座附属教堂。

当时的威斯敏斯特位于一座岛上，称托尼亚（Thornea）或托尼（Thorney）岛，意为荆棘岛。周围还有一些小岛，如切尔西（Chelsea，意为鹅卵石岛）、柏蒙西（Bermondsey，意为柏蒙之岛）、巴特西（Battersea，意为彼得之岛）。这些小岛位于西城墙外河上游沼泽地上星罗棋布的浅湖中。

10

为了替换克努特王居住过的甚为寒碜的旧王宫，爱德华在威斯敏斯特开始修建新王宫，一座富丽堂皇的建筑很快拔地而起，它具有气派的石墙、彩涂的宫殿，还有沿河岸一排排的办公间、厨房和地窖。紧邻的大教堂则更为精美，它按照诺曼式风格的十字形布局，以来自卡昂的波纹奶色石灰石建造，中间有一座塔楼，西侧有两座塔楼。教堂于 1065 年圣诞节被祝圣，没过几周，其虔诚而体弱的创建者就离开了人世。

第二年，即 1066 年的圣诞节，爱德华的继任者诺曼底公爵威廉（William，Duke of Normandy）① 来到威斯敏斯特，成为他新近征服的英

---

① 威廉一世（William I，约 1028—1087 年 9 月 9 日），诺曼王朝的首位英格兰国王（1066—1087 年在位）。本是法国诺曼底公爵，号私生子威廉（William the Bastard），表亲英王忏悔者爱德华死后无嗣，大贵族哈罗德被拥立。威廉声称曾救过哈罗德，哈罗德为报救命之恩，答应如有朝一日当上英格兰国王，便让贤于威廉。以此为由，威廉渡海侵入英国。1066 年 10 月，在黑斯廷斯与英国国王哈罗德二世决战（黑斯廷斯战役），获胜后，威廉直取伦敦，年底自封为王，称威廉一世，号称"征服者威廉"（William the Conqueror）。——译注

第二章　中世纪早期的伦敦（604—1381 年）　19

格兰的国王。两个月前，征服者威廉在黑斯廷斯（Hastings）击败了他的对手哈罗德·葛文森（Harold Godwinson）。他效仿这位死去的对手的做法，也在大教堂内加冕。自此后，威斯敏斯特大教堂和英格兰王室的关系便密不可分，并延续千年之久。[2]

从一开始，征服者威廉就对伦敦人极不信任。伦敦不仅是他的新王国中最富裕的城镇，而且，伦敦城的军队在与维京人的战斗中屡受磨砺、久经考验，这也令市民们分外清醒地意识到他们的力量，也分外坚决地主张他们的权利，不容任何国王冒犯。威廉给予他们特许状，保障他们的权利，不把他们当做王室特许权下的子民，由此他们也承认他为英王。但是新王与伦敦人的关系却如履薄冰。加冕仪式结束之后，威廉立即搬迁到埃塞克斯（Essex）的柏京。此处有伦敦早年主教中最热心的圣尔肯瓦尔德（St Eorcenwald）创立的一座大教堂，在伦敦城北门10英里之外。威廉在此"修建了一些要塞，以对付众多变化无常且凶猛的平民"。

这些要塞，最初不过是一些土木工事，周围挖有壕沟，顶上搭着木栅栏和塔楼。经过长期的发展，才成为伦敦景观中极为独特、令人望而生畏的地标。有两座要塞在城的西南角：一座为蒙特费希特塔（Montfichet's Tower），位于弗利特河右岸的高地上；在它的下方，是湃纳德城堡（Baynard's Castle）。该城堡在第一位管理人拉尔夫·湃纳德（Ralf Baignard）及其继任者手中，一直是伦敦军队的驻地，至爱德华一世（1272—1307年）统治时期，它被交给多明我会修士（Dominican Friars），即黑衣修士（Blackfriars）①。在这片沿岸地区，黑衣修士的名称

---

① 多明我会（Dominican Order），一译"多米尼克派"。天主教托钵修会主要派别之一。1217年由西班牙人多明我创立。其会士均披黑色斗篷，因此被称为"黑衣修士"，以区别方济会的"灰衣修士"和圣衣会的"白衣修士"。伦敦西南角的这一地区也因此被冠名为"黑衣修士"，有黑衣修士站、黑衣修士桥等被冠名的设施。——译注

依然随处可见。

第三座要塞为白塔（White Tower），它于 1097 年建成，由甘达夫（Gundulf）设计，他是本笃会（Benedictine）的一名修士，后来成为罗切斯特主教。白塔修建在罗马古城墙往东延伸到泰晤士河边的小丘上。它屹立至今，尽管屡遭攻击和包围，却从未被征服。以卡昂的波纹奶色石灰石和肯特的石灰岩建成的四座塔楼，傲然俯瞰着泰晤士河，它是诺曼强大统治的纪念碑，也是这座城市的象征。

白塔，也就是如今伦敦塔的中心建筑，不仅是一座堡垒、一座监狱，也是一座宫殿、一间珠宝屋、一个衣橱。威廉的后代们，尤其是亨利三世，在原有设计之上对它进行了扩建和装饰。刷成白色的塔楼，从地面到城垛高达 90 英尺，内有地牢、兵器库、豢养王室野生动物的牢笼，还有卫戍队和侍从的营房；有彩涂的大厅和宫殿，议事厅、寝宫，

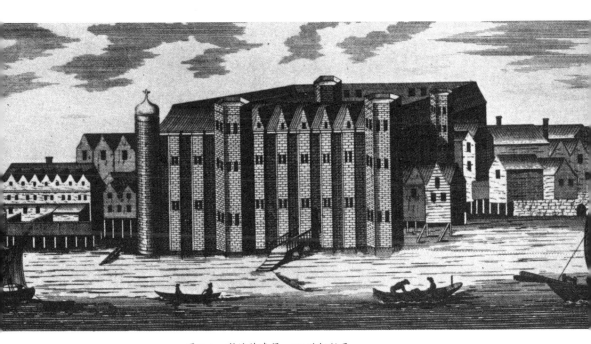

图 2-4　湛纳德城堡，19 世纪版画。

还有庄严美丽的圣约翰礼拜堂[3]。白塔尽管舒适，但并不是诺曼诸王的主要居所，他们依然住在威斯敏斯特宫。征服者威廉的儿子威廉·鲁弗斯（William Rufus），将忏悔者爱德华兴建的该宫殿进行了大规模扩建。

该王宫所仅存的威斯敏斯特厅，是其主体建筑。它完工之时，傲慢自大、奢侈挥霍而铺张浪费的威廉·鲁弗斯，声称自己对大厅的规模深感失望。他批评说，它"仅是座寝宫而已"，与自己当初的构想相去甚远。虽然辜负了建造人的期许，但威斯敏斯特厅却不失为一座宏伟的建筑。其长度近240英尺，高约40英尺，墙厚6英尺8英寸，墙上镶嵌着一长排诺曼式圆顶窗。大厅内的墙面被抹上泥灰后刷上了涂料。在离地面20英尺高处，是一圈围有扶栏的宽阔走廊。在理查二世统治时期（1377—1400年），威斯敏斯特厅装上了休·赫兰德（Hugh Herland）壮观的悬臂托梁顶棚。此时它已成为王国行政事务的中心、皇家法院的驻地，并确保了该国的政府能够在旁边这座城的城墙之外继续执政。[4]

城墙之内，12世纪伦敦人的生活在继续，仿佛诺曼人从未来过似的。许多新的土地，包括私人管辖权，自然也被给予了诺曼人。不过，城里的大部分土地、几乎所有的贸易，依然掌控在征服者威廉到来之前便已有控制权的那些人手中。诺曼式风格的建筑，实际上在忏悔者爱德华时代就已经风行，至此已经开始改变这座城市的一些外在风貌。不过，12世纪末伦敦所有教区的教堂，依然是撒克逊式的。城里各个教区的划分、代表这些教区的长老议员，依然如过去一样地延续着。进口的葡萄酒依然在道盖特门外的码头上卸货；鱼类、谷物和食盐运抵比林斯门（Billingsgate），大蒜则运抵加里克海斯港（Garlickhythe）。齐普赛街和东市的大集市一成不变，依旧喧闹、繁忙、臭气熏天。进入伦敦的游客，依然需要跨过同一座木桥，或者从西面的鲁德门、纽盖特门

（Newgate），北边的阿尔德斯门（Aldersgate）、克里普尔门、主教门，或东面的阿尔德门（Aldgate）经罗马城墙的缺口入城，然后穿行在那些高低不平、杂乱无章的撒克逊街道——罗马时代铺设的整齐路面早已不复存在。火灾依然经常发生。1087 年，一场大火烧掉了城里的一大片区域，圣保罗大教堂又一次化为灰烬。1135 年，另一场大火从比林斯门向西横扫，烧毁了木桥与弗利特河之间的所有建筑。

圣保罗大教堂再次被重建，这一次用上了石头。1176 年，一座新的石桥开始在泰晤士河上动工，以替换那一座被反复修缮、重建，在上千年的时光里履行着自己使命的木桥。新桥的设计者是伦敦的一位教区牧师——科尔教堂的彼得（Peter of Colechurch），在他去世四年之后，即 1209 年，新桥终告完工，它同傲然屹立在其上方的白塔一样，成为众所周知、与众不同的伦敦地标。新桥有 22 个不对称的桥拱，中心的桥墩上修建了一座供奉圣托马斯·贝克特（St Thomas à Becket）的小礼拜堂①，科尔教堂的彼得也安葬在它的地下室内。后来在石桥被拓宽之后，小礼拜堂的墙外围满了房屋和店铺，它们最终占满了整座石桥。

老伦敦桥，1750 年之前伦敦仅有的这座桥，于 1832 年被拆除；老圣保罗大教堂在 1666 年的伦敦大火中被毁。然而在伦敦，这座诺曼城市的鲜活痕迹依然可见。最为突出的是位于史密斯菲尔德（Smithfield）的精美修道院教堂——圣巴多罗买大教堂（St Bartholomew-the-Great）内的一排排坚固的罗马式圆柱和半圆拱门。这座教堂是继白塔内圣约翰礼拜堂之后最古老的教堂建筑，由奥斯定会②会长瑞尔

---

① 圣托马斯·贝克特（1118—1170 年）是英格兰国王亨利二世的大法官兼上议院议长（Lord Chancellor），坎特伯雷大主教（1161—1170 年在位）。——译注
② 奥斯定会（Augustinian Order），天主教托钵修会之一。一译奥古斯丁派。原指遵从奥古斯丁所倡守则的天主教隐修士。奥古斯丁是古罗马人，基督教早期神学家，教会博士，新柏拉图主义哲学家。——译注

图 2-5　威斯敏斯特厅中休·赫兰德的（Hugh Herland）
悬臂托梁顶棚，约 1400 年。

（Rahere）兴建于 1123 年，他曾一度是英格兰宫廷中一位狂浪放纵的弄臣[5]。

在瑞尔的这座教堂中，能够感受到托马斯·贝克特的秘书威廉·菲茨斯蒂芬（William FitzStephen）笔下亨利二世时期的伦敦氛围。

菲茨斯蒂芬为其主人所著的传记大约写于 1180 年。他同他笔下的主人翁一样，均出生在伦敦。于他而言，这座城愉悦无比、魅力无限。河边出售着波光粼粼的河水中盛产的鱼类，葡萄酒等待着从船上卸下，餐馆里烹制着热气腾腾的嫩肉，香辣的调料撒在菜盘上，令中世纪的人们胃口大开。在城中心，那些面容姣好、身体强健的市民，长时间努力地工作并乐在其中。学校里年轻的学生、虔诚的教士、纺车旁贤惠的女人，都平静和谐地生活在一起。紧邻着北城墙，以及在各城门之外，是菜园和果园，在它们的外侧，是延伸的牧场和草地，小溪从中流过，将磨坊的水车冲得叮当作响。草地上水井遍布，节假日里，城里的人们远道而来，围坐在甘甜清冽的井水旁嬉戏。

罗马人在北墙上修建的涵洞，沃尔布鲁克河湍急的河水曾流经的地方，彼时已经遭到阻塞，因此到了冬天，城北的那片沼泽地会被水淹没并结冰。在这片叫做莫菲尔德（Moorfields）的地方，男孩子们把细兽骨绑在双脚上滑冰。胆大、鲁莽些的孩子会相互嬉戏打闹，举着带铁尖的棍子往前冲，直到彼此撞成一团并摔倒在地，像溜石一样在冰面上滑开来。胆小些的孩子，则坐在石凳状的冰块上围观。

他们在河上也玩同样的危险游戏。主力战将们举着长矛，站在小划船的船头，划船手以最快的速度将船向对方划过去，或划向固定在河中流标杆上的盾牌。只有技巧高超者，才不会在长矛被折断的同时失去平衡，其余的人都会因冲击力而掉入河中。周日的晚餐之后，郊外到处都是年轻人，他们骑在马背上，举着长矛和盾牌练习武艺，小一点的孩子

15

则将长矛的金属尖去掉，独自挥舞着棍棒。

夏日里的每天傍晚，托西尔菲尔茨（Tothill Fields）和史密斯菲尔德四处都是精力旺盛的年轻人，他们提升着自己的战术技艺，用长剑和盾牌互相打斗或者对着靶子刺靶、练箭、摔跤、跑、跳、举石头、掷标枪。更远处，在汉普斯特德（Hampstead）和伊斯灵顿（Islington）的森林里，他们的父辈们带着猎鹰猎狗打猎，在林中的空地中追逐着野鹿。

史密斯菲尔德是一处宜人的开阔地区，周围环抱着森林和清澈的池塘。每逢周六，这里会举办马市，神态悠闲的骏马，穿着闪亮外套的小马驹，颤动着双耳、脖子高昂、臀部丰满的昂贵战马，在一片吵闹声中被出售或交易。农夫的孩子们在草地上你追我赶，一匹马光溜溜的背上会爬上三个孩子。除马匹之外，集市上还出售其他家畜：犁田的毛驴、乳房肿胀或大腹便便怀孕的母牛、家猪，还出售雪橇、马车、干草叉、手推车和木桶。

每当夜晚降临，城墙内也有各种神奇的比赛可供观赏：斗鸡、斗狗、斗野猪、斗熊。而在有特殊庆祝活动的日子里，家家户户门口会悬挂条幅、旗帜、饰有纹章的盾牌。街上会燃起篝火，人们围着五月花柱载歌载舞，公共水池中盛满葡萄美酒。在这样的场合下，威廉·菲茨斯蒂芬认为，伦敦仅受两种瘟疫之害，一种是愚蠢的人们无节制的饮酒，一种是频频发生的火灾，他对此深恶痛绝。

16   火灾依然是最常见的威胁。伦敦依然拥塞着大部分为木结构的建筑，被罗马城墙牢牢限制在内。萨瑟克的郊区在发展；沿着鲁德门与威斯敏斯特之间的乡间路，富人的宅邸和主教的宫殿也在逐步增多。其余城门之外，间或有一两座小修道院、客栈、猎人们的狗舍、骑射学校等。然而，要再过300年，这座城才开始改变罗马城墙强加于它的

图 2-6　鹰猎节，14 世纪初。

外形。

城墙之内的人口，在菲茨斯蒂芬时代大约为 4 万人，无疑少于其古罗马全盛时期，而且也从未超过 7.5 万人，即便是在瘟疫较少的幸运时期也是如此。城里确实也容不下更多的人，因为围着石墙的贵族们的蔬果园、各种修道院占据了城内各处大片的土地。

工匠按行业不同聚居在一起，大部分人和家人仅有一间小屋供居住和干活。制革匠、漂洗工、鞋匠、马具匠、铸钟匠、服装工、裁缝、染色匠，均有各自的聚居区，在集市上也有分类别的专用销售摊位。与不列颠的其他老城镇，实际上与整个世界都相同的是，伦敦各个街道的名称，常代表着它们曾经是某种行业或手工业的中心，或者是某种货物在市场上出售的地方。比如，鱼街山（Fish Street Hill）是鱼贩们摆摊的地方，海煤巷（Sea Coal Lane）是自亨利三世时代起，煤商们在弗利特河附近建起店铺的地方。朗伯德（伦巴第）街（Lombard Street）是自 1290 年犹太人被逐出伦敦之后，意大利银行家们的落脚之处。犹太街

（Jewry Street）和老犹太街（Old Jewry）则是此前的犹太人社区。齐普赛街上这样的街名一个接一个：伍德（木头）街（Wood Street）、米尔克（牛奶）街（Milk Street）、五金巷（Ironmonger Lane）、波特尔（家禽）街（Poultry）、面包街（Bread Street）等，它们都清楚地表明在那些空地被建筑物覆盖之前，各种摊位在市场上所处的位置。

对于某些行业而言，行业协会不是为了方便，而更是一种必需。它是为了确保某种手工业的从业者不会过多，品质和技艺的水准能够得到保持。它也有利于工具的共享、原材料的及时供应，以及对无法工作的人的供养，比如在火灾中或吸入汞蒸气而致盲的金匠、没有足够力气抓牢铁锤的老铁匠。中世纪的行会，便是从它们当中，以及从纯粹慈善或宗教性质的组织当中开始发展起来，并将在伦敦的城市生活中扮演十分重要的角色。

17　　各行会关注其成员的精神、社会福祉，定下规矩为逝者做弥撒、定期去教堂做礼拜。来伦敦的外埠商人，往往会惊讶于城里供工匠祈祷的教堂数量之多。带巨大灯笼式天窗、木结构尖顶高塔的圣保罗大教堂于1221年建成，它此时的高度已达到245英尺。除了它和修士修女用的礼拜堂，按照威廉·菲茨斯蒂芬的计算，其他教区教堂的数量至12世纪末已超过126座；而在13世纪当中，富有的市民们更是兴建了越来越多的教堂，或许他们是想让他们的牧师朋友、牧师亲戚得到好处，向他们展示生活，和他们想荣耀上帝的心一样急切。大部分教堂小而阴暗，一些教堂依然以原始的撒克逊方式用树干搭建，但也有一些教堂颇为壮观，有精美的石塔、像圣保罗教堂那样的彩色玻璃窗、以红色和金色装饰得富丽堂皇的内部，还有大理石和雪花石的墓穴、锻造精美的黄金烛台和镶宝石的耶稣受难十字架。

欧洲大陆的修士于13世纪到来，他们以传道士的身份向穷人布道，

图 2-7　一位女士为跪着的骑士戴上头盔：柏蒙西抹大拉的
圣玛利亚教堂（St Mary Magdalene）所存银盘的中心图饰，约 1325 年。

并为穷人提供帮助。黑衣修士于 1221 年到来，灰衣修士于 1223 年到来，白衣修士于 1241 年到来，奥斯定（Austin）修士于 1253 年到来，十字（Crossed，或称 Crutched）修士于 1298 年到来。他们的到来，使得城里各处增加了更多的宗教建筑，尤其是在早期的修道士最初落脚的那些较穷而缺乏吸引力的地区。他们在这些地方对病人、穷人无私的帮助，激发了富人的同情心。正是因此，尽管灰衣修士最初的小教堂建在纽盖特门附近遍布屠宰场的臭味巷（Stinking Lane）内，后来却赢得了赞助人的赏识，得到资金修建了教堂、礼拜堂、修道院等，最终扩展到纽盖特街与圣巴多罗买医院（St Bartholomew's Hospital）之间的

18

图 2-8　15世纪的华贵服饰：传说中的尤瑟王（King Uther Pendragon）①
在伦敦的王宫，微型画。

① 尤瑟王（英语：Uther Pendragon，全名：尤瑟·潘德拉贡）是凯尔特神话和中
世纪的野史文献传说中的古不列颠最富有传奇色彩的伟大国王亚瑟王的父亲，
是亚瑟王子未登基之前的卡美洛王国（Camelot）的国王，是圆桌骑士的创始
人。——译注

图 2-9　13 世纪的医学院。

大片区域。这座医院在灰衣修士到来之前已有百年历史，而且至今尚在。奥斯定修士也是如此，最早他们的落脚地点是在主教门与穆尔盖特门（Moorgate）之间的城墙内侧，但不久之后，他们就盖起了一座教堂，其中殿甚至比威斯敏斯特大教堂的中殿更加宽敞。于 1118 年建立、以保卫前往圣城朝圣者为宗旨的军事修士会"圣殿骑士团"（the Knights Templars），自 12 世纪他们模仿耶路撒冷的圣墓堂建造了最初的圆顶教堂[6] 起，就驻扎在伦敦，在这一时期，他们也沿着鲁德门西南的河畔，将杂乱无章的地盘扩大并朝下游延伸。

对于 13 世纪的伦敦人而言，贫困地区豪华建筑的增多并不奇怪。因为，尽管商人更愿意聚集在某些区域，但富人通常却并不如此。在乱糟糟的工匠茅草房当中，在纽盖特门内的屠宰场当中，都见缝插针地存在着舒适的大宅邸，其中包括内维尔（Neville）家族的宅邸。同样，在伦敦大主教宫殿的花园外，也靠墙挤满了可怜巴巴的棚屋和陋房。这种发展模式的改变非常缓慢。直到 16 世纪末，阿伦德尔（Arundel）伯爵在主教门仍还有一座大宅。诺森伯兰（Northumberland）伯爵许多年里一直住在十字修士街。亨利五世的兄弟、格洛斯特公爵（Duke of Gloucester）汉弗莱（Humphrey），在离水洼码头（Puddle Dock）不远处的岸边为自己修了一座房子。萨福克公爵（Duke of Suffolk）威廉·德拉波罗（William De La Pole）住在鸭脚巷（Ducksfoot Lane）的鱼摊附近，这条小巷是他通往河边的必经之路。爱德华三世的儿子黑太子（Black Prince）则住在鱼街山。

这些街道所散发出来的恶臭，都被大宅内浓烈的香水、成捆的药草和焚香袅袅的香烟抵御在外。然而在炎热的夏日里，哪怕是一丝微风掠过肮脏的街道，其带来的腐臭之强烈，即使用最强的解毒药也无法化解。一年又一年，各种措施层出不穷：禁止人们在街上乱扔垃圾和倾倒粪便；禁止在屋门外修建猪舍；禁止让下水、牡蛎壳、鱼头堵塞排水沟；禁止向各城门旁或悬于沃尔布鲁克河上平台旁的公共厕所内倾倒碎石；禁止向河里或护城壕沟内丢弃动物尸体。那条壕沟沿城墙外绕城而建，建于约翰王（King John）多灾多乱的统治时期，当时的伦敦在男爵们支持下，正处于与王室的对抗当中。

在 12 世纪末，统一的市政当局得到市民们的认可，市长职位也得以设立。各种决议和公告均由国王和市政当局颁布，而其频繁的颁布，恰恰说明实施效果甚微。譬如，不断有禁令禁止麻风病人留在城内，而一位患麻风病的面包师，尽管"之前经常"被勒令离开，但多年来依然固执地留在城内做他的生意。

同样，新房屋建筑方法之类的规定，看来也并没有得到多少忠实

图 2-10　城市的富足：鱼贩公会（the Fishmongers' Company）葬礼棺罩的局部，15 世纪晚期，盾形纹章与人鱼守护神为后来所添加。

的奉行。1189 年，即亨利二世驾崩之年，有一条法令规定，城里所有房屋的下面部分必须用石头建造，屋顶必须盖瓦。但过了几年之后，有一份官方谴责文件说，芦苇、灯芯草、麦茬和干草仍被用于盖屋顶，这说明之前的法令并没有得到执行。而且，由于人们在质量低劣的房屋中使用火盆取暖，也没有烟囱，因此在整个中世纪，火灾依然频频发生，尽管有预防性条例，规定各教区要配备长棍、吊钩、链条、绳索，以备在房屋着火后立即予以拆除，并规定富人每家须在院子里备上长梯、炎热的天气里在门外放置盛满水的水桶，以保障穷邻居的安全。

火灾只是对城里生命的威胁之一，疾病才是更大的危险。街道肮脏不堪，乱糟糟的屋子里，人们用灯芯草或干草铺在遍布寄生虫的黏土地面上，同样也肮脏不堪；饮水，尽管早在 1236 年齐普赛街等处就有蓄水池，但大部分仍然从河里以水桶运送，水质极差；船上缆绳间、泰晤士街沿岸码头的地窖、仓库内，老鼠成群结队；所有这一切，都导致瘟疫像幽灵一般无处不在，像游客一般定期造访。最剧烈的一次暴发，是 1348—1349 年的黑死病，据估计它导致伦敦三分之二的居民死亡。伦敦大主教在西史密斯菲尔德买下一片土地并祝圣，在此地的大坑中，埋葬了不下五万具尸体。令他担忧的是，还有大量的尸体已经埋葬在城内未经祝圣的土地上。

除了疾病和火灾的危险，还有无处不在的暴力行为的威胁。学徒之间、相互竞争的商人之间的争吵，往往在"打呀！打呀！"的叫声中演变成激烈的斗殴，街上会围满好斗之徒，用刀和干手艺活的工具相互砍杀。1327 年，一伙马具商与一群合伙的木匠、漆匠和铁匠之间，因生意争端而发生了一场激战；1339 年，在一场皮革匠与鱼贩的打斗中，有

图 2-11　药材商的药房，12 世纪。

数人丧生；两年之后，一家酒馆中的争吵演变成一场狂斗，许多学徒和几名大意的旁观者被乱棍打死。几乎不到一年，就会有一场斗殴发生：裁缝与布商之间、胡椒商与香料商之间、鱼贩与鸡鸭贩之间、马具商和马具匠之间、伦敦工匠和愿意拿低工资的乡下工匠之间、伦敦人和威斯敏斯特人之间。而这些斗殴，往往始于友好的竞赛。比如 1222 年，伦敦队在摔跤比赛中赢了威斯敏斯特队，而后威斯敏斯特的摔跤手们带上了武器，在第二回合比赛中重伤了几名对手，结果对方立即进行报复，推倒了大教堂执事的房子，痛打修道院院长的仆人，并用石头砸他本人。

　　尽管伦敦人见多识广，但他们对于干扰生意的新来乍到的异乡人却特别地愤恨，如有外人妄图在市场内摆个摊位，那就要小心头破血流。1381 年夏，不少老实的弗兰德商人在克勒肯韦尔（Clerkenwell）和圣马丁酒窖（St Martin's Vintry）被杀害；150 年之后，发生了著名的五朔节骚乱（Evil May Day），导致参与暴乱的 13 名年轻人被处决。这场骚乱起因于禁止城里的学徒在五朔节前夜出门的法令，而这部法令之所以

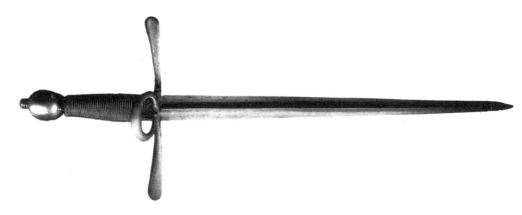

图 2-12 据传杀死瓦特·泰勒的匕首。

颁布，是因为复活周的时候，伦敦人对街上的外国人显示出了暴力不满情绪。

然而，最惹麻烦的却并不是工匠，而是年轻的贵族和侍从们，他们拉帮结派，互相打斗，闯入店铺和民宅，将街上找到的猫狗扔进附近的窗户里，并在夜里频频在城里四处抢劫。而且，一旦哪位有钱有势贵族的穷凶极恶的随从进入城内，往往便会引发一场恶斗；而那些穿制服的家仆，常在主人家大宅的门外游荡，总是在寻找机会骂人、羞辱人、挑起争端。

以教堂钟声为准的宵禁，在时间上是灵活的，有时候早在 8 点就让酒馆关门歇业。即便如此，也无法让夜里的街道清静。而 14 世纪早期针对所有人的禁令，却管不住市政官员，以及携带武器上街的王室侍臣和男爵仆从，因此也无法限制暴力事件的定期发生。

1381 年发生了农民起义（Peasants' Revolt），乡下的农民为反抗统治阶级的残酷剥削而发动起义并向伦敦进发。学徒们为他们打开城门，许多伦敦的商人和酒醉的年轻侍从加入了愤怒的造反队伍，将年轻的理查二世围堵在伦敦塔内，杀死了他的数名大臣，并将大法官、坎特伯雷人土教萨德伯里（Sudbury）的人头挑在矛尖上在街上游行。直到 6 月 15 日，起义首领瓦特·泰勒（Wat Tyler）在史密斯菲尔德的一次会见中，被伦敦市长拉下马并被刺死，伦敦的起义才告结束。

22

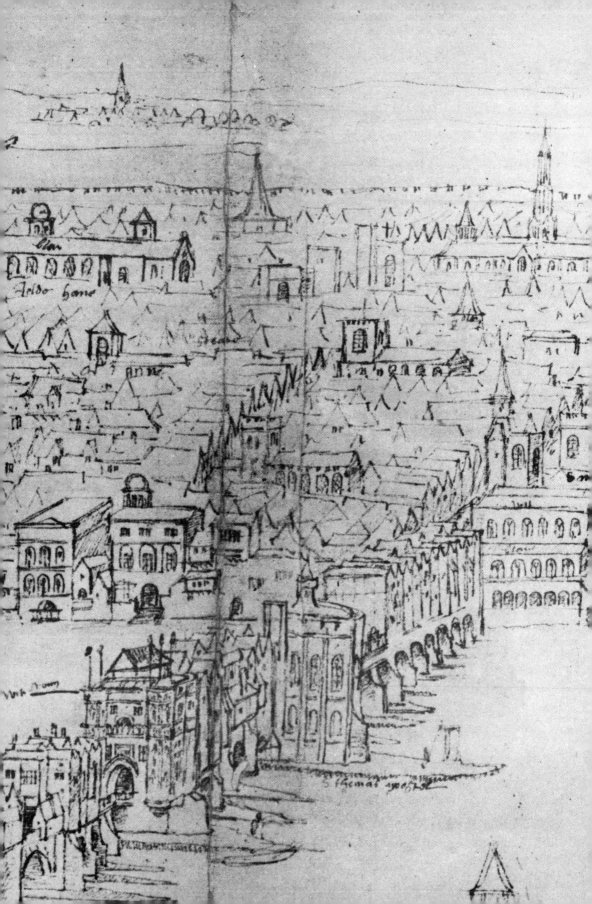

第三章　15 世纪的伦敦生活

（1381—1485 年）

图 3-1　伦敦桥。安东尼松・范・德文格尔达（Anthonis van den Wyngaerde）画作局部，1543—1544 年。

伦敦，长久以来被公认为英格兰无可争议的国都。尽管充满暴力、肮脏和疾病，但随着中世纪走向尽头，其财富、名望和重要性依然在继续增长。

在 15 世纪，玫瑰战争（Wars of Roses）的硝烟令英国贵族们疲惫不堪，他们为了英格兰王位而相互争战。与此同时，伦敦人却平静地经营着他们的生活，这座城市虽然面目可憎、暗藏不幸，但却不失光彩夺目、充满生机而变化多端。

进城的乡下人会惊叹于它的规模之大，惊叹于它的喧嚣和忙碌。路过威斯敏斯特的时候，人们会发现，一如当时出生于萨福克的诗人约翰·利德盖特（John Lydgate）笔下《拜金的伦敦》(*London Lickpenny*)①中主人翁所看到的那样——街上到处都是佛兰德商人，出售着帽子和眼镜；各种街头商贩大声兜售着他们的货品，或是怂恿人们恣意购买："买呀！买呀！买呀！差点啥？差点啥？买点啥？买点啥？"

---

① 约翰·利德盖特（John Lydgate，约 1370—1451 年），英国中世纪诗人，著有大量作品。其讽刺诗《拜金的伦敦》描写的是一位贫穷的肯特农夫在伦敦的见闻。——译注

街上的小偷，紧盯着那些粗心大意的人，等待机会或从乡下人的手中抢走他们的提包，或者从外国商人的头上摘去他们的头巾，穿过威斯敏斯特门夺路而逃；沿途的小餐馆，搁板上摆满了出售的面包、葡萄酒、加胡椒的伦敦辣味麦芽酒、热腾腾的肉馅饼、鼠海豚舌和牛排。

在城门之外，此时两侧遍布贵族宅邸和花园的乡下大道河岸街，一直延伸到跨弗利特河的桥上，直抵伦敦城墙脚下。还没走进鲁德门，便听得见城市的喧嚣：手推车吱吱嘎嘎在卵石或泥泞的路面行进；教堂的钟声此起彼伏；街上摊位和小店传出学徒们刺耳的吆喝声，不遗余力地夸赞着师傅们的手艺之作；被拽进店内的路人大声提出抗议；走街串巷的小贩高声地叫卖樱桃、豆荚、热羊腿、秋刀鱼、馅饼和"嫩绿的灯芯草"。

*24*要进入伦敦城，旅人们须经过横跨护城壕沟、处于城门吊闸之下的活动吊桥，并接受岗哨的检查：如是麻风病人则不得入城。然后，通往集市的迷宫般的街道就会出现在他们面前。主街还算宽敞、整齐，然而

图 3-2　对一名欺诈面包商的惩罚，一条面包挂在他脖子上。《面包法令》(*Liber de Assisa Panis*)(1293—1438 年)插图。

其他街道就很难名副其实了，街上的房屋并没有保持平行，也没有依照选定的角度进行排列。一些小巷狭窄至极，人在中间伸开双臂，就会碰到两边的房屋。

不管大小和形状如何，这些房屋都色彩斑斓、活力十足、喧嚣吵闹。贵族家臣们身着鲜艳的制服，年轻随从们身披闪亮的法国丝绸，与他们形成鲜明对比的，是哭丧者的暗淡长袍，学徒们的粗布头巾、短上衣、平顶帽，铁匠雇用的临时工们肮脏的皮围裙，因出售假冒伪劣商品而被上枷示众的奸商泥点斑斑的外衣——他们被迫站在放着其劣质器皿的大桶内，或者脖子上挂着违法的货物，被置于栏架上拖行。

比这些公共惩罚更令人愉快而且也更常见的是令中世纪人欢天喜地的各种游行盛会。有小规模游行，如欢庆的学生吹着喇叭、敲着锣鼓、挥舞着鲜花和旗子列队穿过街道。也有宏大的场面，如水上表演、市长就职游行，或如亨利五世1415年于阿金库尔（Agincourt）击败法军凯旋之后，在穿深红色长袍的市政官员、市民和工匠陪伴下从伦敦桥到圣保罗大教堂的胜利大游行。

光着头、穿紫色长袍的国王，在桥上的门楼旁站立了片刻，抬头仰望双塔顶上竖立的"大得惊人"的雕像，一个是左手握战斧、右手持城门钥匙的巨人，另一个是身披深红色斗篷、佩戴珠宝和闪亮饰品的女性。在它们周围，各色彩旗在风中飘扬。

在"各种美妙旋律"的欢呼声、叫喊声、喇叭声、号角声中，亨利五世抬高他的嗓音，大喊一声："向王城致敬！"随后，在骑士和随从的簇拥下，在一群绝望而充满敬畏的法国贵族战俘的跟随下，他继续前行。

在桥外的路两旁，竖立着各种雕像，间插在装饰着绿、白色相间布料的立柱之间，或悬垂着挂毯的亭阁内——一只用双蹄举着国王权杖的羚羊，一头代表英国王室的雄狮，身披铠甲、头戴珍珠和宝石镶嵌的桂冠的圣乔治（St George）像。在凯旋门之下、天鹅绒帐篷内，是"数不清的孩子，代表着天使主持，身穿白衣列队站立，脸上涂抹着金色，戴着闪闪发光的翅膀，以及用月桂树的嫩枝装饰的处子锁"，在管风琴的伴奏下唱着赞美诗。

在远处，穿过草教堂（Grass Church）内的谷市，蜿蜒上行至鱼街山，并从利德贺街下行至圣保罗大教堂的道路旁，是一群群"庄严的白发"老人，身穿金色外套和斗篷，装扮成先知、殉道者和诸王，咏唱感恩诗篇并放飞"大量的麻雀和小鸟，它们飞落在国王的胸前，一些鸟儿歇停在他的肩上，还有一些鸟儿绕着他盘旋"。接着，在高高的亭台上，站满了"最美丽的处女，像雕像一般面无表情，佩戴着极其优雅的饰品，手捧金杯，用难以察觉的气息轻吹，让金色的树叶在下方路过的国王头顶上飞舞"；唱诗班的女孩们"敲着铃鼓，载歌载舞"；天真可爱的孩童们穿着白衣，从双塔上扔下亚麻布做的、仿佛"从屋子里长出来"的城堡，镀金的圣饼和月桂树叶。

沿途经过挤满人脸的窗户，经过覆盖着锦缎的遮篷、长戟组成的拱门、覆盖着天鹅绒的立柱、盾徽、盾牌和军旗，经过那些描绘着英格兰英雄们事迹的横幅和大挂毯，国王一路来到圣保罗大教堂，身着弥撒装的18位大主教在此迎接国王，并将他带至主祭坛。

在这样的重大场合中，街道会被清扫干净，而平时它们都覆盖着齐踝厚的污泥和垃圾。街道的中间，或稍宽街道的两边，是毫无遮拦的排水沟，不管是雨水还是聘请的耙夫，都无法将它们清理干净。而常有老鹰和乌鸦充当清道夫，从教堂的塔楼上俯冲而下，拾取一些内脏和鱼骨带到它们的鸟窝里去。

耙夫用手推车将污物运走，倾倒在城门外挖掘的大坑或垃圾堆内，或者带到河边，让等待于此的渡船运走。然而，刚刚清洁完毕、垃圾被运走的街道，不一会儿又会遍布从门窗内扔出的厨房废弃物和粪便、屋内地上废弃的灯芯草、马厩内清理出来的干草、屠宰场腐烂的动物头和内脏、施工工地的碎石、鱼摊上的臭鱼、鸡鸭贩子的鸡毛鸭毛。

针对这样的胡作非为，不断有颁布的法令予以禁止，比如家猪哼哼唧唧地在街上到处乱跑也是不被允许的。但这类法令收效甚微。同样，还有不断出台的针对建筑材料、针对酒馆标识柱的高和宽的法令。酒馆的标识柱是顶端有树叶的长树干，它们从酒馆的侧面伸出，这个角度，对于夜间在肮脏的蜡烛灯笼照明下光线暗淡的街道上骑马的人来说，是极度危险的。

不光是酒馆，还有店铺、营业场所、私宅等，也都有悬于头顶上的标识牌。甚至位于萨瑟克和史密斯菲尔德公鸡巷（Cock Lane）的妓院，也有画着野猪头、十字钥匙、撒拉森人头像和天鹅图案的广告牌。而如果哪位贵族租住的是不属于他本人的房屋，也会将他的纹章悬挂在房屋的窗户外。

穷人依旧生活在以树枝、木头、板条、石膏板搭建的摇摇欲坠的陋屋中。倚靠着他们的工坊搭建的狭窄阁楼，常常就是他们的居所。贫穷的小店主也通常和家人一起，住在店铺楼上存放货物的阁楼或楼下的地窖内。尽管如此，到15世纪中叶，却已经有了许多舒适的住房。它们以砖木混合搭建，常有三四层，甚至五层楼高。它们使用的同罗马瓦一样窄的砖头，大部分产自怀特查佩尔（Whitechapel）、莱姆豪斯（Limehouse）一带各村庄的砖场。木质屋梁常由埃塞克斯马尔顿（Maldon）的木匠事先装配好，再由船运至伦敦。

这些房屋的每一层，都比其楼下一层要大。在日益拥挤的城内，这种方式可以节省空间。但如此一来，低楼层，甚至街道本身，都会丧失光线和空气，因为有时候，屋顶低得几乎伸手可触。

27

在这样的房屋内，居住的是富裕的工匠、略有成就的小店主、二流的商人及他们的家人。家里能够享受炭火带来的舒适，而不会像无烟囱的穷人家那样充满呛人的煤烟；也能够享受玻璃窗带来的愉悦，自爱德华三世统治时期，这样的窗户就替代了诺曼民宅上需要遮板或亚麻布遮挡的墙洞。

贵族和富裕的神职人员所住的宅邸，规模则很是不同。在宅邸的前方，是守住庭院进口的门房，两侧是一排排管家所住的房舍，在房舍形成的屏障之后，隔着庭院的两对面，还有两排房屋，供门卫、家仆、厨师、马夫入住。正对着庭院则是主宅，装饰着雕花石膏、石雕、花玻璃和雕刻精美的墙板。

这类大宅的主要特征，是铺着地毯的宽敞大厅，有些长达 50 英尺，这是一家人进餐和招待朋友、邻居的地方。家仆们也在这里用餐，只是在比主人们低一级的地方，一间铺着灯芯草、被称为"沼泽地"的侧屋。在挂着壁毯的墙周围，是通往各个小客厅的门廊，通过小客厅内外凸的带格子玻璃的飘窗，可以看到受到精心照料的花园。楼上则是卧房、储藏室和衣柜，甚至有些大宅内还有私人礼拜堂。

城里富商们的住宅，精美的程度也毫不逊色。理查德·惠廷顿（Richard Whittington）是一位乡绅的小儿子，在 1397—1419 年间四任市长，像他这样财富无数、声名显赫的人，如同时代其他成功商人一样，所住之处的风格必然符合他的身份。约翰·克罗斯比（John Crosby）爵士是一位呢绒羊毛商，他的宅邸为知名的克罗斯比大厦（Crosby Hall），占据了今主教门附近的克罗斯比广场（Crosby Square）的大部分地方，曾经常被法国、丹麦的大使们和他们众多的随从们租住。[1]

克罗斯比大厦这样的大宅，在城里各处都能看到。不过，富商

The true portraicture of *RICHARD WHITINGTON* thrise Lord Maior
of London a vertuous and godly man full of good Works (and those famous) he builded
the Gate of London called Newegate.which before was a miserable doung eon.He builded
Whitington Colledge & made it an Almose house for poore people Also he builded a
greate parte of ʃʒ hospitall of S.Bartholomewes in weʃtsmithfield in London.He alʃo
builded the beautifull Library at ʒ Gray Friers in Londõ,called Chriʃtes Hoʃpitall:
Alʃo he builded the Guilde Halle Chappell and increaʃed a greate parte of the Eaʃt
ende of the ʃaied halle,beʃide many other good workes.

R. Elʃtrack ʃculpʃit

图 3-3　理查德・惠廷顿爵士和他的传奇猫咪。

们此时已倾向于聚集在特定的区域，譬如市政府的中心——市政厅（Guildhall）[2] 附近的奥尔德曼伯里（Aldermanbury）。奥尔德曼伯里与齐普赛街市场（往日的流动摊位此时已经变成楼上有住房的固定店铺）之间，居住着更多的富商。市政官员的房屋以涂色的门柱为标记。这个区域内还有城里几家同业公会的会馆。同业公会即是从原来的行会发展而来的贸易协会。在伦敦墙路与齐普赛街之间，至今还依然能找到酿酒商会馆、服装商会馆、金匠会馆、马具商会馆和杂货商会馆。[3]

28

29　　　生意集中在河边的商人，都选择靠近河边居住。因此，在鱼街山，早期鱼贩子们夜里睡觉的摇摇欲坠的摊位，慢慢变成了新兴中产阶级永久性的牢固房屋。由于河边土地稀缺，因此他们的房子都以高取代宽，有纵深的地窖、家仆住的阁楼，大客厅位于二楼而不是在平街层。不过

图 3-4 《财富的胜利》（*The Triumph of Riches*），荷尔拜因（Holbein）为德国商人的宴会厅所作壁画，如今已损坏。选自比斯乔普（Jan de Bisschop）仿作，约 1670 年。

它们都摆放着舒适而华贵的家具。

外国商人也有聚居区。与伦敦生活最为隔绝的，莫过于那些日耳曼商人的后裔们，他们聚居在撒克逊诸王在道盖特门周围为他们设立的区域内，这片区域被称为斯蒂尔亚德（Steelyard，意为"杆秤"），源自用来称量进口货品的大秤。他们避免一切与其他伦敦人不必要的接触，喝他们自己的装于石瓶中的莱茵葡萄酒，在他们自己的公会会馆中选举他们自己的会长，发行他们自己的纸币，将女性拒之门外，也拒绝同英国人进行比赛，害怕引起争斗。这些日耳曼商人垄断着波罗的海的贸易，但在英国投机商人的竞争下，他们已经日渐式微，并最终遭到伊丽莎白女王的驱逐。

与斯蒂尔亚德隔河相望的，是不断发展的萨瑟克郊区。河岸边的班克塞德（Bankside）遍布着酒馆和妓院，诱惑无处不在。被称作"温彻斯特鹅"的妓女们，——因温彻斯特大主教拥有多座妓院的所有权——在涂满挑逗色彩的街上游荡。不过，虽然萨瑟克声名狼藉，但也并非全然是那些渴望或不得不逃避严格城市管束之人吃喝嫖赌之处。乔叟书中的朝圣者聚会的胡桃树（Walnut Tree）客栈和塔巴尔客栈（Tabard Inn），皆是非常体面的去处。如威斯敏斯特一样，萨瑟克也有像样的居所，可供出席议会的乡绅们居住。有两位大主教和四位修道院院长在此有大宅。还有一些坚固的房屋，建在圣托马斯医院（St Thomas's Hospital）的周围，以及奥斯定修道院（Augustinian Priory）的墙边，这座修道院于1106年建于撒克逊圣玛丽奥弗里（St Mary Overy）女修道院的原址上。[4]此外，萨瑟克不断增长的贸易，也引来大量辛勤工作的人举家来此居住，他们定居在玻璃铺、铁匠铺、皮革铺、纺织店的周围。

15世纪前，萨瑟克和威斯敏斯特是城墙外仅有的两处重镇，而此时，伦敦周边的许多其他地方也发展起来，它们也已为自己将来的重要

30

性打下了基础。

　　萨瑟克的上游是兰贝斯（Lambeth），是1207—1228年间的坎特伯雷大主教斯蒂芬·兰顿（Stephen Lanton）在此地开始修建的一座宫殿，被他的继任者继续改造、扩建，最终成为一堆散乱的城堡式红砖建筑，它一直是主教们的居所和办公地点。[5]在河的北岸、萨瑟克和兰贝斯之间的沼泽地的对面，是另外两座河畔宫殿。一座为萨沃伊宫（Savoy Palace），是13世纪时萨沃伊伯爵（Count of Savoy）的居所，萨沃伊的侄女，便是亨利三世的王后——普罗旺斯的埃莉诺（Eleanor of Provence）[6]。伯爵深得国王的喜爱，是一位出了名的媒人。他"于1247年将许多美貌的女子从欧洲宫廷带来，与受他监护的一大批年轻富有的英国贵族成婚"。另一座宫殿为约克宫（York Place），是约克大主教在伦敦的宫殿。其中的一位大主教——红衣主教沃尔西（Cardinal Wolsey）后来在此居住，他在此处的豪华生活，简直不输国王本人。在这两座大宫殿的周围，在兰贝斯的坎特伯雷大主教宫殿周围，以及在至亨利七世时期都一直是王室居所的肯宁顿宫（Kennington Palace）的周围，受到财富和工作机会的吸引，人们逐渐聚居，形成了大规模的社区。

　　同样，在伦敦城的周围，从圣吉尔斯（St Giles）、霍尔本（Holborn）到怀特查佩尔、沃平（Wapping），新的村庄在涌现，旧的村庄在扩大。它们大部分为纯粹的农业村庄，因为紧靠着伦敦市场，它们本身没有必要发展工业。同时，在紧邻城墙之外，各个城门边的建筑群，也逐渐发展成为单独的村庄。在15世纪之前，各城门和吊桥下的路障（栅门）之间，都尽量要留出一片空地，不能有任何建筑遮挡，这样敌军突袭的时候就会没有掩护。但是到1450年，在主教门与主教门栅门之间，除了圣博托尔夫教堂（St Botolph Church）之外，还有一排救济院、一家

31

酒馆、一座公厕、一座墓园。在阿尔德斯门外也有一座教堂，还有一所隐修院，隐士们从这里的隔栏中伸出瘦弱苍白的双臂求得布施，他们最终也在这里死去。此地还有几幢大的乡间宅邸和一家医院。克里普尔门外有一大片郊区，遍布着工匠的小屋和作坊。纽盖特门周围自然形成的凌乱区域，逐渐发展成外法灵顿（Farringdon Without）新区。鲁德门外是一长排酒馆和客栈，迎接着成千上万的朝圣者，他们经此前往圣保罗大教堂，去参观教堂收藏的大量珍贵圣髑：圣默利图斯的手臂、盛有圣母玛利亚乳汁的小水晶瓶、福音传道者圣约翰（Saint John the Evangelist）的一只手、圣托马斯·贝克特的头骨碎片、耶稣的小刀、抹大拉的圣玛利亚的头发、圣埃塞尔伯特（St Ethelbert）的头颅、存有

图 3-5　泰晤士河内发现的圣托马斯·贝克特铅章，很可能是给予离开伦敦桥前往坎特伯雷的朝圣者的，14 或 15 世纪。

图 3-6　圣保罗大教堂印章的蜡版，13 世纪。

圣保罗血液的镶宝石圣盒。

圣保罗大教堂不仅是一座圣髑博物馆，同时也是律师们与他们的委托人会晤之处，他们随时可在教堂的中殿见面，讨论他们的案情。教堂区域内原本有一家法学院，但亨利三世为了扶持他在牛津创办的学校，于1234年起禁止在城内教授法律。从此之后，律师们便移居城外，住在城内的法院通往威斯敏斯特皇家法院的半路上，往来十分方便。

32 在这一时期，有两条乡间路，通过横跨弗利特河的两座桥梁，将伦敦城与威斯敏斯特相连。靠北的那条路，如今的霍尔本，从纽盖特门出城。靠南的那条路（弗利特街和河岸街）从鲁德门出城。这两条路与南北走向的两条小巷相连，一条叫费特（脚镣）巷（Fewter's Lane），另一条叫大法官巷（Chancellor's Lane）。律师们最初便是在大法官巷的北端聚居。租给他们的场所，是当时的大法官、林肯主教（the Bishop of Lincoln）公馆的一部分。在中世纪的用语中，公馆往往意味着富裕的大户人家。一些年之后，大约在1370年，林肯律师学会（Society of Lincoln's Inn）成立。

另有一些律师租用的场所，是格雷·德·威尔顿勋爵（Lord Gray de Wilton）公馆的一部分，后来在此基础上便形成了格雷律师学会（Society of Gray's Inn）。还有一些律师后来搬至附近的一些房屋内，那些房屋内曾经居住过圣殿骑士，他们的军事修士会在1312年遭到克雷芒五世（Clement V）的镇压，接着他们受到异端、悖德的指控，并因不堪酷刑而认罪。圣殿骑士们的驻地被移交给耶路撒冷圣约翰医院骑士团（Knights Hospitallers of St John of Jerusalem）。租用此地的律师们，差不多就是后来的中殿（Middle Temple）律师学会和内殿（Inner Temple）律师学会的成员。[7]

图 3-7 理发师兼医师公会的银质器械箱，
刻着谋杀圣托马斯·贝克特的图案，公元 1525 年之前。

由此，到了 14 世纪末，四大律师学院（Inns of Court）① 在这片法律城区都建立起来了，此时这片地区得到极大的扩展，依然将威斯敏斯特与伦敦城隔开。

① 英国的 Inns of Court 在当前学术界有不同的翻译，如"律师会馆""律师公会""律师学院""法学院"等等。从历史角度而言，称它们早期为"会馆"或者"公会"更为恰当，因为形成初期它们属于行业协会性质，随着历史的发展，这些组织的职能更倾向于法律教育和法学知识传播，更接近于法律学校的性质，因此目前它们更普遍地被译为"律师学院"。——译注

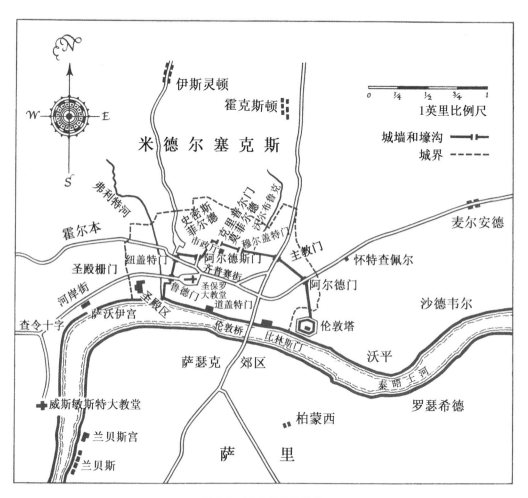

图3-8　15世纪的伦敦城。

　　大法官巷的最南端即是伦敦城司法辖区的边界，它以横穿弗利特街的由栏杆和铁链组成的圣殿栅门（Temple Bar）为标记。同伦敦其他的栅门一样，圣殿栅门的周围也形成了一小片社区。但它依然是一片孤立的社区，因圣殿区本身也与林肯公馆相隔，霍尔本与克勒肯韦尔之间也隔着一片空旷的原野，而克勒肯韦尔与肖尔迪奇（Shoreditch）之间还隔着一片尚未干涸的沼泽地。

　　15世纪的伦敦，尽管郊区不断延伸，卫星村庄不断扩大，但它基本上还是一座空旷的乡野当中被城墙包围的中世纪城镇。由发展带来的第一次阵痛尚未出现。

AT THE CHVRCH

AT THE CONDITTE

AT THE ALLE HOVS

第四章　都铎伦敦

（1485—1603 年）

35

图 4-1 《杂谈，或几类八卦》(*Tittle-Tattle*；*Or，the several Branches of Gossipping*)，
　　　伊丽莎白统治末期一份刊物的局部。

在 16 世纪 30 年代初，几乎每一个清晨，人们都会看到一个手提水壶的小男孩，从康希尔其父亲的家中走出，经过利德贺集市，朝阿尔德门走去。走出阿尔德门之后，他一路行至古德曼农场（Goodman's Farm），花半个便士买 3 品脱牛奶，然后返回家中。他的名字叫做约翰·斯托（John Stow），父亲是一位生意欠佳的裁缝，他自己念完书之后也成为这一行的学徒。但是，当裁缝并非他的志趣，他内心喜好古文物研究，想当一名作家，尤其希望为自己出生于此的这座城市写一部详细的历史。他开始搜集资料，用于那本将会准确记录伦敦历史，并详细描绘其现状的著作。许多年之后，他的《伦敦纵览》（*Survey of London*）得以出版。

约翰·斯托出生时的伦敦，以及伦敦居民的生活方式，自他祖父出生时起便无太大变化。穷与富、贵与贱之间，依然横亘着巨大的鸿沟。同样的盛会、游行、水上运动、篝火晚会依然在举行，同样的争吵、暴乱和瘟疫依然在出现，年轻人依然在康希尔练习刺靶，在莫菲尔德、伊斯灵顿和芬斯伯里（Finsbury）随着喧嚣的鼓点和笛声练箭。男人们依然在康希尔的教皇头像酒馆（Pope's Head Tavern）中，以每品

36

图 4-2　圣安德鲁教堂（St Andrew Undershaft）内的约翰·斯托墓。

脱 1 便士的价格喝着葡萄酒（面包免费）；他们依然在巴多罗买集市（Bartholomew Fair）上喝得酩酊大醉，自 12 世纪初亨利一世允许圣巴多罗买修道院（Prior of St Bartholomew）开办集市以来，男人们就是这种做派。他们也依然成群结队地前往萨瑟克，享受逛妓院、看斗牛的乐趣。如同在罗马时代一样，海盗们依然在伦敦塔的下游戴着镣铐被绞刑处死，叛逆者的头颅依然被高高挂在伦敦桥上，直到某个月黑风高的夜晚被大风刮入河内。众多的乞丐和街贼依然在大街小巷游荡，紧盯着那些单纯的乡下人和毫无戒心的外国人。集市依然如往日一样在继续，只是规模比以往更大，每周有六天都处于繁忙和吵闹中，"集市上的人多得不可想象，各色各样，烦扰无比"。

　　齐普赛是最大的集市，成群的乡下人肩挨肩地站在他们的货摊后面，或把货物陈列在地上的篮子里或举在手上。集市开市的时间，冬季是天亮之后，夏季是清晨 6 点，以敲钟为准。下午钟声会再次敲响半小时，以提醒购物者即将歇市。在两次钟声敲响的中间，齐普赛是一片喧闹的海洋，男男女女高声推销、叫卖着他们的货品。

往东是利德贺集市，这里可以买到上好的家禽和牛奶，在集市中心的店铺内，还能买到毛皮、布料、锅碗瓢盆等厨房用具。这个集市围着利德贺街往四方蔓延，往北横跨莱姆街（Lime Street）直至主教门，往南沿着天恩寺街（Gracechurch Street）延伸至东市的肉市和鱼街山的鱼市。

在康希尔的西端、如今的王子街（Prince's Street）与针线街（Threadneedle Street）交会的地方；在纽盖特街上，也就是佩皮斯（Pepys）① 的马车后来将两片牛肉碰掉在地上，惹得屠夫生气的地方；还有在女王港（Queenhythe）、比林斯门和贝尔岛（Bear Key）的码头上，以及在史密斯菲尔德、萨瑟克和威斯敏斯特的国王街（King Street）上，都还有不少其他的集市。

随着约翰·斯托年岁渐长，他开始注意到伦敦景色的显著变化，这些变化很难让他感到高兴。他并不赞成把许多大宅的花园变为地滚球场或者赌场，或者，许多富人，不像他们的先辈那样修建救济院，而是占据公共用地、空地为自己修建住房，"就像是仲夏的露天庆典，矗立着塔楼、炮塔和烟囱帽"。他为人们对火炮的兴趣渐浓而感到遗憾，因为如此一来，葛拉布街（Grub Street）上制弓、造箭和制弓弦的手艺人的生意就会一落千丈。而且位于外主教门（Bishopsgate Without）的塔塞

37

---

① 塞缪尔·佩皮斯（Samuel Pepys，1633—1703 年），17 世纪英国作家和政治家，海军大臣。他是英国现代海军的缔造者，治下的皇家海军舰队为日后英帝国统治海洋打下了坚实的基础。在担任英国皇家学会会长期间，他以会长的名义批准了牛顿巨著《自然哲学之数学原理》的初版印刷。他著有著名的《佩皮斯日记》，包括对伦敦大火和大瘟疫等的详细描述，成为 17 世纪最丰富的生活文献。——译注

尔场上（Tassel Close）的射箭场，也变成了一片硝烟弥漫的荒地，因为伦敦塔上的炮手们，把翻起来的土堆作为靶子，用铜炮瞄准它射击。对于年轻人不再在师傅门外舞刀习剑，他也表示痛惜，因为"恐怕室内练习的效果会越来越差"。他最为抱怨的是对公共用地、教堂区域，甚至道路的暗中侵占，街道因此变得如此狭窄，以至于常常被不断增多的各种马车、货车、手推车所堵塞。沃尔布鲁克河如今"前所未有地令人作呕而窒息"，它的绝大部分已经消失在横跨两岸而建的房屋之下。中世纪的护城壕沟虽然某些部分依然很深，且有200英尺宽，但其他部分却已经变成了又臭又脏的水沟。斯托提到，犬沟（Houndsditch）地名的由来，便是因为常常有死狗被扔进去的缘故。而且，在阿尔德门与伦敦塔

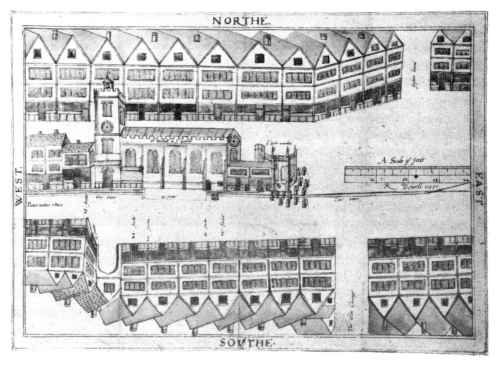

图 4-3　齐普赛西端的西市，伦敦最主要的集市：中间为小水渠（Little Conduit），周围放满水罐。拉尔夫·特雷斯维尔（Ralph Treswell）绘，1585 年。

之间，水曾经深得可以将马淹没的壕沟，却已被完全填平了，上面布满了木工工场、菜园、地滚球场和住房。在东市和法灵顿区（Farringdon Ward）的集市里，肉贩们不断朝外移动，先是在货摊上搭上顶棚，然后用更大的货棚取而代之，最终又建起房屋，将之前顾客们走路的巷道都给占据了。在骑士街（Knightrider Street）上的鱼贩们，也是如此做法。

38

问题在于，伦敦城长久以来已经过于拥挤，如果再不向外扩展，就会令人窒息了。在 15 世纪中期，这种压力一度得到缓解。《修道院解散法令》（Dissolution of the Monasteries）实施以后，修道院的大片土地被没收充公。这不仅给城墙内的发展打开了局面，同时也将伦敦城从周围遍布寺院土地的束缚中解脱出来。大量的寺院落入了世俗富人的手中，他们将其改建成为宫殿，将部分花园卖掉用于建房，将礼拜堂拆掉，或者把它们变成教区教堂。因而，位于西史密斯菲尔德的加尔都西会（Carthusian）修士的房产，在充当了一段时间国王营地的仓库之后，被转让给了一位成功的律师爱德华·诺斯爵士（Sir Edward North）。在修道院的原址上，他用中世纪的砖石，为自己修建了一座华丽的府邸。[1]同样，十字修士的房产也落入了诗人托马斯·怀亚特爵士（Sir Thomas Wyatt）的手中，他是国王珠宝的看管人，亦是安妮·博林（Anne Boleyn）①的密友。怀亚特在原址上为自己建了一座大宅，将教堂拆掉，修建了一座网球场。与此同时，大圣马丁礼拜堂（Chapel of St Martin-le-grand）被一位投机商购得，他将其拆掉，修建了一家酒馆。占地甚多的白衣修士

---

① 安妮·博林（Anne Boleyn, 1501？—1536 年），英格兰国王亨利八世的王后，彭布罗克女侯爵，也是英国历史上最著名的王后之一。安妮·博林原本是亨利八世的王后凯瑟琳的侍从女官，但与亨利八世偷情。安妮·博林在 1533 年 1 月与亨利八世秘密结婚，5 月被宣布为合法妻子。1533 年 9 月生下伊丽莎白一世。1536 年 5 月 2 日，安妮·博林以通奸罪被捕入狱，囚禁在伦敦塔，5 月 19 日被斩首。——译注

图 4-4　玩地滚球，约 1600 年。

加尔默罗会修道院（Carmelite Priory）的大部分也被拆除，它的材料被马车运到伦敦各地，原址迅速被廉价住房、酒馆和穷人的店铺所占据。

尽管《解散法令》为伦敦城带来了数以百计的新住房，但许多伦敦人却有理由为政府的政策而感到气恼。约翰·斯托的父亲就是其中一位。他住在思罗格莫顿街（Throgmorton Street）上的一所小房子里，毗邻奥斯定修会。奥斯定修会的部分房产，落入了托马斯·克伦威尔（Thomas Cromwell）的手中。克伦威尔出生于酿酒商之家，后来成为亨利八世的国务大臣、修道院访客总管（Visitor-General of the Monasteries），并于 1539 年被封为掌礼大臣（Lord Great Chamberlain）。克伦威尔没有给老裁缝邻居任何提醒，也没有给予任何补偿，就把他的房子从地面掘起来，放在滑轮车上，运到离自己的地界 20 英尺以外的地方，以便将自己的花园在思罗格莫顿街上进一步扩宽。

被克伦威尔驱逐的传道士当中，有一些离开英国，到欧洲大陆的外国修道院中去继续修行，而更多的传道士，在解除了独身的誓言之后，效仿伦敦城内及周边其他修道院的修士修女，在普通人中定居下来，结婚、生子，由此进一步加重了过度拥挤的可怕问题。令情况更为恶化的是，每一年来到伦敦的外国人也越来越多，他们有的是为了逃离家乡天主教会的迫害，有的是为了享受在这座欧洲最大贸易中心之一的城市工作的好处。

在亨利八世统治之初的 1509 年，伦敦及其周边地区的人口，大概和亨利五世统治末期的 1422 年差不了多少。但到 1563 年，却已超过 9 万，二十年之后，大约达到 12 万，到 16 世纪末已接近 20 万。人口主要增加在不断扩大的郊区地带，即白塔以东、通往怀特查佩尔和斯特普尼（Stepney）、沙德韦尔（Shadwell）和莱姆豪斯的沿路，以及通往沃平的沿岸。而这一带的发展，在很大程度上摆脱不了穷和脏。约翰·斯托笔下描写了延绵不断的街道和凌乱的通道，"布满狭小房屋和农舍的小巷……被为水手提供居所的店家所占据"，曾经美丽的"繁茂树篱和长排的榆树"被它们所破坏。他痛恨那一片脏兮兮的砖木建筑带，它们从拉德克里夫（Radcliffe）经过古德曼农场，一直延伸到阿尔德门周围的"肮脏小屋"和垃圾堆，令此处成为"进城的可怕入口"。

在接下来的十几二十年里，斯托的批判依然在持续。伦敦以东的这些村庄全部遭到了破坏，不但是因为污染行业的发展，譬如沃平的明矾生产；而且还由于破烂不堪的房屋越建越多，因为栖息于此的，不仅仅是需每天步行进城工作的贫穷劳工，还包括"蜂拥而至伦敦的乞丐和游手好闲者"。

再往下游是两处皇家码头，分别位于德特福德（Deptford）和伍尔维奇（Woolwich）。它们由亨利八世创建，位于他在格林威治的王宫的

40

两边，其目的是为了减轻女王港、纽盖特门和比林斯门这些中世纪码头的拥挤状况。和格雷夫森德（Gravesend）、达特福德（Dartford）、蒂尔伯里（Tilbury）、布莱克沃尔（Blackwall）一样，德特福德和伍尔维奇的周围也逐渐发展起来一些凌乱的小城镇。这些小城镇在未来为英格兰不断发展的贸易、不断扩大的海军和商船队都起到了举足轻重的作用。在这些小城镇以西，河北岸的地带，零星点缀着一些潮湿、散发着腐臭、拥挤不堪的定居点，这是水手、造船工等所有靠河海为生的人居住的地方。

新一代的伦敦商人以他们的资金、眼界和具有冒险精神的贸易公司，为伦敦港贸易的增长作出了巨大贡献。他们当中的佼佼者，当属托马斯·格雷沙姆（Thomas Gresham）。他的家族来自诺福克的霍尔特（Holt）（他在家乡创立的学校依然冠有他的名字），而他的父亲和叔父都

图 4-5　托马斯·格雷沙姆勋爵，据认为为 A. 基（A.Key）所绘。

图 4-6　1526 年的约克红衣大主教沃尔西。

定居在伦敦，绸布生意做得甚是兴旺，并且轮流担任伦敦市长。托马斯就读于剑桥大学，后来学习绸布贸易。1543 年，为了家族生意的利益，同时作为国王的代理人，他去了一趟当时北欧的商业、金融中心安特卫普。他决定要将伦敦变成这样的中心，为此，他决定自掏腰包效仿安特卫普，在伦敦建一座供各国商人会见、谈生意的交易所。

他的提议得到了接受。公司给予他一大片区域，位于康希尔和针线街之间。1567 年 6 月，在拆掉了 80 座房子、砸掉了四条街之后，交易所奠基开工。尽管佛兰德砖瓦匠被带过来施工的时候曾发生过一次罢工，但仅用了不到六个月，大楼就封了顶。这是一座具有壮观廊柱结构的建筑，楼上是几排店铺，中间有一座庭院。伊丽莎白女王先在托马斯·格雷沙姆位于主教门的家中与他一起进餐，然后为大楼剪彩，从此之后，它就被称为皇家交易所（Royal Exchange）。[2] 安特卫普后来遭遇"西班牙人的狂怒"①，西班牙士兵杀死了 6000 名居民，烧毁了 800 所房屋，导致安特卫普从繁荣走向衰落。从此之后，伦敦和它的新交易所，便开始将格雷沙姆的梦想变为现实。

皇家交易所永久地改变了康希尔的面貌，不过，16 世纪还有诸多的宏伟建筑，它们共同改变了伦敦的外观。这些建筑当中最主要的，是新的王宫建筑群，它们当时占据了位于查令十字（Charing Cross）和威斯敏斯特厅之间河岸边的大片区域。

这里曾经屹立着约克宫——约克大主教在伦敦的居所。红衣主教沃尔西（Cardinal Wolsey）于 16 世纪 20 年代居住在此的时候，其豪华的

---

① "西班牙人的狂怒"（Spanish Fury）为荷兰独立战争期间西班牙人攻占并劫掠安特卫普的事件。1576 年 11 月 4 日，桑乔·达维拉率领 5600 人的西班牙军队进攻安特卫普（今比利时安特卫普省省会）。该城守备部队 6000 人，大部分为瓦隆人。他们几乎未作抵抗便缴械投降。西军入城后四处抢劫并屠杀居民，据说有 8000 人被杀。——译注

程度，简直不输于王室。红衣主教在此可享受 500 名随从提供的服务，他们当中包括专职牧师、文书、传令官、医师、药剂师、游吟歌手、武士、测量师、秘书、唱诗班、厨师、侍者和马夫，作为宫务大臣（High Chamberlain），他还配有副宫务大臣（Vice-Chamberlain）、18 名绅士侍者和 40 名绅士斟酒人。两个大厨房内雇用的人超过 60 名，还不包括洗碗打杂的小工。

当沃尔西前去格林威治与国王议事的时候，他会沿石阶而下登上他的船，走在前面的是举着两座银十字架和两根银柱的随从，还有一位"庄严、免冠的贵族或某位有地位的绅士"，手捧着英格兰国玺和红衣主教的帽子。在通过伦敦桥之前，船夫会将船靠到岸边，因为桥墩底部周围巨大的分水石桩，会将河水变成狭窄而危险的激流。因此，红衣主教在老天鹅梯道（Old Swan Stairs）就会下船，沿着泰晤士街（Thames Street）继续前行。主教大人身穿带紫貂毛领的深红色华丽绸缎长袍，将一只去了瓤的橘子举在鼻子前，里面装着浸满香醋的海绵。他的船会在比林斯门的石阶底下等着他。

沃尔西由于未能及时办成亨利八世与阿拉贡的凯瑟琳（Catharine of Aragon）的离婚而失去了权位。① 尽管约克宫是属于约克教区而不是红衣主教本人的私产，但它还是与汉普顿宫（Hampton Count）一起被国王没收。尽管宫殿已够富丽堂皇，但亨利八世依然立即着手将其改造得更加精美。他从周围的街坊和威斯敏斯特修道院院长手中购买了更多的

① 由于阿拉贡的凯瑟琳无法为亨利八世生下儿子继承王位，且亨利八世又爱上了侍从女官安妮·博林，所以亨利八世打算以"婚姻无效"为由与凯瑟琳离婚，并令托马斯·沃尔西负责说服罗马教廷。由于沃尔西未能说服教皇克雷芒七世，他在 1529 年被革除约克大主教以外的所有职务。1530 年又被指控犯有叛逆罪（与法国王室通信），令其回伦敦解释。1530 年 11 月 29 日，他在回伦敦途中病死于莱斯特。——译注

土地，将宫殿后面的范围扩大，为他的新花园征占大片的土地。他修建了通往河边的新梯道。由于宫殿的建筑群被伦敦通往威斯敏斯特的道路一分为二，于是他在道路上方修建了两座豪华的天桥。此时它被称为怀特霍尔宫（Whitehall Palace，又译为"白厅宫"）①，随后添建的三条高耸的柱廊，又为它的美景增色不少。一条叫私廊（Privy Gallery），从沃尔西在伊舍（Esher）的宅邸中搬迁过来。另一条叫石廊（Stone Gallery），王室宴会的宾客

图 4-7　怀特霍尔宫荷尔拜因门。

们，可在此俯瞰泰晤士河。还有一条叫长廊（Long Gallery），其天顶由荷尔拜因（Holbein）②绘制。在楼下的地面上，有四块网球场、一块草地滚木球场、一个斗鸡场和一座比武场。往西走，是国王拥有的 13 座

---

① 原怀特霍尔宫所处的位置，现称为"白厅"（WhiteHall），成为市内的一条街。它连接议会大厦和唐宁街。在这条街及其附近有国防部、外交部、内政部、海军部等一些英国政府机关。因此人们用白厅作为英国行政部门的代称。——译注

② 小汉斯·荷尔拜因（Hans Holbein the Younger，约 1497—1543 年），擅长油画和版画，欧洲北方文艺复兴时代的艺术家，以许多肖像画和系列木版画《死神之舞》闻名于世。德国、英国、瑞士都把这位 500 年前的大师视为本国的画家，因为德国是他的出生地，他在瑞士巴塞尔成名，许多杰作又完成于英国。——译注

图 4-8 《市长、议员和行业公会成员》，
卢卡斯·德赫尔（Lucas de Heere）绘，约 1570 年。

行宫中的另一座红砖宫殿，国王从都城起驾，一天之内便可到达。

　　这便是圣詹姆斯宫（St James's Palace）。它曾经是一座麻风病医院，亨利在此为自己建了一幢方便去威斯敏斯特的乡下宅邸，而它比此时已经衰败的河岸古王宫更舒适。在亨利父王的时代，威斯敏斯特依然是最重要的王宫，它在1512年发生了一场火灾，尽管后来受损的地方得到修复，但那时候亨利已经在埃尔特姆（Eltham）、里士满（Richmond）、温莎、格林威治等地找到了其他更合自己口味的宫殿。与这些王宫相比，圣詹姆斯宫最初不过是一座狩猎庄园，周围环抱着旷野和点缀着绿树的草原，以及怀特霍尔宫的花园和果园。[5]

43

　　即使是在圣詹姆斯宫，国外访客也能一眼看出，国王生活的豪华程度，不输于任何一位欧洲君主。其父王花钱的地方，只是些惯例上的必要开销、偶尔的奢华娱乐和炫耀所需。由于将宫廷开销削减到了最低，他为儿子留下了超过百万英镑的财产。

　　亨利八世对吃喝、女人，以及一切生活享乐都有着惊人的胃口，于他而言，节约既不可能，也无必要。随着随从的人数年年增加，王宫里常常歌舞升平、灯红酒绿，表演、比武、竞技、斗兽、宴会不断。每日消耗的饭菜不计其数；宫廷小丑、侏儒、舞女和游吟歌手们，为国外的使节、来访的贵族和富豪们呈上精彩的表演。在所有的时间里，国王总是，而且也被期望着，占据舞台的中心。

　　他的地位赋予他的职责，不容许他与世隔绝。即使是在自己的私人宫殿里，他也很难得独自一人。在客厅里他是主角，或说是被动的戏子，履行着早已如程式化的戏剧一般的仪式。他被好奇的围观者近距离注视着，坐在那里等着开饭，各种食物以仪式呈上，所有食物必须在试吃之后才能由国王享用。比如说，为了检验食盐，厨师会打开盐瓶，将一片面包放进去蘸，在面上裹一层"粉"，再交给司膳总管试吃。每一

图 4-9 柏蒙西郊区的婚宴，乔恩·赫夫纳格尔（Jons Hoefnagel）绘，约 1590 年。

图 4-10 《伦敦桥、伦敦塔和萨瑟克大教堂》,
理查德·加思(Richard Garth),1575 年,前景为信号标。

道菜呈上之后都会被如此对待。而上菜的时候还会吹响号角,上菜的手势也煞有介事地夸张繁复。

在圣詹姆斯宫和怀特霍尔宫举行的国王陛下的穿衣、宽衣仪式,也如舞台表演一般,来不得半点马虎。寝宫内的绅士和侍从们,将一把椅子放好让国王入座,还放上一块脚垫让国王放松双脚。他们将国王的衣服一件一件地传递上来，毕恭毕敬分门别类地为他穿上，然后将一块方巾垫在他的肩上，再为他梳头。晚上的仪式也一样毫不含糊。侍从们帮国王宽衣，将换下的衣物一件一件郑重其事地捧出去，再端上一钵水、奉上一块清洁牙齿的布巾让国王洗漱，然后为国王戴上睡帽，再护送他去他的大床，寝宫内的三名仆人按照要求的动作和姿势铺好床，待他上床之后再躬身放下床幔。

当然，宫内的繁文缛节在执行的时候难免会走样。从 1526 年颁布的改善王宫运行的条例中可窥一斑：有佣人被发现在进入国王的房间前在挂毯上擦拭他们油腻的双手，并将脏盘子放在已经整理好的床铺上；"流浪汉和大块头的乞丐""肮脏而格格不入之人"常被发现在宫门外、庭院里游荡，以期得到一枚鲑鱼尾、一块猪头肉，或者偷得一袋面包屑而能够饱餐一顿；厨房的小工受到警告，不得在进入皇家厨房的时候"不穿衣，或者穿脏衣服"；骑士先行官（Knight Harbinger）① 纪律松懈，他们嫖妓，还猥亵别人家里的妇女。

在怀特霍尔宫维持秩序和纪律尤其困难，因为它散乱的建筑群更像是一座村庄而非宫殿，这座村庄里的村民，要么就是在为国王服务，要么就是在受到他的款待。佣人们不但有住房，而且还能得到煤炭、蜡烛，以及规定限额的食物——最多的是宫务大臣，一餐可有 16 道菜；稍逊一些，但也依然够多的，是大门的看门人，他们可用 4 道菜。到访的公爵在王宫逗留期间，接待的标准是 9 张床、并且可带 24 匹马。贵族随从当中的牧师，可要求 2 张床、带 3 匹马。

到 16 世纪 30 年代初期，宫廷职员和宾客数量已然十分庞大，以至于王宫不得不再次扩建，又增添了数间更加"独特、美丽、华贵而舒适

④ 骑士先行官曾是英王王室内的一种官职，主要负责在王室出行的时候提前安排食宿，在 19 世纪中期这一官职已经被废除。——译注

①　骑士先行官曾是英王王室内的一种官职，主要负责在王室出行的时候提前安排食宿，在 19 世纪中期这一官职已经被废除。——译注

44

的住房"。

怀特霍尔宫规模虽大，然而在亨利八世驾崩之时，在其东面已有好几座宫殿，也同样雄伟壮丽。

到 17 世纪初，在位于怀特霍尔宫新建的王室专用梯道与弗利特河口之间，实际上已经形成了一片延绵超过一英里的富人豪宅区。毗邻怀特霍尔宫的是诺森伯兰府（Northumberland House），即历代诺森伯兰公爵珀西家族的大宅邸，其花园一直延伸到查令十字。再往下游是萨沃伊宫的中世纪墙体，以及由护国公萨默塞特（Lord Protector Somerset）在其侄儿爱德华六世统治时期，于 1547 年至 1550 年间在修道院的废墟上修建的文艺复兴风格的大府邸。后来，爱德华的姐姐伊丽莎白公主、詹姆斯一世的王后——丹麦公主安妮、查理一世和查理二世的王后，都曾在这里居住。萨默塞特府以东，是阿伦德尔（Arundel）伯爵和埃塞克斯（Essex）伯爵的宫殿。靠弗利特河的岸边，是圣殿区散乱的殿堂和

图 4-11　阿伦德尔府的庭院，W. 霍拉（W. Hollar）蚀刻版画，1646 年。

庭院。最尽头，是布莱德维尔宫（Bridewell）的暗红色墙，它曾是诺曼人的防御宫城，亨利八世于 1523 年将其修缮，作为"一座华美的府邸"招待查理五世皇帝（Emperor Charles V）及其随从。然而自亨利儿子统治时期起，它却成为关押流浪汉和娼妓的监狱。[4]

在这些河畔宫殿的后方，河岸街的另一侧，是另一些大人物的宅邸：位于德鲁里巷（Drury Lane）尽头的克雷文府（Craven House），是克雷文家族的居所。该家族巨大的财富，由威廉·克雷文爵士（Sir William Craven）所缔造，他是一位制衣商，曾担任过伦敦市长。萨沃伊宫对面的埃克塞特府（Exeter House），是伯利勋爵（Lord Burghley）的宫殿。而极具价值的、曾经是威斯敏斯特大教堂财产的修道院花园（Convent Garden），此时为罗素（Russell）家族所有，该家族的主要人物是历代贝德福德伯爵（Earl of Bedford）[5]。

河的南岸，萨瑟克以西，自 15 世纪起并无太多变化。坎特伯雷大主教从他位于兰贝斯的寝宫窗户看出去，会看到一片开阔的乡下，有牧场、沼泽、林地和菜园。然而在萨瑟克，班克塞德地区的外貌，却因新的现象——奇怪形状的伦敦剧院而发生了改变。

伦敦的第一座剧院，被简称为"大剧院"，是由演员詹姆斯·伯盖奇（James Burgage）于 1577 年在肖尔迪奇开办的。几个月之后，第二家剧院幕帷剧院（the Curtain）也在附近建了起来。伯盖奇和他更出名的儿子托马斯·伯盖奇，还在老多明我会修道院餐厅的帮助下创立了黑衣修士剧院。然而，这些剧院却频频遭到市政当局的攻击，它们被谴责为堕落和瘟疫的温床，是懒惰、放荡之徒，受扮女装男子诱惑的邪恶之徒的聚集之地，是那些宁愿响应演出吹响的号角，也不理睬布道敲响的钟声之人的汇聚之处。

图 4-12　环球剧院：维斯切（Visscher）伦敦景色的局部，1616 年。

萨瑟克为演员们提供了逃离城里设下的种种限制的机会，而且乘船和过桥都能很方便地到达此地。在《修道院解散法令》实施期间，萨瑟克那片原本属于柏蒙西修道院和圣玛丽奥弗里修道院的地区，落入了国王手中。1550 年，这片地以 1000 英镑的价格被卖给了伦敦城。不过，有两片地区并未包括在这次出售范围之内，因此依然在伦敦城司法管辖范围之外。一片为克林克（Clink）监狱周边，一片是人们所称的巴黎花园（Paris Garden）。由于不受城市条例和审查制度的限制，在伊丽莎白女王时期的伦敦，许多新剧院在这两片地区拔地而起。玫瑰（Rose）

剧院建于 1587 年，它首次将马洛（Marlowe）[1] 的剧目推上舞台，并且为耀眼的天才爱德华·艾伦（Edward Alleyn）提供了施展才华的场所。随后是 1596 年的天鹅（Swan）剧院、1599 年的环球（Globe）剧院（莎士比亚拥有十分之一的股份），以及 1613 年的希望（Hope）剧院。

一到下午，伦敦人就会被嘹亮的号角和挥舞的彩旗召集到这些剧院里。进门之后收的票钱，被放入一个票箱里，然后票箱被锁上并被放入一间称为票房的小房间里。吵闹的观众们坐在舞台周围一层层长凳上，或者舞台之上的板凳上，演出在他们的高声喝彩中开始。愤慨、辩驳、辱骂、满意的吼叫不时打断演出，但演员们坚持表演到最后，然后由舞蹈演员、杂技演员、杂耍演员继续表演。兜售馅饼、宣传册、草药和水果的男女小贩们，捧着托盘和篮子在狭窄的过道内艰难穿行，学徒们与温顺的姑娘们约会。打工者抽着烟，令空气中烟雾缭绕，还常常会点燃木凳，吓得观众们夺门而逃。希望剧院开张的那一年，环球剧院被烧毁，不过仅有一人被烧伤，他的马裤被火燃着，他的儿子用一瓶麦芽酒将火苗扑灭。

剧院的附近是熊园、狗咬熊竞技场和斗鸡场，如中世纪时期一样，不管是穷人、富人，还是贵族、平民，都深受它们的吸引。在头天晚上看了演出《奥赛罗》或《爱德华二世》的观众们，次日晚上可去巴黎花园观赏獒犬攻击黑熊；或者雄鸡互相飞啄而鸡血、鸡毛洒满斗鸡场的沙

47

---

[1] 克里斯托弗·马洛（Christopher Marlowe），英国诗人，剧作家。1564 年 2 月出生于坎特伯雷一富有鞋匠之家，1593 年 5 月 30 日因在酒吧斗殴卒于伦敦附近的德特福德，作为伊丽莎白时期最伟大的剧作家而去世。他于 1587 年在剑桥大学获硕士学位。在伦敦期间曾与探险家、政治活动家罗利，剧作家查普曼，数学家哈里奥特等怀疑宗教者结成团体，人称黑夜派和无神论者。曾一度入狱。马洛革新了中世纪的戏剧，在舞台上创造了反映时代精神的巨人性格和"雄伟的诗行"，为莎士比亚的创作铺平了道路。有学者质疑莎士比亚的剧作实际上是由马洛代笔。——译注

地；或者猛犬被发疯的公牛高高挑飞在空中，又在落地时被棍子接住，以便它们来日可再次投入战斗；甚至还有人与人的斗剑，在围观人群的恐患呼声中，斗士被割去耳朵或削掉手指。

比起萨瑟克，北部的郊区则宁静得多，人口也少得多。莫菲尔德虽然后来被抽干变成了一座公园，但当时依然大部分都是沼泽地，路堤横陈，水塘遍布。克勒肯韦尔、史密斯菲尔德和斯皮塔佛德（Spitalfields），曾经被遍布的修道院土地所限，如今都开始发展起来，部分也是由于太多的胡格诺派教徒（Huguenot）来此避难的缘故。在霍克斯顿（Hoxton）道路的两侧，是鳞次栉比的房屋。然而在北郊，大规模的建设却因种种在南郊不常见的问题而受到制约。霍洛韦（Holloway）、卡姆登镇（Camden Town）、摄政公园（Regent's Park）、圣约翰林地（St John's Wood）、诺丁山（Notting Hill）均建在重质黏土上，住户们完全享受不到价廉物美的排水系统。而且更严重的是，供水的问题也难以克服。在伦敦的其他地区，雨水落在碎石质地的地基下层土壤上，可被不透水的底层黏土所保留，然后通过浅井抬升起来。而在表面为黏土的地区，雨水则无法保存，也无法打井。伦敦北郊的地质特殊性，导致它的发展方向和发展力度，不得不等到水供应能力提高之后再说。

几百年来，伦敦的大部分用水都来自泰晤士河。运水车将水装上，运至各个街道，再由运水人提着水桶挨家挨户出售。在过去，除了远远谈不上干净的河水供应之外，还有伦敦城周围诸多的井水和塘水作为补充。然而，在霍利韦尔（Holywell）等地，许多这样的水源，此时也都受到污染，"因肮脏而腐化、变质"。同时，自13世纪早期起，还有管道供应来自北郊的溪水和泉水。

48　　在将泰伯恩（Tyburn）泉水引进城里的管道起点，建起了一座宴会

厅，市长和议员们每年视察水渠之后，便会在此用餐。宴会厅位于现牛津街（Oxford Street）的斯特拉特福德广场（Stratford Place），水渠从这里起始，经过康迪（水渠）街（Conduit Street），沿着河岸街和弗利特街北侧，穿过弗利特桥，接入齐普赛街上的两个铅制蓄水箱内。在以后的岁月里，其他的水渠和蓄水箱也投入使用，将汉普斯特德、海格特（Highgate），以及位于马斯维尔（Muswell Hill）山上的马斯维尔的泉水引入，同时在弗利特河上也修建了几座水库。并且，从泰晤士河中将水抽至利德贺市场（Leadenhall）等地的水池中的租约也得到签订。1581年，一位荷兰人获得了伦敦桥第一拱 500 年的租约，他在那里建起了一架巨大的水车，利用潮水作动力，将河水抽送至泰晤士街和东市之间的千家万户。1593 年，英格兰人贝维斯·布尔默（Bevis Bulmer）得到伦敦城 1000 英镑的贷款，并被允许使用利德贺市场的部分地方用于装配他的引擎，而后在女王港以西的布罗肯码头（Broken Wharf）上建起了一座马拉水泵。

然而这些机械装置都无法将河水抽送到离河岸太远的地方。而且，那些获得私人用水权而将套管接入主管道的家庭，用水往往十分浪费。比如埃塞克斯一家就几乎将管道的水用尽，他们洗衣、冲洗马厩会用掉几百加仑的水。而且，虽然新的蓄水箱不断在城里各处出现，但还是远远满足不了用水人群的需求。有些送水人的态度也十分粗鲁而嚣张，他们为了盛满水桶总是推推搡搡，横冲直撞。政府不得不颁布法令禁止人们带棍棒靠近蓄水箱。

市政府也意识到，为了满足人们不断增长的需求，新鲜而持续的供水是必要的，特别是对于水井和送水人都十分稀少的北郊。但他们却难以面对费用问题。因此，直到一个私人建议的提出，这个难题才得到解决。

16世纪末，来自巴斯（Bath）的埃德蒙·科尔瑟斯特（Edmund Colthurst）提出，如果允许他在赫特福德郡（Hertfordshire）和米德尔塞克斯（Middlesex）挖掘一些泉眼，他将会挖一条新河，穿过乡下接入伦敦北郊的一座水库中，然后将泉水引入新河。他的建议得到采纳。尽管科尔瑟斯特并不富裕，但他还是千方百计在1605年之前将新河挖掘了接近三英里。他请求市长和议员在费用上助他一把，但他们一直无所作为，直到四年之后，一位富有的企业家休·米德莱顿（Hugh Myddleton），作为市政府的代理人，才把这个项目接过手来。

图4-13　休·米德莱顿爵士：科尼利厄斯·约翰逊（Cornelius Johnson）作品版画复制品。

与他和他父亲时代的许多伦敦商人一样，米德莱顿是一位乡绅的小儿了。他大约生于 1560 年，与他的八位兄弟中的一位一起从北威尔士来到伦敦，在金匠那里当学徒。没过几年，他就凭一己之力成为一位成功的金匠，收获了名气和财富。市政当局非常高兴找到了一位如此有才华、有实力的商人代表他们来完成新河（New River）项目。

49

然而，米德莱顿很快也陷入了与科尔瑟斯特相同的困境当中，根本的问题并不在于资金，即向挖掘运河的 130 名劳工定期支付工资，而是在于挖掘工作需要穿过土地主的土地，由此遭到他们的反对而被迫停工。虽然被给予了巨额的补偿，土地主的胃口却越来越大。尽管米德莱顿保证会在运河切断现有通道的地方架上桥梁，土地主依然坚持认为米德莱顿是在破坏公众的通行权。他们抗议说，新河会毁坏他们的牧场，将田地变成泥沼。他们的麦田会遭到工人和手推车的践踏。他们的仆人、佃农、牲畜都会在河里被淹死，而挖掘这条运河的目的只是为了一位威尔士外来者的私利。国王詹姆斯在西奥博尔德公园（Theobald's Park）骑马的时候，从马背上摔下来，倒栽葱跌入冰冷的河中。对于米德莱顿的反对者而言，这仿佛预示着更坏的事情将要发生。

然而，詹姆斯一世却全力支持米德莱顿。他看着运河从公园穿过的工程进度，对它产生了兴趣。他意识到运河对于"不得不使用污水、脏水而滋生大量感染的穷人"的重要性。商人银行家们被不断增加的预算吓到而抛弃了米德莱顿，而他向国王提出，如果国王能够承担一半的费用，以后将获得一半的利润收入。詹姆斯欣然应允。米德莱顿也非常庆幸国王直接参与了这项工程，因为他相信，一旦人们得知新河是王室项目，那么土地主们的反对意见就更容易得到解决了。

50

图 4-14　新河头的水房：W. 霍拉蚀刻版画，1665 年。

在这一点上他确实没错。1613 年 3 月，新河穿过了霍恩西（Hornsey）、纽因顿（Newington）、霍洛韦。4 月，米德莱顿的工人们在克勒肯韦尔开始挖掘，在离河流源头 38 英里的地方，一座巨大的水库最终得以建成。

水从这座叫做"新河头"（New River Head）的水库，通过挖空的榆树树干流出。树干在接头的地方以铁箍加固，并通过铜套管接上分支管道。这些分支管道将水带到那些愿意支付租金的住户的水箱和水桶中。租金按季度支付，从 5 先令到 6 先令 8 便士不等。尽管这样的租金已经够低廉，但在一开始，却很少有人敢于大胆尝试。人们对于管道供水的偏见异常强烈，而且这种偏见一直持续到19世纪初期，彼时送水人依然在走家串户，吆喝着"新鲜干净的河水啊！不是管子里的污泥啊！"确实，早期的新河水虽然不至于是污泥，但也不如它应有的那样纯净。新河常遭到故意破坏：河岸频遭开凿，桥梁频遭拆毁，死狗死猫和垃圾被扔进河里，洗衣女用河水洗衣服，建筑工将污水管道修至河内，小偷偷走水龙头。而且送水人到处散布谣言，且许多人相信：有位智者已提出警告，这些管道里的水会很快淹没伦敦，人人都会被淹死。此外，住户们还发现，尽管供水员保证每周向所有的订户至少供水两天，但他们却常常需行贿才能让供水员打开阀门灌满他们的水箱。

51

最棘手的问题逐步得到了克服：随着时间的推移，越来越多的伦敦人开始认识到管道水的便捷和优质。新河公司的订户暴涨，最早的赫特福德郡的泉水，虽然在最高峰能够每天提供四百万加仑用水，却都不得不通过利河的水进行补充。

然而，尽管休·米德莱顿的金钱和决心，至少保证了伦敦北郊大规模发展所需的供水，但伦敦城和政府却都前所未有地焦虑，认为不管是在北郊还是在其他任何地方，这样的大规模发展都不应该发生。

他们不仅仅担心伦敦城周围的空地会很快消失，而且还担心，在伦敦城管辖范围之外的区域，人口增长只会增加瘟疫、暴力、乞讨和犯罪的危险，甚至会带来饥荒和暴乱。许多从英格兰其他城镇和从国外到来的异乡人，在伦敦的郊区定居下来。在1567年至1580年的13年间，外来人口翻了一番，从约2万人增加到4万人，而当时的总人口是12万人。许多新来乍到的人居住环境异常肮脏。瘟疫在海港中是很容易流行的，因此伦敦也难逃此列。瘟疫还会通过经常逛妓院、看"淫秽剧"的人进行传播，唯有控制发展才能解决问题。因此，1580 年夏天颁布了一份公告，规定在伦敦所有城门外 3 英里以内的地段，在活着的人们的记忆中没有旧房子的地方，都禁止修建新房。从那天起一直持续到一百多年以后，类似的公告和法令不断地颁布，禁止修建新房、禁止拆分旧房；还出台各种规定，比如翻修和扩建的时候使用哪些材料、违法的住户或建房人如何惩处、未经许可建的房屋必须被拆除等等。

1593 年，一项议会法令对 1580 年的公告予以了确定；1602 年，在议会不断担心之前的法令会遭到违反的情况下，又颁布了一份新的公告。次年，女王驾崩，之后暴发了一场严重的瘟疫，仅伦敦就有 3 万人不幸丧生。詹姆斯一世颁布的首批法令当中的一条，便是指责导致瘟疫暴发的过度拥挤。但是，当局要阻止过度拥挤是不可能的，禁止建新房以控制人口的政策，只会硬把穷人塞进已有的旧房中。更何况，尽管当局不断做出努力，却根本无法阻止修建新房。

在圣詹姆斯宫修建马厩和附属建筑，以及在查令十字动工建皇家马厩，并未受到任何干涉。1608 年索尔兹伯里府（Salisbury House）进行改造，马车将坎特伯雷一座部分遭毁坏的城门上的六七十吨石头运进伦敦，也没人提出任何正式的反对意见。不过索尔兹伯里勋爵还是得到了建议，最好从城门的内侧取石头，这样它们就不会消失得那么惹眼，因为"城里人很是喜欢无事生非"。

1607 年，在再一次责难"囚犯和一些居民居住的（以及最糟糕的那类）房子的拥挤和烦扰"之后，詹姆斯一世颁布了一份新公告，再次强调以前的种种禁令，加大了惩罚力度，规定房龄 7 年以下的违章新建住房都会遭到拆除，并且不允许修建占原房址三分之一面积以上的附属建筑。特殊情况下可以申请修建新房的特许权，但这些房屋必须全部为

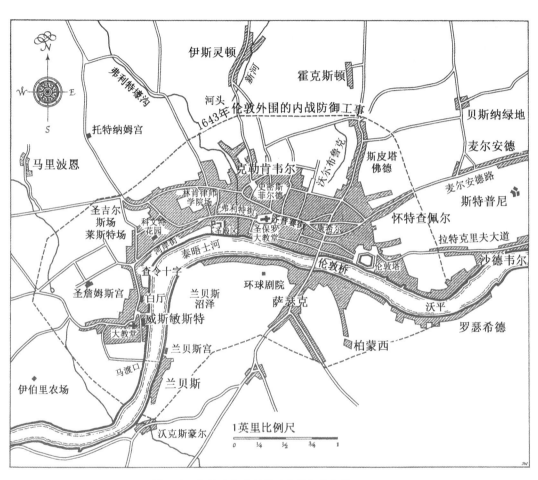

图 4-15 都铎晚期及斯图亚特早期的伦敦。

砖、石结构，并且为经议员们批准的统一样式。

这份公告同以前的诸多公告一样，基本上都被人们置之不理。1615年，国王不得不委派一个特别机构来处理违章问题。曾经有罗马帝国皇帝宣称接受了一座用砖头建造的城，但留下了一座大理石建造的城。[①] 此时雄心勃勃的国王，也如此这般地写道："我们接手的伦敦城和城郊是木条造的，我们留下的却是砖造的。"然而，只要他的压制性政策继续实施，他的雄心是无望实现的。建房者们也深知，只要运气好，就有可能逃脱惩罚，因此他们继续违章建房。但他们同时也明白，如果运气不佳，建好的房子也会被拆除，因此他们尽量使用廉价的材料，尽量少花钱。有些建房者做得很是过火，甚至建起屏障把违禁建筑藏起来不让当局看到。大法官巷书记胡同（Cursitor's Alley）有个人在一片空地周围建起了高高的围墙，声称要养兔子。而实际上他在里面建了一排肮脏的出租房。还有许多建房者选择最狭窄、最黑暗、最偏僻的小巷和庭院，偷工减料地修建一些窝棚用于出租。而且，由于允许在已有房屋旁边修建附属建筑，因此成为惯常做法的是，对废弃的房屋进行修缮，按允许的范围拓宽，然后在下面挖一个大地窖，租出去当店铺、娱乐室、酒馆，甚至租给那些贫困的家庭当居所。

尽管"贫穷、卑微的违法者"遭到起诉，但建房的富人却常常能够逃脱处罚，因为这类诉讼很少针对"高贵而富有"之人。实际上，大量违法修建的好房子并没有遭到拆除，房主转而通过支付补偿来满足政府。至1637年，伦敦地区在城墙外违法修建房屋的1360家住户，

---

① 古罗马帝国第一任皇帝奥古斯都（公元前63—公元14年）一生致力于扩建罗马城，晚年有句名言："我接受了一座用砖头建造的罗马城，但留下了一座大理石的罗马城。"——译注

其违法行为均通过这种方式受到了处罚。他们当中的大部分人，以及接下来的 30 年中大部分像他们那样的人，都集中在城西和城北，从威斯敏斯特经圣马丁教堂（St Martin's-in-the-Field）至布鲁姆斯伯里（Bloomsbury）、霍尔本和克勒肯韦尔的这片区域中。因为这里此时是"高贵"人士选择居住的地方。

Youth.   Disposition.   Apparell.   Behaviour.

Education.   Vocation.   Decency.   Complement.

Spes in cælis, Pes in terris.   *Grace my guide, Glory my goale.*

THE ENGLISH
GENTLEMAN
AND
ENGLISH
GENTLEWOMAN,
Both
In one Volume couched,
The 3ᵈ Edition, revised,
corrected & enlarged;

with

A LADIES Love Lecture,
And a Supplement
Lately annexed,
and
Entitled
The TURTLES
TRIVMPH.

By Rich: Brathwait Esq.

Recreation.   Acquaintance.   Estimation.   Fancy.

Moderation.   Perfection.   Gentility.   Honour.

Generoso Germine Gemmæ

LONDON.
Printed by
John Dawson.
cIɔIɔc XXXI.

W. Marshall sculpsit.

第五章　贵族投机商

（1603—1665 年）

55

图 5-1 《英国绅士和淑女》扉页的版画，1641 年。

尽管富人家庭逐步往西迁移，但除了在宫廷或政府部门工作的人之外，其他人并不见得喜欢威斯敏斯特。王宫侧近确实没有鳞次栉比的肮脏棚屋，因为国王的禁令在这里总是能够得到严格执行。但在威斯敏斯特的别处，又脏又乱的贫民窟却和伦敦其他地方的贫民窟并无二致。由于四处旅居的王室长久未在此居住，依靠王室的存在而艰难谋生的人陷入了贫困甚至走上了犯罪的道路。同时，富有的侍臣、缺乏警觉的外国人带来的诱惑，以及避难所提供的保障，也吸引着许多危险的罪犯来到大教堂周围的狭窄街道上：贼巷（Thieving Lane）的名称，便是来源于在此居住的人所具备的特征。许久之后，这里才修起监狱，关押那些运气不佳而被擒获的人。而且，威斯敏斯特所处的沼泽地，还让此地的居民极易感染瘟疫。

　　再往北走，是一片更加开阔而干净的地带。于是，这片处于伦敦城门之外、远离杂乱的威斯敏斯特，但又位于两地都能够方便到达之处的地界，便成为修建好房子的地方。这些房子建在教堂背后的圣马丁巷、长亩街（Long Acre）和大王后街（Great Queen Street）（以詹姆斯一世的王后安妮命名）、林肯律师学院场（Lincoln's Inn Fields），以及贝德福德伯爵拥有的修道院花园（今科文特花园）内。

圣马丁巷的开发由时任财务大臣（Lord Treasurer）索尔兹伯里伯爵实施，这项工程令詹姆斯王和附近农舍的住户们都大为懊恼。因为索尔兹伯里强迫他的租户们不得把洗过的衣服晾在外面，并且只能在圣马丁巷西侧的五英亩土地上放牛，然后他又在天鹅场（Swan Close）修建了一排房屋。为了建房，他填平了一条排水沟，结果导致流水不受限制地直接灌入了怀特霍尔宫。作为报复，国王修建了一条下水道，将流水引入泰晤士河，并且将产生的费用摊派给沿路的房产所有者，实际上也就是索尔兹伯里大人本人。

56

1630 年，索尔兹伯里的邻居莱斯特伯爵（Earl of Leicester）也想挣点钱，他决定效仿索尔兹伯里在圣马丁巷的做法，开发他位于莱斯特场（Leicester Fields）的部分地产。但住在当地的乡下人，因索尔兹伯里地产上公共用地的变化而产生了戒心，于是他们提出抗议，反对将莱斯特场从他们手中夺走。枢密院为此任命了一个委员会，他们决定莱斯特伯爵可以在片区的一侧建房，但片区本身须继续保持公用，种植树木并且提供步行道。于是，莱斯特广场（Leicester Square）的历史便由此揭开帷幕。

林肯律师学院场的开发提案也遭到了当地居民的强烈反对。1638 年，来自贝德福德郡（Bedfordshire）的建筑商威廉·纽顿（William Newton）获得了执照，准备在德鲁里巷与高霍尔本（High Holborn）转角处的白鹿驿站（White Hart Inn）背后的空地上修建 32 座房子，此举遭到居住于此的律师们的愤怒抗议。林肯律师学院强调，此处和另两处片区，"通常被叫做林肯律师学院场的地方，（务必应该）按照莫菲尔德（此时已经变成一座公园）的方式被改造成为步行道"。然而律师们的呈请却遭到无视，至 1641 年，纽顿的房子全部建成。没过几年，在另两处片区也建起了一些房屋，林肯律师学院三个方向都被红砖高房所包围。[1]

在所有 17 世纪早期的开发建设中，最引人注目、最雄心勃勃的，是科文特花园内贝德福德伯爵地产的改造工程。

1627 年，弗朗西斯·罗素（Francis Russell）继承其堂兄成为第四代伯爵。他天赋异禀、思想独立，既率直又精明，很不受王室的待见。作为建筑投机商，他急于像索尔兹伯里伯爵等人那样挣钱。他单靠河岸街和长亩街上的房产出租，每年的收入就已达 500 英镑。受此鼓舞，他曾希望在那里进一步进行开发，但却被阻止。

图 5-2　伊尼戈·琼斯：凡·戴克 [①] 作品版画复制品。

图 5-3　第四代贝德福德伯爵弗朗西斯·罗素：凡·戴克作品版画复制品。

---

① 安东尼·凡·戴克（Anthony van Dyck，1599—1641 年），安特卫普学派画家，与雅各布·乔登斯和彼得·保罗·鲁本斯并称"佛兰德巴洛克艺术三杰"。他是英国国王查理一世时期的英国宫廷首席画家，查理一世及其王族的许多著名画像都是由凡·戴克创作的。他的画像那种轻松高贵的风格，影响了英国肖像画将近 150 年。他还创作了许多圣经故事和神话题材的作品，并且改革了水彩画和蚀刻版画的技法。——译注

不过，1631 年，在支付了一笔 2000 英镑的费用之后，他得到了在科文特花园内建房的许可权。房屋和建筑的数量不受限制，只要"适合绅士和有才能的人居住"。在此六年前，曾有一份公告出台，对长久以来的禁令再予确认，即禁止在老房基之外的地方修建新房。不过这份公告还任命了四名委员，其中包括国王的工程测量师（Surveyor of Works）。他们显然倾向于批准对已动工地区的布局有改善的开发项目，这样就能够增加周边地区的"统一和体面"，而要获得这样的许可权，必须得缴纳一大笔钱。

幸运的是，此时国王的测量师碰巧是一位天才，他便是伊尼戈·琼斯（Inigo Jones）。

57　　琼斯是史密斯菲尔德一位制衣工的儿子，生于 1573 年，曾跟随圣保罗教堂一位木匠当学徒，但他在艺术和设计方面显露出超常的才华，于是前往意大利去学习设计大师们的作品。带着对杰出的帕多建筑师帕拉蒂奥（Palladio）① 式风格的深深敬仰，他回到了英格兰。当时的他已小有名气，是宫廷娱乐节目——假面剧的舞台布景设计师和服装设计师，在佛罗伦萨美第奇宫廷中展示过高超的技艺。

回国之后他开始为英国王室服务。起初为一些宫廷娱乐节目，如本·琼森（Ben Jonson）② 的《美人假面舞会》（*Masque of Beauty*）等

---

① 安德烈·帕拉蒂奥（Andrea Palladio，1508—1580 年），意大利文艺复兴晚期最重要的建筑师。他所谓的帕拉蒂奥式风格，以拘谨、克制和均衡为特点，在很大程度上受到了罗马建筑的影响。乔治王时期的英国建筑师深受帕拉蒂奥的影响。——译注

② 本·琼森（Ben Jonson，约 1572—1637 年），英格兰文艺复兴剧作家、诗人和演员。他的作品以讽刺剧见长，《福尔蓬奈》（*Volpone*）和《炼金士》（*The Alchemist*）为其代表作，他的抒情诗也很出名。主要诗集有《格言诗》《森林集》《灌木集》等。本·琼森与莎士比亚同时创作并持续到莎士比亚死后，戏剧生涯三十余年。他在当时文坛上受到推崇，成为作家中的领袖人物，围绕着他活动的文学圈被称为"本·琼森派"。——译注

设计异域风情的布景，不久之后，他便开始为伦敦许多地方做建筑设计。

这些建筑，反映出他的才华受帕拉蒂奥古典路线影响之深。虽然目前保留下来的已经很少，但他许多优美的建筑图纸——如位于河岸街、与位于康希尔的格雷沙姆的皇家交易所相呼应的新交易所（New Exchange）——所显示出的古典外观风格，很快替代了都铎和詹姆斯一世时期不规则而随意的民间风格，成为伦敦景观的主流。他后期所设计并动工建成、至今仍可供人观赏的建筑，有在格林威治的王宫所在地为詹姆斯一世的王后所修建的王后宫（Queen's House）[2]，原打算为查理王子在 1623 年想从西班牙迎娶的西班牙公主修建的、位于圣詹

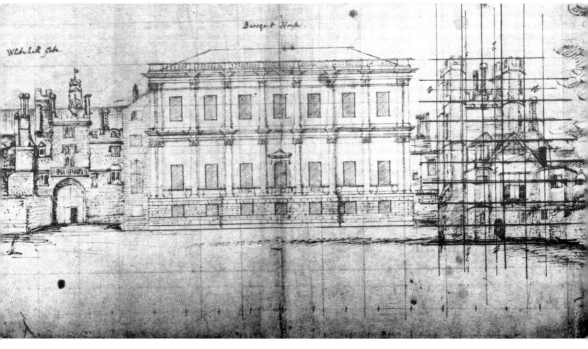

图 5-4　伊尼戈·琼斯为假面剧布景设计的图纸，显示的是他自己设计的国宴厅和怀特霍尔宫大门。应用于本·琼森的《时间证明是正确的》（*Time Vindicated*），该剧于 1623 年 1 月 19 日在国宴厅上演。

姆斯宫的王后礼拜堂（Queen's Chapel）[3]，以及怀特霍尔宫的国宴厅（Banqueting House）[4]。意大利风格的国宴厅规模虽小，却气势不凡，人们希望它将来某一天会成为取代这座都铎王宫的一系列新建筑物的典范。

的确，伊尼戈·琼斯的新建筑，与相邻的詹姆斯一世时期风格的建筑，对比是异常强烈的。对于许多伦敦人而言，在王室的赞助下兴盛的这种新风格，是十分不合口味的。普通民众更喜爱熟悉的老式三角形檐饰和竖框窗棂、斗拱、带装饰的封檐板，以及个性突出的石工和木工，不喜欢对于他们而言"类熊地精或蛇发女妖的头"似的一切异域的建筑理念。

伊尼戈·琼斯为贝德福德伯爵设计的新广场显得尤其另类。一座教堂，加上一座广场，广场上的房屋排成排，朝内对着一座开阔的庭院，对于出国游历过的人而言，这样的概念并无不同寻常之处。但对于从未离开过英格兰的伦敦人，这几乎算得上惊世骇俗了。约翰·伊弗林（John Evelyn）[1]1644 年曾去过莱戈恩（Leghorn），他发现那里的教堂和"非常美丽而宽阔的广场"给了"我们在科文特花园修建教堂和广场的最初灵感"，但即便是他，也认为伦敦的版本只不过是十分拙劣的抄袭。

59　　科文特花园教堂，是伦敦自宗教改革以来第一座新建的教堂，它于1631 年动工。伯爵仅仅把它当做自己开发片区的中心点，是他将要创立的住宅区的必要配套设施。他不想为教堂花太多的钱，而且作为低教

---

① 约翰·伊夫林（John Evelyn，1620—1706 年），英国作家，英国皇家学会的创始人之一，曾撰写过有关美术、林学、宗教等著作三十余部。伊夫林是塞缪尔·佩皮斯的朋友，他花了大量时间研究文学、艺术、政治。他目睹了查理一世和奥利弗·克伦威尔的倾覆、伦敦大瘟疫、1666 年的大火灾。伊夫林和佩皮斯有许多此类信件交流。——译注

图 5-5　鲁本斯（Rubens）所绘国宴厅天顶局部，1634 年。

图 5-6　18 世纪 40 年代的科文特花园，塞缪尔·斯科特（Samuel Scott）绘

图 5-7　伊尼戈·琼斯为 1605
年 1 月 6 日上演的本·琼森《黑色
假面舞会》(*Masque of Blackness*)
设计的火炬手的服装。

会派教徒，他也不想让它太复杂。"总之，"他告诉伊尼戈·琼斯，"我可不想它比谷仓好到哪里去。""好吧，"琼斯回答说，"那你将会拥有一座英格兰最漂亮的谷仓。"

在花掉近5000英镑之后，他得到了这样一件东西：一座托斯卡纳式的建筑，质朴而庄严。教堂位于广场的西侧，高高耸立的优雅圆柱托起巨大的屋檐，三扇大门（两扇后来被移走）透过圆柱向外凝视。广场的中间是一座日晷，周围环绕着新种植的树木和刷漆的长凳[5]。它所面对的广场的东侧，以及从它往北延伸的，是排列整齐的泥灰粉刷过的房屋，它们的前门面朝一道圆顶拱廊，为意大利建筑师塞巴斯蒂安·塞利奥（Sebastian Serlio）式风格。它们的背后是宜人的花园、马车房和马厩[6]。广场的南侧没有房屋，与贝德福德府邸的花园围墙毗邻。

广场建成之后不久，它的周围也建起了造价不那么昂贵的新房子，形成了新的街道。詹姆斯街（James Street）向北通往长亩街，东侧的罗素街（Russell Street）将科文特花园与弓街（Bow Street）相连，国王街和汉丽埃塔街（Henrietta Street）从教堂的两侧向后延伸至通往河岸街的贝德福德街。该区域的建筑，与大王后街和林肯律师学院广场的一样，均为平整的新红砖或泥灰粉刷的正面、线条清晰的檐口、从第二层直到屋顶的壁柱排列，它们都打上了伊尼戈·琼斯品味的印记。这些建筑并不都是由他独立设计，但作为国王的测量师，他对它们的外观负有最高责任。他很可能给了工匠一些图纸和大致的意见，让他们和承包商来完成细节。

科文特花园的建设完工之后，贝德福德伯爵获得了许可权，为方便这一大片新区的住户而建一座固定的蔬果市场。市场沿伯爵的花园围墙开始修建。几十年来，这一带就一直有菜农在卖自己家里吃不了的水果和蔬菜。

随着市场的发展和兴旺，它完全掩盖了这一地区的早期特色，最终导致有能力搬家的人，都搬至怀特霍尔宫以西的乡下或布鲁姆斯伯里。

60
61

随着伦敦城的清教徒商人与王室的关系恶化，内战近在咫尺。那一时期，富人和上流阶层加速搬离伦敦及其北郊、东郊，移居到更远的西部新开发的地段。

在伊丽莎白时代，许多贵族和廷臣还居住在伦敦城：埃塞克斯伯爵和弗朗西斯·沃尔欣厄姆爵士（Sir Francis Walsingham）在民辛巷（原 Mincheon Lane，现 Mincing Lane）离市长官邸不远的地方均有府邸，德雷克（Drake）在泰晤士街上有一座宅邸，布林登勋爵（Lord Bryndon）的宅邸在外法灵顿，坎伯兰伯爵（Earl of Cumberland）在主教门居住了很长一段时间，肯特伯爵住在克里普尔门。但到此时，这些人和他们的家庭，都很少有留在城里的了。他们忙不迭地大批搬离，也是因为城里和北部、东部近郊，尤其是沿着河岸大量激增的工业。在这些地区，工业用煤不断增加，导致整个伦敦被煤烟粉尘所笼罩，能见度下降，空气遭到污染。

在17世纪初，尚有不少富人家庭还居住在怀特查佩尔和沙德韦尔，但五十年之后，他们大部分都已搬离。同样，克勒肯韦尔在1620年还是时髦的上流社会乡村，尽管如埃克塞特伯爵（Earl of Exeter）所抱怨的那样，圣约翰街上酿酒的味道和打铁的噪音让他简直无法在餐厅安坐。贵族和每天乘着马车去账房的城市资本家，融洽地居住这里。然而，随着时间在17世纪往后推移，村庄不断扩大，而且在通往伦敦的道路两旁，房屋之间的空隙不断被挤占，房屋逐步连成了一长排，它们

The cold, not cruelty makes her weare   Winter   For a smoother skinn at night
In Winter, furrs and Wild beasts haire   Embraceth her with more delight.

图 5-8 《冬》：W. 霍拉蚀刻版画，1643 年，穿冬衣的女士行走在烟雾弥漫的康希尔。

上方的空气被厚重的烟雾所笼罩，克勒肯韦尔的贵族居民们，包括一度在此居住的历代埃塞克斯伯爵中的卡莱尔（Carlisle）和艾尔斯伯里（Ailesbury），都放弃了此时此地已经令人不快的环境，前往西边更吸引人的地方。

而且，那些出身高贵的人当中日益蔓延着一种情绪，总觉得住得离生意人太近有失体面，不管这些人有多富。在 17 世纪中期，宗教、宪法和经济的纷争，在清教徒商人与土地所有者之间，在市政府官员与宫廷之间，都筑起了坚固的藩篱。而在之前较早的时候，这种观念是不可能存在的。这种新型的势利行为有例为证：在修道院解散法令时期，奥斯定修道院的领地被给予了温彻斯特侯爵（Marquess of Winchester）家，后来侯爵打算把此地的大宅卖掉，要卖的房子包括什鲁斯伯里伯爵夫人（Countess of Shrewsbury）寡居的住所。这位夫人收到了邻居的一封信，信里表达了他的歉意，说现在温彻斯特家的房子被"一位斯温纳顿商人"买下，她大概得自己搬走了，因为他无法想象夫人会"愿意当那种人的房客"。

英国内战的到来，导致温彻斯特侯爵、什鲁斯伯里伯爵夫人这样的家庭加速撤离到伦敦西部。伦敦城在战争中将会变为由 24 座堡垒、绵延 18 英里的战壕所保卫的议会要塞。

战争导致伦敦城和近郊所有的建设都几乎陷于停顿。许多房屋被上前线打仗的家庭所遗弃，空荡荡无人居住，在如此不稳定的时期，没人愿意拿钱打水漂。在河岸街上和怀特霍尔宫周边靠着贵族家庭经常光顾为生的店家破败了，怀特霍尔宫的庭院里也长满了荒草。它成为"一座空荡荡的宫殿，"一位檄文作者在 1642 年写道，"你可以走进大厅，当然却闻不到令人垂涎的香味从各个厨房里飘出。"在查理一世时期，这些厨房里的厨子每年要烹制 3000 多头牛、7000 多只绵羊、近 7000 只羊羔、2.4 万只鸟,更别说数量庞大的猪、鱼、野禽、野猪和熏肉,这些食材被送到餐厅里的 86 张饭桌上,饭桌上每天都高朋满座,他们尽情享受着王室的款待。而如今,看不到一个油腻腻的厨工"专心致志地清洗大釜中装满的腰子,也无人阻止你进入房间。你可以戴着帽子、穿着靴刺、佩着剑进入接见厅。如果你想撒撒野,还可以在国王的宝座上坐一坐"。

国王结束对苏格兰的访问,在人们的欢呼声中进入伦敦,才不过是一年前的事。那时家家户户悬挂彩旗,喷泉里涌出美酒,仪仗队沿街排列。在市政厅的宴会结束之后,市民们举着火把点亮道路,拥送国王回到怀特霍尔宫。查理一世曾经满怀信心,认为一旦他和议会产生纷争,市民们必会站在他这一方。

他很快就被证明大错而特错了。1641 年的秋天,伦敦的贸易严重萧条,国王的政府备受诟病。到 12 月,伦敦城对国王的态度已经完全逆转。失去工作的水手、码头工人、小贩、牡蛎女走上威斯敏斯特周边的街道,高呼反君主的口号。学徒们在清教徒师傅的鼓励下,侮辱谩骂乘着马车的主教,并冲击了威斯敏斯特大教堂。查理一世试图针对议会采取行动,他闯入之前从未有国王涉足的下议院,想逮捕五名带头反对他的议员,危机由此爆发。五名议员从下议院逃走,躲进了城里。查理一世勇敢地入城,要求他们交出议员,换来的却是"议会免责权!""议会免责权!"的高呼声。在他返回怀特霍尔宫的路上,高呼声仍在继续,人群包围了他的马车,朝他挥舞着拳头。

在接下来的日子里,伦敦的情绪达到了新的极点,几乎陷入了恐

63

慌。因为有谣传说，保王党人将要对伦敦城发动袭击。伦敦成立了公共安全委员会，一位清教徒士兵获得了伦敦民兵队的总指挥权，街上设起了路障，人们用大锅烧起沸水，准备朝着任何胆敢入侵的骑兵头上淋去。大炮也已经就位，全副武装的船只在河上梭巡，市民们积极备战。

然而，袭击并没有立即发生。国王和王室从怀特霍尔宫逃往汉普顿宫，几周之后，内战才爆发。保王党人向伦敦挺进，国王的侄子鲁珀特王子（Prince Rupert）带着骑兵冲进布伦特福德（Brentford），将守卫的人扔进了河里，但伦敦市民在民兵队的支持下，坚守着特纳姆绿地（Turnham Green），国王最终不得不退兵。

然而没过几个月，兴高采烈却变成了悲观失望。战争导致贫困，伦敦市民成为其牺牲品。防御工事和议会的军队需要钱，战马和马车也需要征用，食品供应被国王的巡逻队拦截，来自被封锁的纽卡斯尔（Newcastle）的煤炭运输也戛然而止。燃料短缺、食品价格飞涨，乞丐和残疾士兵遍布大街小巷，如此一来，伦敦人开始渴望结束战争，并对发起战争的人产生了深深的怨恨。

1649 年 1 月，查理一世以"叛国者、暴君和人民公敌"的罪名被推上了断头台，断头台是在怀特霍尔宫的国宴厅外专门搭设的，上面蒙着黑色的布帘。此时此刻，没有任何市民甘冒自己的生命危险救他。

国王被处死之后，奥利弗·克伦威尔（Oliver Cromwell）政府针对伦敦新建筑的政策，继续奉行斯图亚特诸王的那一套。克伦威尔继续坚持不允许在新房基上建房的制度，并重申所有以老房基修建的房屋必须为砖、石结构的法律，并且对于自 1620 年 3 月 24 日以来、在伦敦方圆 10 英里内、在面积小于 4 英亩的地界内修建于新房基上的房

图 5-9 查理二世复辟后进入伦敦，1660 年，后期版画。

屋，一律没收其一年的租金作为罚金。有三处已经动工或已有计划的开发项目被特别对待，不包括在新房禁令之内，它们是：贝德福德伯爵在科文特花园尚未完工的项目，与之类似但规模较小的、克莱尔伯爵（Earl of Clare）在其位于林肯律师学院广场和河岸街之间的大花园内修建房屋与一座市场的开发提案，以及约翰·巴克斯特德爵士（Sir John Barksted）在位于霍尔本与弗利特街之间的鞋巷（Shoe Lane）内的班格尔府（Bangor House）及其庭院的开发项目。

64
65

1660 年，伦敦以西的新开发项目因查理二世的复辟而被注入了新的活力。国王归来的那天，日记作家约翰·伊弗林正好在河岸街上，他描绘了当时的欢乐景象："这一天，经过长期悲惨流放的查理二世陛下驾临伦敦……今天亦是他的生日。凯旋的人马超过两万之众，他们挥舞着长剑，发出难以言喻的喜悦叫喊；路上鲜花遍布，教堂钟声阵阵，街上彩旗飘飘，泉眼里美酒喷涌；市长、议员及诸位官员，身穿制服，佩戴金链，高举旗帜；贵族老爷们，身着金、银、丝绒的盛装；女士们涌到窗前和阳台上；号角声声，音乐飘飘，人流涌动……"

几个月之内，王室便颁布了一份公告，将禁止修建新房的范围，从方圆 10 英里缩至 2 英里。而且人们很快就发现，在这 2 英里范围内，对于有能力建新房的人，只要开发计划符合贝德福德伯爵与伊尼戈·琼斯在科文特花园所建立的规划原则，要获得建房许可几乎易如反掌。

然而，在伦敦城的城墙之内，却有大片地区亟待拆除和重建。由于不允许在城墙外建房的禁令在 1580—1661 年间被反复重申，因此许多破烂不堪的小房舍也在城墙内建起。它们占据大片区域——乱七八糟的小巷和院落，破旧的茅舍，奇臭的出租屋，家家户户和老鼠共居于令人毛骨悚然的肮脏环境中，濒临饥饿和死亡。正是在这些地方，1665年暴发了夺走大部分人生命的腺鼠疫，也正是在这些地方，伦敦大火凶猛而起。

第六章　伦敦大火和伦敦城的重建

（1666—1710 年）

图 6-1　伦敦大火之前、之中、之后从萨瑟克眺望伦敦城。

1666年9月1日星期日的凌晨，伦敦桥附近布丁巷（Pudding Lane）的一家面包铺失火，起初并没引起太大的注意。面包师带着妻子和仆人从失火的楼梯逃到屋顶后的一个小时内，火势并未扩散。随后一团火星被东北方刮来的一阵狂风吹起，飞过布丁巷落入鱼街山星光客栈（Star Inn）的马车场内，点燃了木走廊旁堆放的干草。即便到了此时，都还没有引起人们特别的警觉。在天恩寺街家中的市长接到了通知，但他望着窗外的局部火势，却很是不以为然。"呸！"他说，"女人一泡尿便可将之淋熄。"塞缪尔·佩皮斯也得到了通知，他同样也认为这场火危险不大，对它不予理会。在那个时代，他早已见怪不怪，它们通常很快就会自行熄灭。他回到床上，继续睡觉。

然而那年的8月十分干燥炎热。河畔许多木屋上的涂料，都已剥落为黑色的碎片。火焰乘着增强的风势，掠过布丁巷歪斜地叠靠在一起的乱糟糟的旧房建筑群，向鱼街山的木屋和货摊烧去，烧过泰晤士街通往泰晤士河的各个杂乱的小巷，烧着了码头上堆放的木材和煤炭，仓库内的一捆捆货物，地窖内的一桶桶油脂、油料和烈酒。

消防员组成长龙，端着装满水的皮桶，试图阻止火势，然而在烈焰面前，水只是发出"滋"的一声而已。伦敦当时仅有的几台原始的消防车也投入了使用，但是街上堆满了家具和物件，加之惊慌失措、不停叫喊的人群，导致消防车完全没有移动的空间，也根本无法发挥作用。人们敦促市长下令大量推倒房屋来切断大火的通道，但他担心事后的补偿，迟迟不敢下令。大火很快便失去了控制。

至星期一夜里，从淡水码头（Fresh Wharf）到水坑码头（Puddle Dock）的整条泰晤士街都被烧毁。大火往北一直蔓延到康希尔，烧毁了皇家交易所，咆哮着往西朝齐普赛街而去。第二天，圣保罗大教堂和市政厅都熊熊燃烧起来，火焰继续掠过纽盖特门，直抵圣殿区。无论是国王和他的议会，抑或是市长及其幕僚，都对控制火势完全无计可施、无能为力。这时，一位船坞上来的水手坚持认为，要挽救伦敦城的剩余部分，唯一的办法是残忍地将整排街道的房屋全部用火药炸掉，开辟一道足够开阔的缺口，令哪怕最强劲的风都无法将燃烧的余灰带到对面。这种对付危险的方式，虽然显得野蛮而鲁莽，然而确实是剩下的唯一希望了。采纳了这种方法之后，加之星期二夜间风势有幸减弱，火势最终得

图 6-2　消防员皮头盔，17 世纪。

图 6-3　皮灭火桶，17 世纪。

到了控制。

至此，伦敦城有多达395英亩的区域已被完全烧毁。除圣保罗大教堂外，还有87座教区教堂化为灰烬。伦敦城除损失了皇家交易所、市政厅、海关大楼之外，还有44家同业公会会馆遭毁，超过1.3万栋房屋消失。滚滚浓烟之下，是成吨的灰烬、瓦砾和碎石，近25万人无家可归。

灾难虽骇人听闻，但机会却独一无二。成千上万的难民被迫撤到伊斯灵顿和汉普斯特德附近的郊野中，他们的问题相对好办。国王和议会下令搭建帐篷和临时棚屋，由郊外的教区负责照顾老弱病残；把学校和教堂作为储物场所，开设新的市场以代替被毁的旧市场。最艰难困苦的时刻很快就过去了。

而重建城市的问题却棘手多了。被烧毁的废墟到1667年3月都还依然阴燃发烫，堆积得如此之厚，完全看不出哪里原本是房子、街道走向又是如何。供水和污水排放都已被切断。由于码头、仓库、市场和账房都被烧毁，因此贸易也处于停顿状态。合同无法履行，租金无法收取。市政当局急于尽快让生活恢复到正常轨道，他们决定即刻启动重建计划。如果不这样做，市民们大可决定留在远郊，远离公会的控制而谋生，逃避应缴纳的费用和应尽的责任。

而另一方面，由于查理二世是一位对于整洁、秩序、优雅颇有品位的人，因此他希望伦敦能像荷兰的所有城市那样坚固，像路易十四希望给予法国的巴黎那样壮观。不能为了尽快恢复元气而牺牲综合规划，不能搞得建筑物杂乱无序、不受控制而导致城市像以前那样易于遭受火灾和疾病。

9月13日，一项声明以国王的名义颁布，制定了一些即时的原则：新建筑必须以砖、石建造；新街道必须足够宽阔，方便路人和车辆通行；必须启动一项调查，以确定土地的所有权，以便做到尽管"每个人不得随心所欲地在自己满意的地点建房，但在任何程度上，他都不应被禁止获得本应属于他的合理利益"；未经批准的建筑将会被拆除；不过，对于地点的所有权不存在争议的人，可以在该地点建房，前提是他们的建房必须符合总体规划。

结果，未经批准的建筑极其有限，因为清理烧焦的废墟和垃圾差不多花去了两个月，接着便进入了寒冬，已清理干净的地方也无法开展建设。然而，尽管有这样一个喘息之机，但规划者也无法充分加以利用。牵涉其中者的利益之争、在这个长期借款的方法尚未建立的时代筹集资金的困难，加之太多的契约和租约丢失、太多的土地所有者和房客在瘟疫中丧生，要追查土地的权益也显得困难重重。这一切，都使得总体规划基本上无法实现。

70 　规划和提案甚多。经济学家、统计学家威廉·佩蒂（William Petty）爵士、城市测量师（City Surveyor）彼得·米尔斯（Peter Mills）、皇家学会实验主持人（Curator of Experiments）罗伯特·胡克（Robert Hooke）都提出了各自的方案。制图员理查德·纽考特（Richard Newcourt）也提出一项方案，他建议城市应该重新布局，形成一个精确的平行四边形，以建筑物组成的大量正方形街区，应一致朝内，面向一座广场和一座教堂。约翰·伊弗林提出，所有的公共建筑应该沿着河边的一条宽路堤布置，他特别强调伦敦城亟须摆脱"可怕的烟雾"，在给国王的报告《防烟：或论空气的不适与笼罩伦敦的烟雾》（*Fumifugium：or the Inconveniencie of the Aer and Smoake of London Dissipated*，1661 年）当中，他痛斥烟雾"黯淡我们的教堂，陈旧我们的宫殿，污秽我们的衣衫，败坏我们的水质"。

第四份方案由一位年轻的天文学教授提交，他曾经因设计牛津大学

图6-4 约翰·伊弗林：R. 南特伊（R. Nanteuil）版画。

的谢尔登尼亚剧院（Sheldonian Theatre）和剑桥大学的彭布罗克学院礼堂（Pembroke College Chapel）而展露出建筑学的才华。他建议，整个区域都应清理干净，一切从头开始，修建宽阔、笔直的街道和开阔的大空间，重建皇家交易所和圣保罗大教堂，把它们作为几个中心的最主要中心，在弗利特街上建一座大广场，在拓宽的弗利特河两岸修建宽敞的路堤。

71

　　提交这份方案的教授名叫克里斯托弗·雷恩（Christopher Wren）。他是一位谦逊、务实的学者，33年前出生在威尔特郡（Wiltshire）的一个教区牧师家庭。当时他从事建筑的时间并不长，但他凭借自身名望，以及富有创造力但却务实的方案，被任命为重建伦敦的三位皇家委员之一。另外两名委员是：罗杰·普拉特（Roger Pratt）爵士，一位曾

72

在意大利学习设计的律师，后来成为新古典学派的著名倡导者；休·梅（Hugh May），工程部（Office of Works）的高级官员，他曾为温莎城堡设计了被称为星楼（Star Building）的新侧厅。

在三位皇家委员受到任命的同时，市法团（City Corporation）① 也提名了自己的三位代表：城市测量师彼得·米尔斯，其助理爱德华·杰蒙（Edward Jerman），以及聪明善辩的几何学教授、其重建方案得到市政府官员支持的罗伯特·胡克。

在皇家学会秘书所形容的"异常复杂"的情况下，委员们开始了他们的艰苦工作。"有些完全是新样式，按照雷恩博士的草图，"奥尔登堡（Oldenburg）博士在给罗伯特·波义耳（Robert Boyle）的信中写道，"有些是旧样式，但用砖建造，有些采取了折中方案，修建一座（码头）并拓宽一些街道，但保留老的地基和地窖。就在今天（1666年10月2日）我听说，陛下的一些议员，其他还有一些贵族，将与市府的要员一起开会，讨论这项大工程，看看在伦敦居民分散到其他地方去之前，能否着手解决一些问题。最大的压力在于，如何筹措经费以保证继续（与荷兰）打仗，与此同时又能重建城市。"

整体采纳任何一项提交的方案，都必定会面临令人无法承受的压力。一贫如洗的店主，失去耐心的手艺人，商人和市政府官员们急切的需求，无家可归者的困境，战争的开销和筹集大量重建、补偿经费的困难，以租金为资金来源的慈善机构受托人的焦虑，规划者与物主之

---

① 伦敦市法团（City of London Corporation），是英国伦敦的老城区——伦敦市的自治组织和地方政府。其辖区只涵盖伦敦（也叫做"伦敦金融城"或"平方英里"——伦敦城的面积大约是一平方英里），而不是整个大伦敦。伦敦市法团原来的正式名称是"伦敦市市长、庶民及市民"，意即包括伦敦市市长、参事会（Court of Aldermen）、庶民会议（Court of Common Council）和伦敦市的自由民及同业公会。伦敦市法团的驻地为伦敦市政厅。——译注

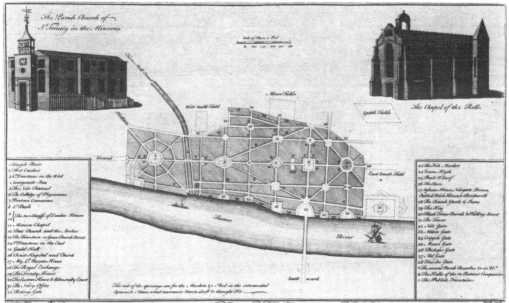

图 6-5　大火后重建伦敦之伊弗林方案。

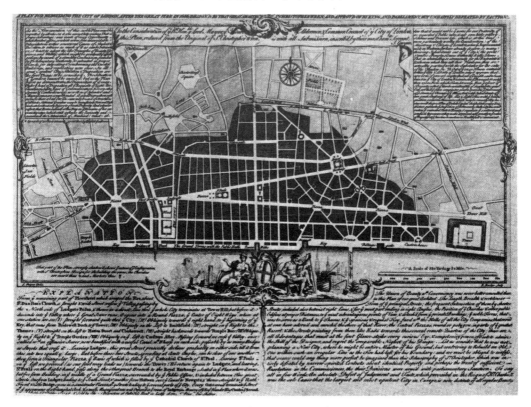

图 6-6　大火后重建伦敦之雷恩方案。

间，土地所有者与租客之间，议会、国王与市法团之间的争议，所有这一切，令那些希望看到一座新城从旧城废墟中拔地而起的人们，都不断感到失望。国王街和女王街成形了，市政厅与河边的文特纳坊之间开辟了一条新干道。然而，在很大程度上，只是原规划得到恢复，修建的房屋，从奥格尔比（Ogilby）和摩根（Morgan）制作的正式地图上看得出来，临街面都十分狭窄。在一条街上尽可能修建更多房屋的这种做法，肯定能够节约空间，节省修路费用，但却使得居住者和其后代们都注定要依赖于楼梯，这样的生活，在巴黎和其他欧洲都市都是闻所未闻的。一位法国游客后来形容这样的生活就像是笼中之鸟，在楼梯上蹿上蹿下，像小棍上的金丝雀一样栖息在不同的楼层。

不过，城市重建也并非完全让人失望，许多做法会产生持久的效益。对于能够修建的房屋的类型和修建房屋能够使用的材料，都有详细的规定并付诸实施。房屋只允许有四种类型，"以便更好管理、更统一、更美观"。在六条"主要"干道上，除了"极其巨大"的、坐落在庭院之后的房屋之外，其他房屋必须建四层，在非主干道上的房屋可建三层，在侧巷和胡同内的房屋可建两层。建筑物的正面必须平直，前面带庭院的房屋允许建阳台，但不允许有弧面和凸起。过去那种讨厌的喷水孔，必须换成排水管，将污水传送到房屋的侧面，排入街上的水沟中。店铺的正面必须符合规定，所有的招牌必须紧靠墙面，不得悬挂在外，以防碰磕过路人的头。过去对交通阻碍极大的大水箱，不得重新放置在主干道上。铺路的责任交由市政当局集中控制。

尽管要求统一，但结果并不显得沉闷。因为，大部分房屋都是由负责建造的工匠进行设计，并且，正如一位经验丰富的建筑商对罗杰·诺斯（Roger North）所说的那样，承包人属于哪种行当一看便知。如果正面是"精细的砌砖，经过打磨和修整"，那么他就是一位砖匠；如果用石头"做成圆柱、侧柱和招牌"，那么他就是一位石匠；如果房屋"全是窗户，罗盘和浮雕中饰有玻璃"，那么必定是玻璃匠在主事；如果阳台和栏杆显得突出，那无疑是木匠在掌控。

工匠们必须遵守的条例包含在重建法案当中。这些综合性的法案也规定了两项改善河岸地带的重要工程：沿弗利特河流域建一条新运河，在泰晤士河北岸建一座长而宽的码头。

在雷恩和伊弗林的提案中，都将泰晤士码头作为重点。它计划从伦敦塔一直延伸到圣殿区，有一座地面铺设整齐的露天广场，沿广场排列的房屋，以及一直延伸到河边的石阶，兼具实用和美观，一举清除乱七八糟、摇摇欲坠、破朽不堪的棚屋、堤岸、阶梯和垃圾堆，以及落潮时露出来的淤泥中的腐臭冲积物，让伦敦的河岸变得与热那亚或鹿特丹一样漂亮。但这个计划，如当年其他的许多被寄予厚望的方案一样，从未得到完全的实现，也没有任何痕迹留存下来。

而弗利特运河却是一项较为成功的工程。弗利特河在罗马时期流速就不快，随着时间的推移，它变成了一条狭窄、淤泥堵塞、垃圾遍布的脏河，"臭不可闻到了极点"，不再适合航行，实在是比下水道好不到哪里去。早在 1290 年，有白衣修士就曾抱怨说，它所散发的恶臭，连最强的焚香都无法将之驱散，他们好多兄弟的死，都得由它负责。三百多年之后，本·琼森描绘了一幅令人作呕的于炎热夏日在弗利特河上航行的画面：每一间厕所的位子上都"坐满了光腚，墙壁上尿液与灰浆横流"。每划一次桨，便"搅起一股味儿，强烈得如同放了一夜的马桶"集中在一起"倾倒屎和尿"一般。

大火给伦敦城带来了机会，令它至少能为西部边界这条恶心的河流采取点措施。在胡克和雷恩的规划和监督下，一条新的运河逐步成形。弗利特河的河道被拉直；河岸被填高，以修建新码头；排水系统和沟栅被安装

74

起来；缺口得到修补；成吨的淤泥得到疏浚；不断被扔进河道并堆积在码头上的垃圾、屠宰场的废弃物、建筑场地的渣滓，都被耐心地清理干净；河道上装上了水栅，以防止驳船闯入而干扰工程；一段沿河东岸延伸的城墙被加固；霍尔本桥以北一直到伦敦城边界的河流被加上了盖。最后，这条近 50 英尺宽、重新变得清澈、更适合航行、配有宽敞码头的运河，于 1674 年 10 月底完工，它在很大程度上要归功于承包工程的托马斯·菲奇（Thomas Fitch）——这位能干、尽责、意志坚定的木匠。

遗憾的是，运河寿命不长。一些船只利用了这条航道，但并没有物尽其用。一位批评家不满于它的巨大成本，抱怨说它的唯一用途是"给两三个卖煤的商人运几吨煤"。没过几年，它就变得像老河一样堵塞。刀铺、染坊、肉铺、酒坊、制革坊、磨坊，都发现将地点选在水流旁很是方便，也很是必要，它们都把它当垃圾场用。《闲话报》（ The Tatler ）1710 年写道：

> 肉摊的垃圾、粪便、内脏和血水，
>
> 淹死的小狗、挣扎的小鱼，浸泡在淤泥里，
>
> 死猫和菜叶，随水流翻腾而下。

那些用石头砌成的码头，也像河水那样遭到肆意糟蹋，被当成垃圾场、公共道路和马车停车场。于是在 1733 年，伦敦决定将运河加盖至弗利特桥。1766 年，有一位喝醉的屠夫掉下河，由于无法将他从淤泥中拉出来，他最终被冻死。此后，弗利特河剩余的部分也被盖了起来，它从明河变成了地下污水渠。

弗利特运河的建设看似缓慢，但伦敦城的其他大部分重建工作甚至更慢。在很多年里，伦敦城内到处都是工匠，他们从全国各地被吸引而

来，希望获得稳定的工作和高收入。外国工匠主要来自法国和莱茵地区，如今城里的许多教堂和同业公会的会馆都是他们的作品。大街上堵满了马车，装载着砖、瓦、石板、石灰、挪威的木材和波特兰的石料。

仅圣保罗大教堂一处，就需要超过 5 万吨的波特兰石料，外加 2.5 万吨其他各种石料、500 吨碎石、560 吨滑石粉、1.1 万吨硬岩石、数车大理石、木材、沙子、铜、铅和铁。

圣保罗大教堂直到 1675 年才开工，35 年之后才完工。圣保罗的工匠由此成为缓慢的代名词。由雷恩重建的 51 座教堂中，超过半数都晚至 1767 年才动工。此时市政厅和皇家交易所已经基本建成，但鲁德门的新监狱、伍德街和波特尔街上的牢房等诸多的公共建筑，以及大量的私人住宅的建设方案，在最后一座地窖内燃烧的阴火熄灭三年之后，都依然还未得到批准。

《伦敦复兴》（*London's Resurrection*）一书的作者塞缪尔·罗尔（Samuel Rolle）牧师报告了 1668 年的伦敦城令人不悦的状况：街道修了一半，房屋排列得"非常散乱"，许多房屋"被租给了酒馆和客栈老板，被他们用于招待城里雇用的工匠"。

但至少，这些房屋和其他房屋、店铺和办公楼、仓库和工场、教堂和行业公会会馆最终整齐地排列在一起，均按照详细规定的规范，使用牢固而耐用的材料进行建造。

有一些建筑商试图规避条例，只有少数人受到了惩罚，其他人则逃脱了惩罚。比如，在民辛巷拥有贵重房产的富有布商安东尼·塞尔比（Anthony Selby），拒绝受新的建筑线所控制，他建的房不仅使用了禁用的材料，而且还越过控制线 5 英尺。在一番争执和诉讼之后，建筑物违规的部分被拆除，市政当局将余下的部分，以及其脚下的土地一并买下。不过，像塞尔比这样的违规行为并不普遍。伦敦的街道，就算不及从前那样宽阔，但已经相当地笔直而整齐，街上的建筑物既牢固又美观，一千多年以来这可是头一回。

爱德华·杰蒙被选定为几家同业公会会馆和皇家交易所的设计者。在皇家交易所周围区域重要的重新规划中，罗伯特·胡克占了很大的份额，并且同休·梅和罗杰·普拉特一样，他后来成为17世纪末英格兰最受欢迎的建筑师之一。而在皇家委员中，克里斯托弗·雷恩的名字与新伦敦最为紧密相连，因为，那些无所不在的教堂，它们超出在周围建筑之上的以石头和铅板搭建的尖塔，如此显著地改变了城市的天际线。

在学生尼古拉斯·霍克斯穆尔（Nicholas Hawksmoor），朋友詹姆斯·吉布斯（James Gibbs），以及一些杰出的工匠，如木雕大师格林宁·吉本斯（Grinling Gibbons），石匠大师斯特朗（Strong）、科姆斯特

图 6-7　大火后重建的布商公会礼拜堂（Mercers' chapel）以及毗连的商铺。

（Kempster）、皮尔斯（Pearce），铁匠让·提约（Jean Tijou）等人的帮助下，雷恩给新城带来了一系列杰作，成为他才华的永久展示[1]。它们当中的佼佼者当属圣保罗大教堂。

老圣保罗大教堂，是全英格兰最大的教堂，在整个欧洲，也仅次于米兰大教堂、塞维利亚大教堂、圣彼得大教堂和罗马大教堂。1561年，教堂因火灾失去了它宏伟的尖塔：一名老管道工将一盆炭火留在里面起身去吃饭，回来的时候，他发现熊熊烈火已经掠上屋顶，屋顶上的十字架和鹰很快就被烧得脱落原位，飞溅的火花将火焰带入了南耳堂。

伊尼戈·琼斯于17世纪30年代对大教堂进行了修复，大部分以琢石砌体，花费大约10万英镑。同时，他还为它增添了一道宏伟的新柱廊（尽管以现代眼光看来并不协调），"令整个基督教世界羡慕嫉妒，"约翰·韦伯（John Webb）如此说道，"作为一件建筑作品，近年来在全世界都无出其右者。"

但从那以后，大教堂一直疏于维护，到1660年王政复辟之时，它急需重新修复。由于一道基墩下陷，教堂的中央塔危险地倾斜。鸽子、乌鸦和寒鸦在木屋顶和护墙背后筑的巢，经常被小孩儿们用弹弓袭击。教堂内部又脏又破。在平日里，它是律师们与委托人见面的地方，而且还充当职业介绍所和广告行，甚至还是一座市场，是在外面叫卖着书摊上陈列的淫秽印刷品的小贩们的出没地，是纨绔子弟和妓女的"游乐场"，是往来于卡特巷（Carter Lane）和帕特诺思特路（Paternoster Row）搬运啤酒、鱼和蔬菜的工人抄近路的捷径。

1663年大教堂再次开始了修复。但三年之后，伦敦大火将这片"大建筑群"严重烧毁，令它看上去"像是保留了2000年的古代废墟"。在大火之前，雷恩已经为它设计好了独特的新圆顶，大火后他开始着手设计一座全新的教堂。1672年11月，他提交的第一份建议是把它做成

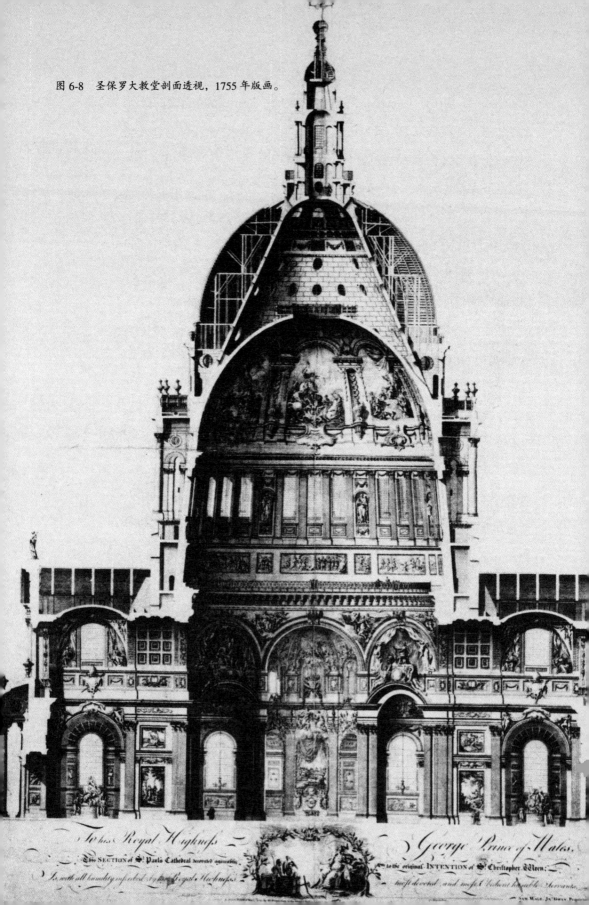

图 6-8　圣保罗大教堂剖面透视，1755 年版画。

图 6-9　奥格尔比和摩根的地图封面的局部，1677 年。

"最奇特样式"的木结构。这种朴素的设计遭到罗杰·普拉特的批评。后来他又进行了更为复杂的设计，虽然修改稿在 1673 年得到国王的认可，但依然遭到批评——这次是来自教士们。他花了大量的时间和精力，并且花了 600 英镑做了一个木制模型（如今摆放在圣保罗大教堂的陈列室内）。当它被否定之后，雷恩失望得大哭一场。他的第三次设计十分离奇，而且也不如前一次。据说，他夜以继日地完成这份设计，只是为了证明，教士们的要求，从建筑学的角度而言是多么愚蠢。然而，这份设计却于 1675 年获得了王室批准。

不过，在大教堂建造的 35 年当中，雷恩不断地对设计进行修改、对原图纸进行改进。因此，当他的儿子于 1710 年在灯笼式天窗上砌上最高一块石头的时候，这一座最终完工的教堂，和之前的设计已经几无相似之处了，从此，它被认为是整个欧洲最精美的教堂之一。[2]

尽管许多新建筑都是那样的富丽堂皇，但却无法说服被大火赶走的人们回到伦敦，近距离地居住在它们附近。贫穷的工人承担不起新房的租金，小店店主宁可在郊区谋生，工匠们选择留在对他们限制少、赋税低的地方，商人们已经习惯了斯托克纽因顿（Stoke Newington）或伊斯灵顿的乡村生活，富人和贵族们也已在伦敦西郊建立起了新的上流社会生活中心。

一些规定虽然暂时得到落实，比如要求议员们回到伦敦、减免同业公会所需费用、降低进入同业公会的门槛等等，但从长远看，它们却未能扭转伦敦人口结构的转变和城市特点的变化。

78

79

第七章　上流社会的市郊

（1660—1695 年）

图 7-1　西区的发展：圣詹姆斯宫、蓓尔美尔街和圣詹姆斯广场（右下角）约
1714—1722 年的景象。

在城墙之外，同伦敦城内一样，西郊的改变也是彻底的。在布鲁姆斯伯里的南安普敦伯爵（Earl of Southampton）宅邸周围、在圣詹姆斯宫以北的旷野里、在通往骑士桥（Knightsbridge）村的沿路，以及在干草市场（Haymarket）的周围，成排成片的新房屋逐年不断出现，它们均按照伊尼戈·琼斯在伦敦大火之前带来的流行样式建造。

圣詹姆斯场（St James's Field）的开发，早在1660年查理二世回归时便已启动。它的灵感，来自国王本人，以及他的一位最有学问、最标新立异的大臣。

查理二世回到圣詹姆斯宫之后，立即着手改造在他流放欧洲大陆期间完全无人料理的公园，里面的树木已被砍去给市民当了柴火。据说，在路易十四的园林设计师安德烈·勒诺特尔（André Le Nôtre）的建议下，他在里面种了果树，养了鹿，挖了一座湖，他可以在湖里喂鸭子，沿着湖边遛猎犬。他还修建了一条大道，在两侧种上树，在地面覆上海扇壳粉，他可以在路上玩一种类似于槌球的游戏"蓓尔美尔"（pall mall），这是一种发源于意大利，被称为"palla a maglio"，后来风靡于法国的游戏。

这条皇家蓓尔美尔道建在紧靠公园围墙的内侧，与圣詹姆斯场位于马路另一侧原有的一条蓓尔美尔道只有几码的距离。国王很快就发现地点选得不好，因为马路上往来圣詹姆斯宫的马车和货车扬起的尘雾，令玩球的人感到十分恼火。于是他决定，与其将新的蓓尔美尔道往南移，还不如将马路往北移。他将现有的通道封闭，在圣詹姆斯场老蓓尔美尔道的两排榆树之间另修一条大道。这条铺设于 1662 年的新路，被称为凯瑟琳街（Catherine Street），以纪念王后"布拉干萨的凯瑟琳"

图 7-2　奥格尔比向查理二世和布拉干萨的凯瑟琳呈上正式的伦敦勘测图册。

图 7-3　克里斯托弗·雷恩爵士，J.B. 克罗斯特曼（J.B.Closterman）绘。

（Catherine of Braganza）。但使用这条道路的人们，选择保留它原来的街名，至今人们依然用旧街名来称呼它。

由此，蓓尔美尔街成为圣詹姆斯场南侧的新边界。圣詹姆斯场的北侧被通往骑士桥的道路所环抱，东西两侧被圣詹姆斯街和干草市场所环抱。对于这片 45 英亩的空地，圣奥尔本斯伯爵（Earl of St Albans）亨利·杰明（Henry Jermyn）萌发了一个念头，他想修建一片贵族宅邸，朝内面对一座大中心广场。

亨利·杰明是位著名人物，说不上臭名昭著，但颇为神秘。他的父亲托马斯·杰明（Thomas Jermyn）爵士曾担任枢密院委员、副掌礼大臣，但他自己在王室的影响力远远超过托马斯爵士。亨利·杰明的影响力来自他与国王的母亲汉丽埃塔·玛丽亚（Henrietta Maria）的亲密友谊，盛传他实际上是她的秘密情人。作为英国大使在巴黎驻留了一段时间之后，他于 1628 年被任命为汉丽埃塔·玛丽亚的副掌礼大臣，并从此后一直受到她百般宠爱。他勾引了王后的一位侍女，却拒绝与之结婚，此举不但没有减弱王后对他的钟爱，反而还有所增加。1639 年，他被任命为王后的御马官，四年之后成为她的秘书及侍卫官。在王室被流放期间，他完全掌握了王后的财政大权，由此为自己买了一辆马车和一张精美的桌子，与此同时，其他谨小慎微的大臣却过着拮据的生活。

尽管亨利·杰明不可避免地招来了广泛的嫉妒和怀疑，但他良知和原则的缺乏，对国王很有用处。国王相应地也给予他奖励，任命他为海军司令（Lord High Admiral），然而他同他的大多数前任一样，对海洋一无所知，对海军也毫无兴趣。王政复辟之后，他被册封为伯爵，并作为英国大使被派驻巴黎，他在巴黎似乎找到一些机会，进一步增加了自己已经拥有的大量财富。

他具有"货运马车夫的双肩"和"屠夫的模样",他诸多的敌对者之一、诗人安德鲁·马维尔(Andrew Marvell)如此形容他。他回到伦敦后,对美食、赌博、情色、金钱欲望未减,国王认为他"更像个法国人","而不是英国人"。

他说服国王特许他租赁圣詹姆斯场的一部分用于开发。1665 年,他获得了一半区域的永久产权,包括后来修建成为圣詹姆斯广场的中心区域。后来他又获得了余下区域至 1740 年的租约。

圣奥尔本斯伯爵有好几个合伙人,其中包括托马斯·克拉格斯(Thomas Clarges)爵士,他是一位医师出身的朝臣和金融家,在为蒙克将军(General Monck)服务期间引起了国王的注意。经与他们合作,圣奥尔本斯伯爵很快就开发了围绕中心广场的整片区域。他将小块土地租给各类建筑投机商,由他们为贵族承租人修建房屋。他在自己优雅的排屋后面修了好几条路,其中几条主干道,他以自己的名字命名了杰明街(Jermyn Street);国王街和查理二世街的名称取自他的主子;公爵街和约克公爵街的名称取自他主子的弟弟;巴布梅斯街(Babmaes Street)的名称则来源于他主子忠实的仆从巴普蒂斯特·梅(Baptist May)。他建了一座市场——圣奥尔本斯市场,但通常被称为圣詹姆斯市场。他请雷恩设计了一座教堂,面朝杰明街,北窗俯瞰着通往骑士桥的道路,这条路不久之后便被称为皮卡迪利大街(Piccadilly)。[1]

尽管圣詹姆斯广场构思精巧,开发进行得也很顺利,但那些富有的贵族,并没如圣奥尔本斯伯爵所愿地选择来广场居住,也没有选择国王于 1661 年命人铺建的圣詹姆斯街,而是选择了在蓓尔美尔沿街居住,因为这里南侧的房子可享受整个圣詹姆斯公园的开阔视野。拉内拉赫(Ranelagh)伯爵夫人便曾在此居住,她的丈夫是第一代拉内拉赫伯爵,在国王街和圣詹姆斯广场都拥有房产,在切尔西还有一栋巨

图 7-4　英国最早期的具有中国风格的物件之一：1619 年为
东印度公司法庭制造的马具商公会（Saddler's Company）的投票箱。

图 7-5　妮尔·格温与她的两个王室血统的私生子。

大的带美丽花园的乡间宅邸，是一位极为奢侈的人，"花的钱、修建的豪宅、室内的装潢和园艺的布置，都超过英格兰任何一位贵族"。这里还曾居住过国王的情妇，活泼、粗俗得令人不设防的妮尔·格温（Nell Gwyn）。她的房子是，且现在依然是，蓓尔美尔南侧仅有的拥有永久产权的房屋，因为，正如她傲慢地对她的情夫所说的那样，她"在王室的庇护下总是能够，而且将来也永远能够自由转让"。这是一幢漂亮的房子，有一座花园一直延伸到圣詹姆斯公园。人们常看到国王隔着围墙与那位漂亮的小房主交谈。1671 年 3 月的一天，约翰·伊弗林与国王一起在公园里散步的时候，"目睹并耳闻了一场司空见惯的交谈，她在围墙顶上的露台上朝她的花园外面看，（查理）站在围墙下面的绿草地上"。

"我对这一幕感到万分痛心，"伊弗林接着写道，"国王随之去了克

84

利夫兰公爵夫人那里，她是又一位供国王寻欢作乐的女子，又一道我国的诅咒。"她是公认的国王诸多私生子当中六人的母亲。

离妮尔·格温家不远的是朔姆贝格（Schomberg）府，后来朔姆贝格公爵的房产。朔姆贝格公爵的父亲在 1688 年光荣革命当中曾担任奥兰治的威廉 ① 的副指挥官。如今蓓尔美尔南侧的大部分地方都被各种俱乐部所占据，朔姆贝格府深红色的正面砖墙，掩映在这些灰色、黄色的 19 世纪建筑物当中，依然为人们所见。[2]

在蓓尔美尔接圣詹姆斯街的一端，以马尔伯勒街与王宫相隔之处，便是烦人的公爵夫人萨拉（Sarah）选定修建庞大的马尔伯勒（Marlborough）府的地方。后来，国王爱德华七世在当威尔士亲王期间曾在此居住；他儿子的遗孀玛丽王后，也在此度过了她一生中最后的时光。[3]

圣奥尔本斯伯爵忙于开发蓓尔美尔和圣詹姆斯场，不断增加的财富，后来都用于偿还他年老失明之后沉溺于赌博而欠下的巨额债务。与此同时，其他的大臣也在想方设法为自己挣钱，或者沿圣詹姆斯路往北修建宅邸。以阿灵顿伯爵（Earl of Arlington）亨利·贝内特（Henry Bennet）为例，国王赠予他圣詹姆斯路最北端的一块地，因他在王宫另一侧的不远处已经有了一座大宅邸，而且也不想自己当投机商，于是把地卖给了一位建筑商。这位名叫皮姆（Pym）的建筑商，迅速而偷工减料地建起了一片房屋，结果没过几个月，所有的窗户都成了"歪嘴"，门楣也开裂了，烟囱倒塌，将屋顶和房屋顶层也一起带塌了。不过，碎渣很快就被清理干净了。阿灵顿街（Arlington Street）、贝内特街

---

① 即威廉三世（1650—1702 年），奥兰治亲王、尼德兰执政、英国国王。1688 年，威廉受邀率军进入伦敦，兵不血刃，后和妻子玛丽一同被拥立为英国国王，这一事件史称"光荣革命"。——译注

（Bennet street）后来也变得和圣詹姆斯广场、圣詹姆斯坊（St James's Place）一样时尚。

实际上，到 17 世纪末，圣詹姆斯坊的宅邸已经太多，可供购买的地块越来越窄。选择在此居住的下议院议员托马斯·科克（Thomas Coke），不得不把房子紧靠邻居查尔斯·戈多尔芬（Charles Godolphin）的花园围墙而建，怒不可遏的戈多尔芬冲进花园，手里举着一把手枪威胁说，若任何工人胆敢从围墙上冒出头来，他就会开枪。

在皮卡迪利街和圣詹姆斯街的两侧，大宅邸飞快地拔地而起。建得较早、并且最大的宅邸之一，是克拉伦登府（Clarendon House）。它由克拉伦登伯爵建于国王 1664 年赐予的、皮卡迪利街北侧的一大片价值不菲的土地上。他的建筑师罗杰·普拉特耗费 4 万至 5 万英镑在此建了一座巨大的宅邸，被同时代的人称为敦刻尔克府（Dunkirk House），因为他们认为克拉伦登修房子的钱，是来自将敦刻尔克卖给法国国王的利润分成。

尽管克拉伦登在王室不受待见，普通人也不喜欢他，但他和约翰·伊弗林却是好友。在他因逃避叛国罪的控告而准备逃亡的前一天，伊弗林到克拉伦登府去拜访了他。"我在他新建的宫殿的花园中找到他，他因痛风而坐在轮椅上，望着朝北面向旷野的大门，"伊弗林在日记中写道，"他看上去、言语间都充满忧伤。"伊弗林觉得，这座宫殿"是挺大一组建筑群"且"布局极为优雅"；他极为难过的是，克拉伦登的儿子以其成本一半的价格，就把它卖给了阿尔伯马尔伯爵（Earl of Albemarle）。阿尔伯马尔伯爵是个大手大脚的年轻人，他的欠债又迫使他不得不转而将房子拍卖。拍卖的最高出价是 3.6 万英镑，包括房子本身和 24 英亩土地。出价者是以托马斯·邦德（Thomas Bond）爵士为首的银行家和投机商联盟。托马斯·邦德和圣奥尔本斯一样，也是王太后宫廷的常客。1680 年，邦德和他的合伙人，包括金匠约翰·欣德（John Hinde）、名字与苏活区（Soho）关联更紧密的建筑商理查德·弗里思（Richard Frith）等人，着手进行开发。很快，宅邸的花园就被邦德街（Bond Street）和阿尔伯马尔街（Albemarle Street）上的房屋所覆盖。

　　克拉伦登伯爵早先从国王那里得到土地的时候，他将中间部分留下，将两侧宽而深的长条地带转让给了两位朋友。一位是斯特拉顿的伯克利勋爵（Lord Berkeley of Stratton），他于 1664 年在克拉伦登右侧修建了伯克利府。另一位是柯克及伯灵顿伯爵（Earl of Cork and Burlington）

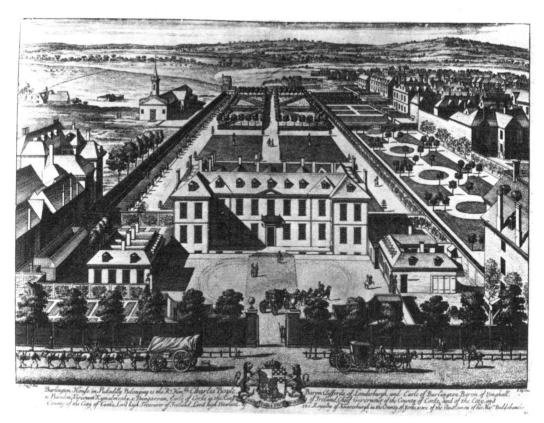

图 7-6　皮卡迪利大街的伯灵顿府及其花园，建于 1663—1668 年。

理查德·博伊尔（Richard Boyle），他于 1663 年至 1668 年间在克拉伦登左侧修建了伯灵顿府。

约翰·伊弗林曾前往伯克利府赴宴。饭毕他便断定，那一餐的花费差不多有 3 万英镑。他觉得它更像是富丽堂皇的宫殿，而不是宅邸。它由休·梅设计，拥有巨大的帕拉蒂奥式柱廊，包含多个气派的房间，但它们都是"大房间，没有壁柜"。"至于其他的，"伊弗林写道，"前院很气派，马厩也气派，花园尤其气派，因为土地的不均等，它们是无可比拟的。"这些波澜起伏的迷人花园，从背后一直延伸到干草山农场（Hay Hill Farm）。当伯克利街（Berkeley Street）、斯特拉顿街（Stratton Street）和伯克利广场（Berkeley Square）建好之后，广场以西的街道——干草马厩街（Hay's Mews）、希尔（山）街（Hill Street）和农场街（Farm Street）——都被赋予了和它们所覆盖的农场相关的名字，以示纪念。

伯灵顿府的花园，同伯克利府和克拉伦登府的花园差不多开阔，但它的红砖宅邸本身却较为简朴。直到 1716 年，第三代伯爵才在其建筑师科伦·坎贝尔（Colen Campbell）的帮助下，受到位于维琴察（Vicenza）的帕拉蒂奥的波尔图宫（Palazzo Porto）的启发，以一座宏伟的建筑将祖父的宅邸取代，这座建筑后来成为诸多新古典主义风格宅邸的典范。[4]

在 17 世纪晚期，大部分更富丽堂皇的贵族宅邸定址于皮卡迪利大街、蓓尔美尔街和圣詹姆斯街，但在同时期，在布鲁姆斯伯里同样也建起了许多精美的宅邸。

布鲁姆斯伯里的大土地主是南安普敦伯爵，其父是莎士比亚的赞助人。他居住在一座华丽的宅邸中，与雷恩和内勒（Kneller）相邻。这座房子位于今大罗素街（Great Russell Street）的北侧，其花园覆盖了现在

87

的南安普敦路（Southampton Row）。南安普敦伯爵在南安普敦府的正前方建了一座广场，并打算卖掉广场周围的地块，由于担心买家流失，他作为财务大臣，试图阻止圣奥尔本斯伯爵开发圣詹姆斯场，然而却未能得逞。南安普敦的担心是多余的，他计划在中心广场周围建设包含市场、店铺和较小型宅邸在内的自足式单元，这项影响力巨大的计划获得了成功。布鲁姆斯伯里"被认为非常有益于健康"，此处新鲜干燥的空气，吸引了许多不愿意住得太靠近河畔、希望将宅邸建在地势较高处的富人。其中最豪华的，莫过于1676年建成的蒙塔古府（Montague House），它是"一座富丽堂皇的宫殿"，按伊弗林的看法，"由胡克先生按照法式公馆建造"。它在建成十年之后不幸被大火烧毁。1754年，重建的蒙塔古府被买下，用于容纳汉斯·斯隆爵士（Sir Hans Sloane）收藏的文物、艺术品和自然历史珍品，这些收藏后来成为大英博物馆的核心内容。

南安普敦伯爵于1667年辞世，由于膝下无子，所有的财产最终都落到女儿蕾切尔（Rachel）手中。蕾切尔的儿子莱奥斯利（Wriothesley）是第二代贝德福德公爵，他的祖父便是科文特花园的开发者。公爵和公爵夫人财富陡然大增，于是决定搬至布鲁姆斯伯里。1704年，他们拆除了河岸街上的宅邸，搬至南安普敦府，从此后它就被称为贝德福德府。

与此同时，在更靠近城边界的圣詹姆斯场和皮卡迪利沿街，开发建设也热火朝天地进行着，不过这些房子的贵族气派不如布鲁姆斯伯里。在如今的皮卡迪利圆形广场（Piccadilly Circus）周围，起初并没有任何建筑物，直到17世纪初，才有一位名叫罗伯特·贝克（Robert Baker）的裁缝、制衣领匠，由于在河岸街的生意不错，于是在风车附近买了1.5英亩土地，为自己建了一座房子。当地爱开玩笑的人称之为皮卡迪利堂（Pickadilly Hall）——"皮卡迪"（pickadil 或 piccadill）在英文中意为一种镶有荷叶花边的大衣领，罗伯特·贝克正是以这种衣领挣了不少钱。

皮卡迪利最初用来指这位裁缝的房子，而最终，它被用于称呼这座房子周围整片地区，特别用以指代 17 世纪早期最著名赌场之一的剃须堂（Shaver's Hall），而赌场之所以被称为剃须堂，是因为经营该赌场的人曾经是宫务大臣的理发师。

88

剃须堂的庭院占地广阔，含有保龄球道、网球场、果园、规整的花园和三排步行道，它引起了精明的潘顿上校（Colonel Panton）的注意。潘顿是一位改过自新的赌徒，在某天晚上赢了 1500 镑之后便从此金盆洗手。剃须堂的利润在内战期间一落千丈，共和国时期则完全消失，王政复辟之后也未能恢复。因此潘顿上校能够于 1664 年以合理的数目买下该区域。同时他还将他新地产北端属于贝克家族的一些土地一并购入。接着，在获得建房许可之后，他便着手开发这一区域。开发取得了极大的成功，引得周围邻里争相跟风。到 17 世纪末，皮卡迪利堂周围到处都在建房，开发人除潘顿之外，还包括查理二世的国务大臣亨利·考文垂（Henry Coventry），以及沃德（Wardour）家族。潘顿、考文垂和沃德的名字，在这一带依然随处可见。

沃德街东部此时已经由托马斯·尼尔（Thomas Neale）开始开发，他是皇家铸币厂厂长（Master of the Mint）。1693 年，他开始修建那几条星形的街道，即后来臭名昭著的贫民窟七晷区（Seven Dials）。在被称为苏活（早期拼写为 Soe Hoe）的那片地区，房屋也开始建了起来，苏活这个名称来源于那片旷野里常能听到的打猎的吆喝声。该地区的两大产权人分别是麦克莱斯菲尔德伯爵（Earl of Macclesfield）查尔斯·杰拉德（Charles Gerard）和弗朗西斯·康普顿爵士（Sir Francis

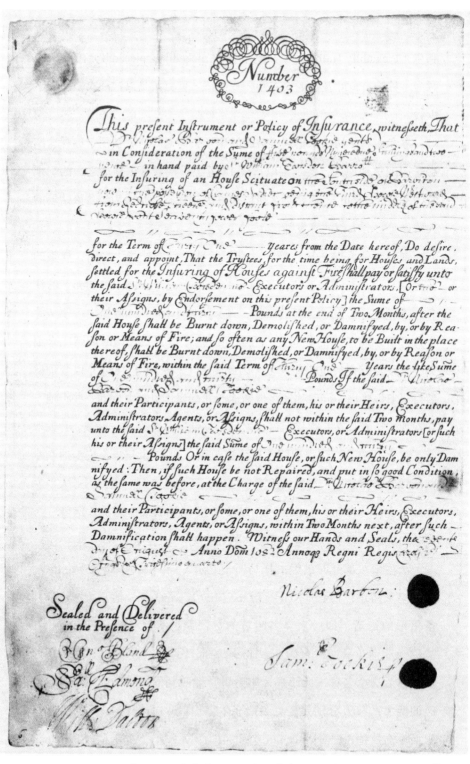

图 7-7　巴比肯（Barbican）一座房子的火灾
保险单上尼古拉斯·巴尔本的签名，1682 年。

Compton）。他们两人都参与了该地区的开发，并且都用自己的名字为街道命名。不过，苏活地区最活跃的投机商却是理查德·弗里思和尼古拉斯·巴尔本博士（Dr Nicholas Barbon）。弗里思是一位富有的建筑商，他帮助托马斯·邦德修建了邦德街，并用自己的名字命名了弗里思街。

巴尔本的父亲叫"赞颂上帝"巴尔本（Praise-God Barbon，或Barebones），是一位皮革商人，基督教第五君主国派（Fifth Monarchy）信徒，曾被克伦威尔及其军官委员会提名为伦敦议员，共和国时期的议会曾有一届以他的名字命名。尼古拉斯约生于1640年，早年在荷兰学医，1664年被皇家医师学会（College of Physicians）接收为荣誉会士。他野心勃勃、精明能干、令人信服且专横跋扈，其傲慢的举止偶尔也掩盖不住隐隐的魅力。虽然，他作为火灾保险公司的奠基人，作为被马克思引用的经济学家而更具名气，但他同时也是重建伦敦的所有房地产商当中最为活跃、最具野心者。他曾解释说，一些小业务值得他花时间去介入："比如砖瓦匠能做的业务。砖瓦匠不会指望从中赚到大钱，但这 *89* 些业务全部合在一起，就有广阔的前景。"他的名字频频出现在各种购 *90* 买、出售、建房、出租、租用档案中：有时候是巨额款项的主管，有时候又是追讨欠款诉讼中的被告，一次是西奥博尔兹路（Theobalds Row）上一座小宅的业主，另一次又是圣詹姆斯场内圣奥尔本斯伯爵地产上好几座大宅的建筑商，1683年是位于奥斯特利（Osterley）一座巨大的都铎式宅邸的购买者——这座宅邸曾经是托马斯·格雷沙姆的住宅——十年之后，他又成了破产者。

他的开发项目有亏有赚，承建商们为他建的房子许多都很牢固，但也有少量倒塌了。他采取的手段问题丛生，有时候甚至涉及违法犯罪。

当他想要重新开发一片已经部分建成的区域时，他往往会邀请各业主和住户去他位于鹤庭（Crane Court）的豪华宅邸中，让他们在装潢考究的客厅中等待，一直等到约定的时间之后，才突然身穿华丽的衣服，像罗杰·诺斯说的那样，宛如"过生日的内宫侍官（Lord of Bedchamber）"一般出现在众人面前。接着，经过一番哄骗、谄媚、含蓄恫吓和循循善诱，他会说服他们接受他的建议。如果有人对这种哄吓和金钱引诱无动于衷的话，他有一套简单粗暴的解决办法：直接把那个顽固家伙的房子拆掉。当然，他经常触犯法律，但却有各种手段令他的对手们感到厌烦，比如申诉、反索赔、不出庭、道歉、撤回、诡辩、找借口、说谎、胡搅蛮缠等等，结果他们多半都会绝望地放弃打官司。他既没有多少良心，但也没有恶意；当被称为诈骗犯、滑头、江湖骗子的时候，他会露出愉快的微笑；当愤慨的客户怒斥他的时候，他会欣然点头。他是无耻虚伪的骗子，却拥有不凡的天赋，几乎可以称得上是天才。

在巴尔本早期的投机项目中，有一项位于河岸街南侧，那里曾经是贵族住宅区，此时因贵族们搬迁至西郊的新住宅而处于荒废中。1674年，他从萨默塞特公爵夫人遗嘱执行者手中购得埃塞克斯府，这栋府邸是萨默塞特公爵夫人在德弗罗血统的第三代，也就是最后一代埃塞克斯伯爵罗伯特·德弗罗（Robert Devereux）去世之后购得的。当出售完成之后，查理国王出了比巴尔本更高的价格来购买此房产，打算将其作为对亚瑟·卡博尔（Arthur Capel）的奖赏。卡博尔是新近受到册封的卡博尔血统的第一代埃塞克斯伯爵，他因担任爱尔兰总督工作出色而受到国王嘉奖。巴尔本拒绝了国王，他将房子拆除，在原址上开始重新修建一些小型住房，将花园东端的一部分出售给中殿律师学院，并把米尔福德巷（Milford Lane）（它将埃塞克斯府与毗邻的阿伦德尔府分开）从一

图 7-8　苏活的国王广场，现苏活广场：18世纪初期版画。

条充斥着妓院和烈酒馆的肮脏小巷改造成为遍布着漂亮住宅、小餐馆、酒馆、圆顶学校的体面街道，还在它的南端为酿酒商和木材贩子修了一座新码头。

　　沿河岸街往西，在萨沃伊宫的另一端，巴尔本买下了白金汉公爵（Duke of Buckingham）的宅邸约克宫（York Place），它曾经是约克大主教在伦敦的居所。他同样将其拆掉，在原址上修建了新房。

　　而公爵本人，为了将他与政府和王室的争吵夸大化，搬到了城里的宅邸居住。但在离开之前，他坚持要让河岸街留下对他的记忆，不仅要保留从他的花园通往河边石阶的大门⁵，而且要把他的教名、家族的姓、他头衔中所有的字节，都用来命名巴尔本的新街道。这些名称至今仍在：乔治街（George Street）、维利尔斯街（Villiers Street）、公爵（杜克）街（Duke Street）、白金汉街（Buckingham Street），甚至还包括

"之巷"（Of Alley）①，不过，如今这条小巷已经被一家非娱乐性的权威机构命名为"以前被称为'之巷'的约克巷"。

巴尔本最具野心的项目，是开发位于格雷律师学院与贝德福德伯爵的科文特花园地产之间的一组空地，当时这片区域被称为红狮场（Red Lyon Fields）。

新红狮广场（Red Lion Square）将成为最具吸引力的地区，有成排的"贵族名人居住"的精美住宅，有一座带草地和碎石步行道的宜人广场。但巴尔本在开发建设当中的专横做法不但惹恼了国王，也惹恼了格雷律师学院的律师们：国王沿西奥博尔德路前往新市场的专道被粗暴地对待；而律师们则预计，正如霍尔本另一侧的律师同行失去对林肯律师学院广场的无限使用权那样，他们也同样会失去学院周围的乡村。

上百名格雷律师学院的成员与巴尔本的工匠发生了冲突，工匠们一度向他们扔砖头把他们阻挡在外，但很快律师们占了上风，抓了两名工匠当人质。第二天，巴尔本采取了报复措施，带领两百名工匠在广场周围游行，他在此修建的许多房屋都已经在开挖地基。他们高呼着威胁的口号，挥舞着帽子以示挑衅。在片刻的安静中，巴尔本本人宣布，如果再有任何反对行动，他会带上千人来行使他的权利。

巴尔本的反对者显然受到恐吓，而且他建设红狮广场将会带来的毋庸置疑的诱人前景，也让他们得到几分安抚，因此事态平息了一阵子。然而，当他开始在广场的东侧、他说服贝德福德公司卖给他的那片地上建房时，反对者们再次向他表示强烈的抗议。位于贝德福德道（Bedford Row）的房屋本身还够令人满意，尽管装修比较粗糙、廉价[6]。

①　此巷的 Of（之）一词，是取自 Duke of Buckingham 中的 "of"，的确如白金汉公爵所愿，头衔中的每一个字节都用上了。——译注

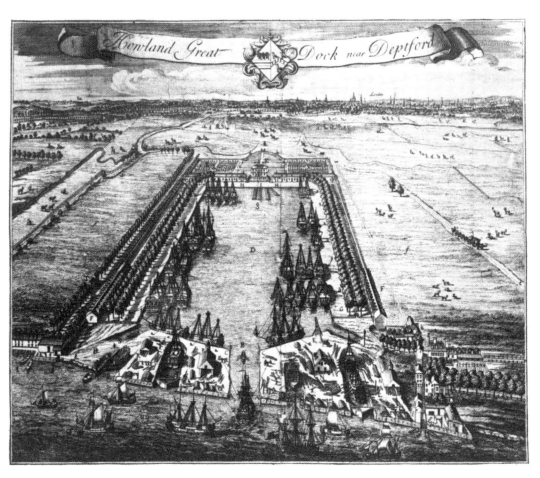

图 7-9　德特福德附近的霍兰德大码头（Howland Great Dock）：约 1707 年版画。

但一切迹象显示，北街（North Street）、东街（East Street）和羊沟街（Lamb's Conduit Street）的房屋，却建造得甚是仓促，质量也一塌糊涂。

原因在于，巴尔本的事业已经过度扩张，他与债权人之间也陷入困境。有许多未建完的房屋无法出售，他不得不抵给承包商用于支付欠账。到1694年，他的资金已处于无法收回的枯竭状态。四年之后，他离开了人世。他在遗嘱里吩咐，他的所有债务都无须偿还。当巴尔本和他的合伙人忙着开发高档社区的时候，低廉、更具过渡性的住房、厂房、店铺和酒馆此时迅速向城北、城东扩散。贵族家庭曾经居住、此时已几乎完全放弃的克勒肯韦尔，在1666年大火之后的25年间，人口翻了三倍之多。本来就已经是外国移民人满为患的斯皮塔佛德和苏活，在1685年路易十四废除《南特敕令》（Edict of Nantes）①、迫使胡格诺派教徒出国避难之后，又进一步吸纳了数千人。在温彻斯特大主教将伦敦的住宅搬到切尔西、温彻斯特府的公园可用于开发之后，萨瑟克同样也人口大增。

贝斯纳绿地（Bethnal Green），在温特沃斯夫人（Lady Wentworth）获得了在此为"水手和制造商"修建小型住房的许可之后，也处于迅速扩张状态。在哈克尼、克拉珀姆和坎伯威尔（Camberwell），大火之后发迹的商人们在为自己修建规模中等的住房。在斯托克纽因顿，庄园主的宅邸于1695年被拆除，取而代之的是成排的小房舍。

① 《南特敕令》（法语：Édit de Nantes）为法国国王亨利四世在1598年4月13日签署颁布的一条敕令。这条敕令承认了法国国内胡格诺教徒的信仰自由，并在法律上享有和公民同等的权利。而这条敕令也是世界上第一份有关宗教宽容的敕令。亨利四世去世后，敕令并未得到认真执行。17世纪20年代，法国首相黎塞留以武力镇压胡格诺教派，剥夺了他们政治上和军事上的权利。1685年10月18日，法王路易十四颁布法令，彻底废止《南特敕令》，导致数年内25万名以上的新教徒逃往英格兰、普鲁士、荷兰和美洲。——译注

不过，所有这些地方本质上依然是乡村，从卧室的窗户看出去，看到的依然是开阔的乡野。只有伍尔维奇、德特福德这样的船坞小镇，才跟伦敦城及其近郊一样被高度开发。肯辛顿（Kensington）依然被菜园所环抱，在接下来的一百年里都还依然是一座小乡村的切尔西，仅有一组孤立的房舍，处于 600 英亩可耕地、牧场、公共用地、果园、菜园和河畔草地的中央。在查令十字周围三英里的范围内，还有许多这样的小村庄。

SAM · PEPYS · CAR · ET · IAC · ANGL · REGIB · A · SECRETIS · ADMIRALIÆ

G. Kneller pinx.   R. White sculp.

Mens cujusque is est Quisque

第八章　佩皮斯的伦敦

95

（1666—1703 年）

图 8-1　塞缪尔·佩皮斯：内勒作品版画复制品。

大火过去一代人之后，尽管还有许多重建工作尚未完成，但到伦敦寻找乐趣、刺激和惊奇的游客，无疑都会心满意足。街道依然如从前那样喧闹而充满生机，依然那样拥挤。伦敦及郊区的人口从 18 世纪初开始迅速增长，自大火时期的 35 万人，达到 18 世纪末的 65 万人。按照威廉·配第爵士（Sir William Petty）的说法，人口每过两代人便翻了一番，部分原因是生育率有了较大提高，而婴儿的死亡率略有降低；但最主要的原因，是年复一年不断涌入伦敦城及近郊的成千上万的移民。

商人、小贩们走街串巷，吆喝着"烤饼啊！""水果布丁！水果布丁！来呀来呀，水果布丁呀！""热烙的烤水果点心啊！""菖蒲扫帚！菖蒲扫帚！""刷子！刷子！""磨刀哟！""做腌黄瓜哟！"或"稀罕的荷兰袜，一先令四双啊！"他们以此起彼伏的美妙小曲和歌谣，叫卖着自己的货品和手艺。当人们去看圣保罗大教堂半完工高墙上费力攀爬的工匠时，穿过长巷（Long Lane）的途中会遭到售卖二手服装的小贩的骚扰，他们从店铺里跳出来，拽路人的手，抓他们的肩膀并在他们耳边叫嚷。

在弗利特桥附近的河岸边，街市也涌现出来。堆满坚果、姜饼、橘子、牡蛎的手推车边上，站着相貌凶恶的男子，而年老色衰的妓女，则戴着草帽或鸭舌帽，兜售着袜子、牛奶麦粥、睡帽、梅子布丁。在伦敦桥上有蓝色野猪标志的地方，是游客频频光顾的著名的科尔斯·蔡尔德（Coles Child）商店，顾客能在里面买到所有东西，包括鲸骨制的撑条、牙刷，以及饰颜片盒或松鼠链子。在河岸街上的新交易所内，他们能买到衣服、帽子、饰品、玩具、服饰、手套、扇子、长筒丝袜和香水。

新交易所由伊尼戈·琼斯设计，由索尔兹伯里伯爵建造在自家所购买的紧靠自家花园围墙的土地上。1609 年，新交易所由詹姆斯一世宣布开业。它是一座狭长、优雅的建筑，大约有 100 家小店铺，排列在底楼和楼上的走廊两侧。一开始它并不成功，索尔兹伯里伯爵找不到二楼店铺的租户，只好把它们改建成公寓。不过，在林肯律师学院广场、科文特花园开发完成之后，加之伦敦大火烧毁了大量的店铺，新交易所终

96

图 8-2　伦敦的叫卖声，1680 年。"磨剪子磨刀"和"一先令四双的荷兰袜"。

In perpetuam Memoriam celeberrimæ Urbis flammis prope desolatæ A°prodigioso 1666. Columna hæc, ex
Basi 27 ped in altitudinem 202 ped. sublime caput elevat Fundata
Richardo Ford. Eq. Prætore Lond. 1671. finita Josepho Sheldon. Eq. Præt. 1676.

图 8-3　伦敦大火纪念碑：版画，约 1680 年。

于迎来了曙光，它成为贵妇和公子哥儿们出没的上流社会场所，同时也是"能够买到各式货品"的购物中心。

新交易所的底层还有几家极好的书店，不过最有名的书店，还是在圣保罗大教堂和帕特诺思特路的周围，法律类书籍则在圣殿区和威斯敏斯特厅附近售卖。在这些书店里，出售的新书都以散页形式放在桌上和书架上，因此购买者可选择颜色和风格进行装订。如果他愿意，可以把自己的所有书籍都用烫金的绿色小牛皮装订起来。如果不确定到底买不买书，要不要店主替他装订，那么他可以坐在窗边的书桌边阅读那些散页，或者带回家去阅读，然后再做决定。

在伦敦，购买除书籍之外的其他东西，则充满着形形色色的乐趣。橱窗里陈列的商品往往十分诱人，但店堂里面却往往光线暗淡、气味难闻。在高档一点的商店，老板娘往往坐在门外，客气地邀请路人进去看看她丈夫的货品。从表面上看，比起她那对每件货品的价格都锱铢必较、连缺损的银币都要求放到秤上称以补足实际重量、经常给城外来的顾客找补假币的丈夫，她本人可要和蔼亲切多了。

在王政复辟之后的伦敦，精力充沛的游客们往往会起个大早，在多不胜数的酒馆中挑一家吃早餐，或许是把土司面包掰成块，在一杯麦芽酒中浸软，和着奶酪一起吃。伦敦有两家很有名的酒馆，一家是波尔特街上的玫瑰（Rose）酒馆，它自都铎时期的早期就已存在。另一家是查令十字的洛克特酒馆（Locket's Tavern），一处极其昂贵的"绅士阶层经常光顾"的地方。圣马丁巷内的鹰与小孩酒馆（Eagle and Child）供应的餐食也是极佳，似乎是以鸽子、羊排和威斯特伐利亚火腿为特色。在黑马巷（Black Horse Alley）的客栈中，不止一家仅需3便士便能吃一顿上好的晚餐。不过，在17世纪末的彭塔克酒店（Pontack's），一餐饭

图 8-4 《查理二世在皇家骑兵团阅兵场》(*Charles II on Horseguard Parade*)，约 1680 年（局部）。

的价格可高达每人 2 几尼 ①。这里的的确确有适合各种不同口味和档次的酒馆。

吧台总是布置在紧靠前门的地方，以便顾客一进门，站在吧台后的老板就能够为他们张罗点菜，并安排侍者侍女去他们的房间。大部分的酒馆曾经都是私人住宅，一般都有好几间小房，而不是一两间大房。主教门的河口（Mouth）酒家有八间餐室，每间餐室中都配有屏风，以便把它们隔成小间，以保护那些恋爱、偷情、谈要事或约私活的顾客们的隐私。

在生意兴隆的酒馆，老板的利润也是相当可观的，但他必须也要努力付出。他的店堂一整天都得营业，一天也不能打烊，他本人大部分时间也必须值守，不仅要当老板、厨房经理，时不时地当个招待，而且还要充当业务代理人、顾客招徕人、银行家、送信员。顾客们不但指望他能提供美酒、美食、壁火和舒适，而且还希望他能为他们换点零钱、说说城里哪里有乐子、为他们捎个口信，以及为他们雇个马车让他们路上走得快一些。

不过，初来乍到的人在伦敦也不难找到马车。在河岸街的五朔节花柱下、威斯敏斯特的宫院里，都有排成长龙等待出租的马车，但它们都极其不舒服。车窗上不是玻璃，而是钻着小孔的锡板，乘客可以把它们拉起来，以免太多的雨水或灰尘落到身上。车上也没有安装弹簧而只有皮条，它们对上下颠簸的缓冲作用微乎其微，马车碾过碎石或鹅卵石路面的时候，乘客们宛如嘎嘣作响的豌豆。在冬天会更加难受且更不方便，因为马车会陷进泥泞里。尽管路况已经比大火之前有所改善，但

---

① 几尼（guinea），英国旧时金币或货币单位，价值 21 先令，现值 1.05 镑。——译注

图 8-5　提图斯·奥兹（Titus Oates）在威斯敏斯特厅外戴枷示众，1687 年。简·怀克（Jan Wyck）临摹画的局部。

天气糟糕的时候，许多街道还是几乎无法通行。泥泞还不是仅有的危害。除此之外，路上的车辆连年增加，交通拥堵极其严重。公共出租马车——常被称为"该死的出租马车"——大约有 700 辆，除它们之外，据估计还有多达 5000 辆的私家马车。私家马车是一种较新的发明，因为在伦敦，在 17 世纪中期之前，都认为马车只适用于女士。这类马车大多具有巨大而累赘的车厢，由 6 匹马牵拉，还带有行李车厢和驮马。当这样一辆大篷马车，后面再跟上一辆 8 匹马拉的乘坐 20 名乘客的公共客运马车，在狭窄的街道上前行，而一排轿子、小马车、出租马车、屠夫的货运马车、运粪马车、酒厂的运货马车、一群群牲畜、一群群火鸡焦躁地迎面而来的时候，交通堵塞不可避免地就会发生。

如果游客想走水路，一旦他们出现在梯道的顶端，成群的船夫就会朝他们涌来，叫嚷着"船桨！船桨！要不要船桨啊？"不止一位游客写下了他们被当众问及"如此讨厌的问题"时的难堪，因为随后他们才理解到是啥意思，这和他们起初以为的可是大不一样。

一旦到了河上，初来乍到的人还会更加难堪，因为古老而流传甚久的传统是，在所有经过的船只上，船上的人都会以脑子里能够想出来的最古怪、最恶劣的侮辱、威胁、谩骂和嘲笑来问候乘客。对于这些所谓的"河上恶趣"，那些过于胆怯和不善表达的乘客，如果运气足够好，可以依靠他们的船夫进行还击，他会从记忆中挑选在这种场合中用心记住的一大批粗言秽语，高声骂回去。

船夫、出租马车夫和酒馆老板一样，都随时准备着向好奇的游客倡言，在伦敦应该游览哪些地方。有一处景观是任何旅行路线都不应错过的，因为陆路、水路都能方便地到达，那便是伦敦塔。

此时的伦敦塔已不再是王室宫殿，但依然是一座监狱：斯特拉福德伯爵（Earl of Strafford）、劳德（Laud）大主教、阿尔伯马尔公爵在 17

世纪 40 年代被囚禁于此；好几个弑君者，以及贵格会教徒威廉·佩恩（William Penn）在 17 世纪 60 年代被囚禁于此；被指控与提图斯·奥兹（Titus Oates）共谋的塞缪尔·佩皮斯 1679 年被囚禁于此；蒙默思公爵（Duke of Monmouth）、阿尔杰农·西德尼（Algernon Sidney）、杰弗里斯大法官（Judge Jeffreys）在 17 世纪 80 年代也在此被囚禁。这里总能100找到机会瞥见一张名人的面孔出现在铁条窗的后面。伦敦塔下还有著名的"叛逆者之门"（Traitors' Gate），潮落之时，在此俯瞰着护城河的游客们，会被瀑布般落去的咆哮流水震得几乎耳聋。这里依然还有皇家动物园，有狮子、被称为地狱猫的老虎、老鹰、大角猫头鹰、豹子和仅有两条腿的狗。

图 8-6　W. 霍拉版画中的伦敦塔，1647 年。

与塔中的野兽同样新奇的，还有皇家学会（Royal Society）的博物馆中展出的奇怪物品："一整张晒干的、带毛发的摩尔人的人皮""一颗女人子宫里取出来的半英寸长的牙齿""威廉·思罗格莫顿（William Throgmorton）爵士随尿液排出来的一块骨头"。

那些喜欢探寻新鲜稀奇事儿的人，可选择去纽盖特监狱观看犯人等待受审或者判决，或去小鸡巷（Chick Lane）观看大个子搬运工和赶牛人当众大块吃肉，"用油腻的猪肉填塞他们永不知足的胃口，直到肥油顺着他们的嘴角往下淌"；也可以去大户人家的厨房门外，去看看在开饭的时间在那里游荡、自称为"城市黑暗卫士"的成群的小叫花子；还可以去比林斯门的地下夜酒吧，在散发着臭鱼味和烟草味的氛围中，听那些头上顶着篮子、大拇指上戴着戒指、手上端着热麦芽酒或白兰地的面红耳赤的卖鱼妇们，高声谈论那日的八卦新闻；或也可以去伯利恒医院（Bethlehem Hospital）——它是一座建于 1676 年的疯人院，有许多精神病患者住在那里——花两便士买张门票进去，观看病人们奇怪的举动，听他们的胡言乱语。17 世纪末期这家疯人院有许多很受欢迎的展览，其中最有名的包括：有一个戴着草帽的人，声称只要他有一瓶波尔多红葡萄酒，就能够指挥一支由雄鹰组成的军队，向天上的星星发动战争；还有一个人，除了不停地念叨面包和奶酪，其他一概不谈，"面包配奶酪多好，奶酪配面包多好，面包和奶酪配在一起多好，这些东西好多"；还有一位剑桥大学圣约翰学院的前学者，他的"疯狂言行"特别地逗人开心。

如果碰上周日，游客们可以去看戏剧演出，或者去教堂寻求慰藉和精神动力。教堂会众以持续不断、越来越响亮的哼唱，来表达他们对某场激情热烈的布道的赞同。伯内特主教（Bishop Burnet）常被这种哼唱感动得难以自持，他会坐下享受这一刻，并用手绢不停擦拭自己的脸庞。

去过教堂之后，游客们可选择去咖啡店放松一下，看一眼《飞邮时报》(Flying Post)上刊登的最新消息、看看老板钉在墙上的有趣的国外来信和广告，与其他顾客聊聊天，或许来一碟咖啡——"政客粥"(Politician's Porridge)①，必须加糖，但绝不加奶。此时在伦敦已有大量的巧克力屋和咖啡店，不过内战之前它们都不为人所知。它们大部分都因接待特定类型的顾客而具名气。有一家叫曼咖啡店（Man's Coffee-House），位于查令十字背后，也被称为皇家咖啡店（The Royal Coffee-House）或老曼（Old Man's）咖啡店，专门招待股票经纪人。科文特花园的弓街与罗素街的转角处有一家威尔咖啡店（Will's Coffee-House），这里是文人与自恃才高的人相聚的地方。而律师和学者们爱去的地方，是圣殿区旁边的希腊（Grecian）咖啡店，以及内殿巷（Inner Temple Lane）彩虹酒馆以北的南多（Nando）咖啡店。牧师们常去圣保罗教堂庭院内的蔡尔德（Child's）咖啡店，艺术家聚集在圣马丁巷内的老屠宰场（Old Slaughter's）咖啡店，作家们聚集在弓街的巴顿（Button's）咖啡店，军人聚集在古德曼广场（Goodman's Field）的小恶魔咖啡店（Little Devil Coffee-House）或者小曼咖啡店（Young Man's）。上流社会人士和政客常去蓓尔美尔的可可树（Cocoa Tree）咖啡店和奥辛达（Ozinda's）咖啡店，以及圣詹姆斯街上包括怀特（White's）咖啡店在内的各家咖啡店。货运商、生意人、海运保险商爱去劳埃德（Lloyd's）咖啡店，它是最老的咖啡店之一，自1688年起就在塔街（Tower Street）营业。法国人去吉尔斯（Giles's）咖啡店，苏格兰人去不列颠（British）

---

① 经查，许多英国17世纪的文献解释"政客粥"指的是啤酒。此处保留作者原文。——译注

图 8-7　咖啡店、咖啡树和葡萄树: 1674 年一份刊物插图。

咖啡店。总之,到安妮女王登上王位的 1702 年,伦敦至少已有 500 家

这样的咖啡店。有些咖啡店有很强的专属性,已经具备了私人俱乐部
的氛围和特性。但其他的咖啡店却远无那样的好名声,人们在店中吵
闹,抽着烟斗、嚼着烟叶,喧哗声淹没了鼻烟盒盖的噼啪声,空气中的
烟草臭味比"荷兰的货船或水手的船舱"更甚。墙上粘贴着多如牛毛的
广告,有专利药品、牙粉、美容水、金丹、止咳糖、眼药水、"大众药
丸""液体鼻烟",还有"无须损失时间、无须妨碍生意、迅速治愈剧痛
的凯斯医生药丸"等。这些广告如此之多,以至于人们恍若置身于江湖

郎中的诊所而不是咖啡店。

某些咖啡店实际上是妓院的前站，比如格雷律师学院广场的国王头像酒馆（King's Head Tavern）好交际的店主内德·沃德（Ned Ward）在他 1698 年出版的《伦敦百态》（*London Spy*）一书中所描写的"寡妇咖啡店"。

这家咖啡店的入口黑暗而陈旧，楼梯几乎垂直于地面，顾客们不得不拉着钉在墙上的绳子才能够爬上楼。店堂内，一把一品脱容量的咖啡壶放在锈迹斑斑的炉箅微弱的火苗前。后面乱七八糟地摆放着一排玻璃瓶、药罐、装有茅膏菜（Rosa Solis）汁液的高瓶，张贴着药丸广告和一种稀罕的美白粉广告。长桌上有两三个石瓶、一把小咖啡壶、一卷膏药、一杆烟斗、一副眼镜，还有一本《圣经》。沿着墙周围摆放着一名步兵的刺刀、毛瑟枪和子弹盒、一块理发师的垫头木，还有"一台老式座钟，放在古里古怪的钟罩内，但却安静得如同棺材里的尸体"，一本名为《七盏金蜡烛》的刊物，一顶深红顶簪的女士帽，以及一份反对喝酒、骂人等所有不端行为的议会法案的摘录。地面破损得如同旧马厩，窗户用牛皮纸打着补丁，"光秃秃的墙上布满灰尘和蜘蛛网"。

内德·沃德写道，他来这家咖啡店的时候，正好两个轻浮的年轻人从楼上下来，他们蓄着短发，鞋上是石制鞋扣，帽子上是黑色的宽帽带，也未佩带宝剑，他因此推断他们可能是商人子弟，或者"高级手艺人的学徒"。"他们在店堂内待了不足一分钟，"内德·沃德写道，"但是，像喜鹊一样叽叽喳喳地问了时间，以最新潮的动作鞠了个躬，然后便离去。我的朋友此时（他知道咖啡店的特色）点了一瓶公鸡麦芽酒（据说可以催情的麦芽酒，里面煮了一只公鸡和其他配料），我喝了一小杯，感觉不过就是淡啤酒或者糖浆。"

103

后来沃德换了一杯南特白兰地,老寡妇向他保证说,它可以"让60岁的老男人重返30岁的活力"。正在饮酒之时,店里的两位年轻女子从楼上下来,她们下身穿着白色条纹衬裙,绣花像是土耳其风格的布艺椅,上身穿着苏格兰格子紧身衣,饰有喇叭花边,外面套着印花布长袍。她们的脸上抹着白粉、贴着饰颜片,看上去如同蜡人。她们的头发"经过十分精心的打理,如同酒吧的招待"。她们与内德和他的朋友一起喝了一会酒,但是,当一位"穿着斗篷、戴着领饰、约莫60岁、看似正派的人"进入店堂之后,她们便和他一起上楼去了她们的"秘密工作室"。沃德于是离开咖啡馆走了出去,"街上传来提灯人(巡夜人)晚上11点的洪亮报时声"。

沃德是这类场所的行家,是大都市内及周边能够找到妓女的各地方的可靠向导。按照他的说法,理发店里几乎都有娼妓坐在里面,她们身穿昂贵的天鹅绒,脸上的饰颜片多得像金钱豹身上的斑点。她们是"上等的爱情鸟,约一个几尼可入手"。

出不起高价的男人,可在其他地方找到便宜的妓女:霍尔本和林肯律师学院之间的磨刀石公园(Whetstone Park)、萨瑟克的班克塞德、圣巴多罗买医院周围、格雷律师学院步行道,还包括在各种集市上,如一年一度在皮卡迪利和牛津街之间的布鲁克菲尔德(Brook Field)举办的五月集市,这个集市1708年被停办,因为它总是诱使人们"酗酒、私通、赌博、做下流事"。再比如犄角集市(Horn Fair),人们从伦敦乘船来到罗瑟希德(Rotherhithe)的考克尔德角(Cuckold's Point),然后戴上犄角,步行至集市的举办地查尔顿(Charlton)。还有巴多罗买集市,那儿所有的音乐吧里都挤满了女人,"通过她们胸衣的样式、衣衫的透明程度、脸上脂粉的厚薄、饰颜片的多少",便极易判断是哪路货色。

如果想找个情妇而不是妓女，那么，沃德建议去一趟圣詹姆斯公园的汉弗莱公爵步道（Duke Humphrey's Walk）。如果哪位女子想要俘获一位献殷勤的郎君，他的忠诚足以给她一套漂亮的衣衫、一日三餐，外加些许零花钱能偶尔喝上一杯威士忌，那么这里也是不错的去处。另外，对于那些想找情人的妻子、丈夫们，科文特花园教堂也是值得推荐的约会地点。在圣殿区内的大游行（Grand Parade）举行的大部分夜晚里，可以见到不少女子在楼梯间进进出出，带着一卷卷羊皮纸、纸和纸匣子，脸庞以面具、皱巴巴的头巾或围巾遮挡。幽会的最佳地点，或许应该是两家交易所，河岸街上那一家适合更讲究的人，皇家交易所则适合不太挑剔的人。

新皇家交易所，是比大火烧毁的旧交易所精美许多的建筑物，如圣保罗大教堂一样，它也是吸引每一位游客来到伦敦城的重要景点。铺砌过地面的内庭，挤满了商人、顾客、游客和闲逛的人，有戴着绒边帽、将手揣在衣兜里的荷兰人，披着短披风、胡子上糊满鼻涕的西班牙人，还有苏格兰人、爱尔兰人、犹太人和教区牧师，有女佣正在寻找贴在柱上的告示中宣传的地点，也有面目凶恶的歹徒，一直在寻找能够绑架并带上船、运到美洲种植园去的受害者。他们或三五成群谈笑风生，或眉头紧锁大汗淋漓，或笑容满面四处张望，或在步行道上东游西逛。他们或去周围柱廊上方排开的160家店铺中挑几家逛一逛，或在成群的小贩、搬运工，以及卖曼陀罗、苹果点心、甜酒、香膏、栗子、柑橘的售货员，和兜售玻璃眼珠、象牙假牙、鸡眼膏和眼镜的诸多龙钟老人当中挤出一条路而离去。

在夏天，游客们在一家酒馆里吃一份小牛头、鹅肉和柴郡干酪，或去金马刺街（Giltspur Street）靠史密斯菲尔德一端的馅饼角（Pie Corner）上著名的小餐馆吃一份烤猪肉之后，可选择步行或乘马车去乡

London Curtezan
La Putain de Londres
Cortegiana di Londra

图 8-8　1680 年的伦敦妓女。

下：要么去诺伍德（Norwood）找居住在森林中的吉卜赛人算命，要么去罗瑟希德的樱桃园（Cherry Gardens）享用一顿户外餐。

尽管广阔的乡野已经逐渐被推得离城墙越来越远，但还能足够方便地到达。虽然此时已不再可能像一百年前的伯克利勋爵那样，每天都能够在圣吉尔斯、苏活或格雷律师学院场（Gray's Inn Fields）打猎，但喜*105*欢运动的人只需再多走一英里左右，便可在汉普斯特德打猎，或在圣*106*乔治场（St George's Fields）和伊斯灵顿的池塘边打野鸭。伊斯灵顿的名特产是奶油、蛋糕和新鲜乳酒冻①。人们可以愉快地穿过它的郊野步行去迦龙伯里（Canonbury），或者从利河乘船去旺斯特德（Wanstead），这里达姆巴特菲尔德（Dame Butterfield）的莫布霍尔（Mob's Hole），有风笛、小提琴和小号伴奏的舞会，还有供应碳烤埃塞克斯小牛和培根的宴会。

想在户外寻找乐趣的游客，也可不必去较远的伊斯灵顿和旺斯特德等地。1661 年建于兰贝斯的沃克斯豪尔花园（Vauxhall Gardens），已经成为备受欢迎且舒适愉快的度假胜地。它的成功，惹得霍华德家族的老仆博伊德尔·库柏（Boydell Cuper）也忍不住开放了库柏花园（Cuper's Gardens），他用阿伦德尔府的铅雕像把花园装饰了起来。库柏花园，更通常被称为丘比特花园（Cupid's Gardens），于 1691 年对外开放。它位于泰晤士河南岸，与亨格福德梯道（Hungerford Stairs）隔河相望。这里是店员、学徒与针线女、女仆的约会地点，他们在凉亭的隐秘处打情骂俏、唱歌谈笑、喝酒作乐。泰晤士河上还有漂浮的船屋，上面也有音乐和舞蹈表演。在围绕城周围的各个水井所在之处，也有音乐和舞蹈表

---

① 乳酒冻（syllabub），一种用牛奶或奶油打出泡沫，加糖、葡萄酒（樱桃酒或麦芽酒）、果汁等拌制的甜点心。——译注

图 8-9 皇家交易所的庭院，约 1725 年（局部）。

演。在测量员托马斯·萨德勒（Thomas Sadler）先生的花园里举行的表演，是这个时期最受欢迎的。他的收费是二便士的洗浴费，含免费进舞厅。不久后，他的戏院就和他的"浴场"一样受欢迎了。

如果游玩归来颇感劳累，游客们可去一家"汗屋"，那里的空气热得如同身处面包炉当中。游客先坐着发一阵汗，然后按摩师过来，戴上用粗毛毡做的长手套为他搓洗和拍打，之后再让他躺下小睡一个钟头。

如此这般恢复元气之后，游客们便可出门去享受城里的夜生活。1685 年之后，就不用太担心在黑暗中摔跟头，至少也不会摔大跟头了。因为，威廉·郝明（William Hemming）此时已得到独家许可权进行街道照明建设，其条件是，主干道上每隔十座房屋就必须有一盏灯，每天 6 点至午夜进行照明。想要享受一个夜晚，可去侍从官（Groom-Porter's）赌场、冰球洞（Hockley-in-the-Hole）熊园、托马斯·基利格鲁（Thomas Killigrew）于 1663 年在德鲁里巷开门营业的皇家剧院（Theatre Royal），或者去伦敦桥上的酒馆。

许多外国游客都认为，伦敦桥是伦敦所有景点中最迷人的几处之一。这座古老、头重脚轻的桥结构上，布满臃肿的房屋和杂货店，它们向外突出的背部悬吊在水面上，被巨大的木梁支撑着，它们的上楼层，被铁拉索相互连接在一起，以防它们向后倒塌到河里去。手推车、马车川流不息从它们当中穿过。令人惊讶的是，在它们的重压下，这座桥至今依然屹立不倒。

铁拉索下方的道路，还不到 12 英尺宽，因此马车在拥挤着会车的时候，频频擦挂到两边的房屋，还经常挤压到行人，令他们受伤不轻。他们的叫喊声和车夫沙哑的叫骂声，会同桥下水流的咆哮声和大水车飞转的喧哗声，此起彼伏，让人不忍卒听。

大火之后重建的那几年里，伦敦桥桥面上几乎无法通行，于是一个

图 8-10 泰晤士河上圣殿梯道（Temple Stairs）旁的霜冻集市，1683—1684 年。

图8-11　朗埃克（Longacre）的国王澡堂（浴室）的广告，1686年。

人被专门雇用来保持交通畅行。然而，不管是他，还是后来增加的两名人手，都无法保证道路长时间不受阻塞。尽管如此，在上游处建第二座桥的计划，却一直受到两方面势力的反对。一方是市政当局，他们害怕生意减少；另一方是强大的船工联盟，因为他们赖以为生的是在白天黑夜几乎全时间段运营遍布整个河面的货船、圆舟、摆渡船和驳船。

约翰·泰勒（John Taylor）来自格洛斯特郡（Gloucestershire），他后来成为船工联盟的成员及其支持者。据他说，沿泰晤士河以河为生的人多达4万之众。他肯定是把装卸工、造船工、卖鱼妇、搬运工、小贩、清道夫全部包括在内了，当然也包括常常受到征兵队的袭击而减员

108

图 8-12　伦敦的一家咖啡店，约 1700 年（局部）。

的船工和船工学徒。

征兵队不过是船工生命的危害之一。用配备八桨、带软座和天篷的舒适渡船将乘客摆渡到对岸的桨手和小型客船的船夫，以及从格雷夫森德将乘客沿泰晤士河往上游运的大船的船员，他们很少遭遇危险。但那些仅有的财产是一叶小舟、几副渔具，以及岸边一座棚屋的可怜渔夫，还有他们的食不果腹、衣不遮体、夜里睡在船上以防船被偷的学徒们，以及驾船在伦敦桥的桥墩之间、于湍急而上涨到惊人高度的河水当中穿行的"穿桥人"，这些船工的生活往往艰辛而充满危险。

许多游客更愿意在船工穿桥之前，在上泰晤士河街的三鹤（Three Cranes）巷下船，然后在比林斯门再与他汇合。因为他们都听说过，诺福克公爵的船曾经撞上了防浪堤，他的许多随从都被淹死。从那以后，几乎不到一年就会发生一起类似的事故。据佩皮斯说，他的朋友索尔兹伯里有一次乘船去怀特霍尔宫，"无论如何都不愿从桥下穿过"，于是只好从老天鹅梯道绕道而行。勇于穿桥的游客，往往会发现这种体验极其惊险刺激。佩皮斯的另一位朋友，一位法国人，曾经告诉他，"看到大潮下落的时候，他便独自开始穿桥，并以无与伦比的恐惧大声祈祷。然而，成功之后，他却信誓旦旦地说：'我的天！这简直是世上最大的乐趣！'"

然而，有时候水流过于湍急，连最有经验的"穿桥人"也对付不了。每一年在桥下，被河水淹死的船工平均达 50 人。还有一些因翻船而落水的船工和乘客，因喝了太多的水也会不治身亡。因为，虽然在夏日里，从两岸郁郁葱葱的花园里远望过去，河水在阳光下闪闪发光，然而走近一看，却发现它是肮脏乌黑的泥浆，河面上漂浮着垃圾，散发着恶臭。《英国人的欧洲壮游行》（*An Englishman on the Grand Tour*）一书中的英国人，曾抱怨欧洲大陆肮脏不堪的水路，在罗马洗的衣服散发着朽木的恶臭。但欧洲的大河流，却少有比泰晤士河更脏的。德意志人保罗·亨茨纳（Paul Hentzner）抱怨说，他的衣服在伦敦泰晤士河洗过一次之后，一股烂泥味儿就再也没有消失过，后来的很多游客都提到过这种味儿。当然，大部分船工对于河水散发出来的气味已经习以为常，几

图 8-13　18 世纪早期在弗利特河中洗澡的男孩们。

乎察觉不到它的存在，他们的孩子甚至在河中游泳，如同那些在弗利特河变成堵塞的臭水沟之后依然在河中游泳的年轻人一样。

在寒冬里，也有不那么危险的乐趣。因为此时河流已经完全结冰，年轻人可以在河面上滑冰、玩滑板。如果之前涨过洪水——在 19 世纪修建路堤之前，它经常涨水——那么切尔西以及兰贝斯与肯宁顿之间的沼泽地都会大面积结冰，孩子们也可以在上面滑冰。1683 年至 1684 年间的冬天，霜冻非常严重，结冰的泰晤士河上都摆上了货摊形成了街道，人们在上面烤牛肉。不仅如此，马车货车还可以在河面上往返于两岸。伊弗林从威斯敏斯特梯道穿过河面去兰贝斯与大主教进餐，晚祷之后，又步行回到米尔班克（Millbank）的马渡口（Horse Ferry）。他写道，"像城里一样，河面上遍布各种杂货商店"。

整个 1 月份，霜冻集市一直开放。越来越多的货摊、帐篷、小餐馆、理发店、酒摊在桥下搭建起来。成群结队的学徒在冰上玩足球和冰球，他们的女友一边为他们加油，一边吃着肉馅饼，手上用烤红薯取暖。一位印刷工摆了一台印刷机，以六便士一张的价格出售一种镶边的卡片，上面印着买者的姓名、日期，以及一段证明文字："印刷于结冰的泰晤士河上，国王查理二世 36 年。"

"马车从威斯敏斯特一直排到圣殿区，"伊弗林在 1 月 24 日的日记中写道，"并在几处梯道之间往返，如同在街道上一样，雪橇、滑冰、狗咬牛比赛、赛马、马车比赛、木偶戏、小品、烹调、烈酒和其他淫荡的去处，仿佛是在举行水上酒神节或狂欢节一般。"

1698 年出现了另一次长时间的霜冻。1740 年又出现了一次更长的霜冻，这一次中途有一段时间突然回暖，店主们还没来得及收摊，融化的流水就将货摊冲到下游去了。不过，霜冻集市止步在了 18 世纪，因为在 1825 年，由约翰·伦尼（John Rennie）设计的新桥，终于破土动工了。七年之后，旧桥被拆除。此时无拘无束流淌的泰晤士河，再也不会如此坚硬地结冰了。

不过，至此时，老伦敦桥的辉煌岁月早已过去。早在18世纪初，大火之后建起的房屋，就已经被之前居住的商人们所离弃，转而被贫穷的艺术家和廉租房的看管人所占据。1745年，乔治·丹斯（George Dance）建了两座新排屋，楼下是沿道路两侧延伸的漂亮柱廊。但是没过几年，位于萨瑟克一端的旧房就开始明显地下陷，依然狭窄的道路还是一如既往地拥堵，尽管1750年（不顾船工的愤怒）开通了在威斯敏斯特跨河的第二座桥。于是人们决定拆掉所有的房子，一度是欧洲最为别致的景色，从此消失不见。[1]

另一座伦敦最著名的地标，此时也已经消失。1698年大霜冻的一天夜里，怀特霍尔宫的一名荷兰女仆，将主人的衣服晾在紧靠炭火盆的地方，衣服被火点燃，不到半小时，那部分宫殿整个都燃起了熊熊火焰。在过去的那个世纪里，这片有庭院、宫殿、走廊、剧院、斗鸡场、贮木场和香料库房的巨大而散乱的建筑群，在某个部位发生的或大或小的火灾已难以计数。伦敦大火之后的11月，按照佩皮斯的描述，一场"可怕的大火"将岗哨屋整个烧毁。这座岗哨屋建于1649年，原址位于现英国皇家骑兵卫队营。没过几年，一名女仆扔掉的没有熄灭的蜡烛头，又引发了另一场火灾，将沿河的一片迷宫般的老建筑烧毁。

托斯卡纳的科西莫三世（Cosmo III of Tuscany）是查理二世在美第奇家族中的亲戚，他曾奚落说，怀特霍尔宫不过是两千个房间组成的一堆大杂烩，所有的房间都很小，"胡乱排列，门也没有"。不过，从他那个时候开始，这座宫殿已得到了一些改进。查理的弟弟詹姆斯更喜欢圣詹姆斯宫，但他依然花了不少钱改造怀特霍尔宫，用雷恩设计的一座高

111

图 8-14　建筑物拆除前和拆除后的伦敦桥，左侧是潮汐驱动的水泵。18 世纪版画。

建筑取代了私家画廊，壁炉由格林宁·吉本斯设计，天顶由意大利画家安东尼奥·维里奥（Antonio Verrio）绘制，并且还在附近建了一座新的礼拜堂，也由吉本斯和维里奥进行装潢。几年之后，雷恩又以一万多英镑的造价建了一座新的河畔排屋。

　　所有这一切，加上怀特霍尔宫的所有其他建筑，几乎全部被1698年的大火烧毁，仅有伊尼戈·琼斯的国宴厅，以及亨利八世时期的两座大门得以幸免。国宴厅至今依然保留着，但两座都铎时代的大门已被拆除：国王街门（King Street Gate）于 1723 年被拆除，荷尔拜因门（Holbein Gate）于 1759 年被拆除，门上的两枚罗马皇帝的大勋章，被移至汉普顿宫的大门口。那一时期，为了改善交通的拥堵，此时已是传统交通瓶颈的城里的所有大门都遭到拆除。

　　怀特霍尔宫曾经屹立的那片土地，被分割成小块出租，用于修建私宅。在后来的一个世纪里，不少大府邸曾在此出现，包括1733年的蒙塔古府、1755年的佩勒姆府（Pelham House）、1757年的彭布罗克府（Pembroke House）、1764年的卡林顿府（Carrington House）和1772年的格威瑟府（Gwydyr House）。[2]前四座大宅已经消失，唯有格威瑟府依然屹立。离它不远的，是那座都铎王宫唯一幸存的建筑——70英尺长的砖砌拱顶葡萄酒窖。它被从原有位置往下移动了20英尺，保存于国防部迷宫般建筑群的地下。[3]

112

St. GEORGES CHURCH.

BERKELEY CHAPEL.

GRO*BRIDGE CHAPEL.

CONDUIT STREET CHAPEL.

MAY FAIR CHAPEL.

This Plate of

St. GEORGES PARISH, HANOVER SQUARE.

With the Views of the Church and Chapels of Ease from the Original Survey of the late Mr. Morris is most humbly Dedicated to the Right Honble the Earl Lichfield & Sr Charles Tynte the Church Wardens and the rest of the Nobility and Gentlemen of the Vestry of the said Parish

Published according to Act of Parliament March the 25th 1748 Sixteen New Buildings by G. Bickham Engraver

第九章　乔治王时代的发展

（1710—1783 年）

图 9-1　汉诺威广场（Hanover Square）的圣乔治教区，1768 年。

圣保罗大教堂完工的 1710 年，一场普选席卷伦敦，将权力赋予了高教会派托利党政府（High Church Tory Government）。为庆祝胜利，他们推出了一项法令，"在伦敦和威斯敏斯特及郊区"筹建 50 座新教堂，"以石料或其他合适的材料建造，每一座教堂均带有塔楼或尖塔"。对于很多人而言，法令似乎来得恰到好处，因为伦敦已有的几十座教堂要么

图 9-2　查令十字的皇家马厩和圣马丁教堂，1753 年版画。

已年久失修，要么已不能满足他们所服务的教区不断发展之所需。

事实证明，法令中如此自信地提出的数字太过于雄心勃勃了。不过，还是有不少精美的新教堂因此得以建成，其中的六座教堂，由克里斯托弗·雷恩爵士最具天赋和创造力的学生设计。

尼古拉斯·霍克斯穆尔 1661 年生于诺丁汉郡的一个农夫之家，18 岁那年，他在克里斯托弗爵士手下得到了一份不起眼的工作。他非凡的天赋很快受到赏识，没过多久，他便荣升为切尔西医院和格林威治医院工程的副测量师，还担任怀特霍尔宫、圣詹姆斯大教堂、肯辛顿宫和威斯敏斯特大教堂的工程监督。他与雷恩晚期作品的联系确实无比紧密，以至于许多作品都强烈地体现了这位天才年轻人的思想。同样地，霍克斯穆尔自己的作品，也受到了和他差不多同时代的、1699 年之后成为他亲密合作伙伴的约翰·范布勒（John Vanbrugh）强烈活力的启发。

在霍克斯穆尔设计的六座美丽的教堂中，有三座教堂位于斯特普尼（Stepney），它们将古典的庄严和哥特式的花哨令人惊叹地结合在一起。这三座教堂为东圣乔治教堂（St George's-in-the-East）、斯皮塔佛德基督教堂（Christ Church Spitalfields）、莱姆豪斯圣安妮教堂（St Anne's Limehouse）。此外，还有一座圣阿尔斐济（St Alphege's）教堂在格林威治，另一座圣乔治教堂位于布鲁姆斯伯里。第六座教堂，是位于伦敦城中心、市长官邸（Mansion House）东侧的伍尔诺斯圣玛利亚堂（St Mary Woolnoth）。[1]

当这些教堂在建造的时候，霍克斯穆尔的同行们，作为1710年法令筹建教堂的监造委员，也在忙于监督其他教堂的建造。其中的两座教堂：河滨圣母教堂（St Mary-le-Strand）和圣马丁教堂保留至今，成为伦敦景观中最具独特性的历史建筑。它们均由詹姆斯·吉布斯设计。他是一位苏格兰的天主教徒，曾一度考虑成为一名神父，在罗马长时间游历期间，他萌生了对同时代意大利建筑的仰慕之情，并以安详而魁伟屹立在河岸街中间那座教堂的巴洛克风格，将这种仰慕之情予以体现。²

詹姆斯·吉布斯设计的另一座教堂为圣马丁教堂，尽管它带有一座精美的高尖塔，但却较为拘谨，且非常均衡，秉承了学院派的帕拉蒂奥式风格。³

圣马丁教堂于 1726 年完工，它与另两座教堂形成了强烈的对比：一座是史密斯广场圣约翰教堂（St John's Smith Square），另一座是德特福德圣保罗教堂（St Paul's Deptford）。这两座教堂原来由托马斯·阿切尔（Thomas Archer）修建。他和吉布斯一样，也是意大利建筑的仰慕者，而且对巴洛克风格极度热爱，因此他的设计远比吉布斯的河滨教堂更为花哨和大胆⁴。在同时代人的眼光中，更保险而不那么张扬的建筑师是亨利·弗利克洛弗特（Henry Flitcroft）。他的父亲曾是威廉三世（William III）的园丁，而他本人则是伯灵顿勋爵的门徒，因此被称为"伯灵顿的哈利"（Burlington Harry）。萨瑟克的圣奥拉夫教堂（St Olave's）以及圣吉尔斯教堂（St Giles-in-the-Fields）⁵ 的重建都选择了他。以同时代人的观念，更安全、更可靠的还有约翰·詹姆斯（John James）。他是一位牧师的儿子，替代吉布斯当上了教堂的监造委员，并被派去修建位于新汉诺威广场上的圣乔治教堂。这座教堂壮观的柱廊受到人们的追捧并被广为模仿。⁶

汉诺威广场的创建人一直打算将其打造成为上流社会的中心。在马尔伯勒公爵成名的西班牙王位继承战争（War of Spanish Succession）① 结束之后，英国迎来了一段和平稳定的时期，在这一时期，膝下无嗣的安

115

---

① 西班牙王位继承战争（1701—1714 年）是因为西班牙哈布斯堡王朝绝嗣，王位空缺，法国波旁王朝与奥地利哈布斯堡王朝为争夺西班牙王位而引发的一场欧洲大部分国家参与的大战。战争实质上是为遏制法国吞并西班牙而再次独霸欧洲的局面，因而引发半个欧洲组成新大联盟对抗法国。西班牙王位继承战争结束之后，英国加强了在海上和殖民地的势力。——译注

图 9-3　1787 年的汉诺威广场。

妮女王驾崩，英国王位被新王朝继承。① 汉诺威广场正是构思于这一时期，并且于 1717 年至 1719 年间得以修建。汉诺威广场的土地，一部分属于第一代斯卡伯勒伯爵（Earl of Scarbrough），一部分由他租赁。他是一位老将军，对于新王室由衷地爱戴。这种爱戴不仅体现在广场的名称上，以及其教堂（圣乔治）和从南侧通往广场的大街（乔治街）的命名上，更体现在广场上修建的德意志风格的大宅邸上。[7]

当汉诺威广场及其周边街道初具眉目的时候，另有三位土地主也在广场的东、南、北三个方向开发他们的地产项目，第一位是年轻的伯灵顿勋爵。由他自己和科伦·坎贝尔设计，在皮卡迪利大街其家族简朴房

---

① 1714 年，安妮女王驾崩，无嗣。英国议会为了防止天主教教徒继位，选出詹姆斯二世的祖父詹姆斯一世的外孙女索菲亚的儿子汉诺威选帝侯路德维希继位，称乔治一世。英国的汉诺威王朝开始，斯图亚特王朝结束。——译注

屋的原址上修建的豪华宅邸，是对天才帕拉蒂奥的崇高纪念。

伯灵顿府这位极具天赋的主人，将府邸背后的土地分成小块，将租地造房权出租给那些和他具有同样品味、认可他心目中对这片区域的总体方案之人。因而，除了他自己按照他所选择的风格设计建造的房屋之外，在新、老伯灵顿街，在柯克街（Cork Street）和萨维尔街（Savile Row），许多由其他设计师设计的建筑也纷纷涌现。这些建筑设计师包括亨利·弗利克洛弗特（"伯灵顿的哈利"）、贾科莫·莱昂尼（Giacomo Leoni）、威廉·肯特（William Kent）和科伦·坎贝尔。意大利人贾科莫是伯灵顿的圣经——帕拉蒂奥《建筑四书》（*I Quartro Libri dell'architetture*）豪华版的编著者，而肯特是在意大利结识了当时被派去学习文艺复兴时期艺术的伯灵顿勋爵，科伦也是在意大利认识的伯灵顿勋爵，而且他还在老伯灵顿街建造了一座小府邸供自己居住。

科伦·坎贝尔还介入了格罗夫纳地产（Grosvenor Estate）的开发，它是位于公园路（Park Lane）东侧、通往牛津的大道南侧的大片土地，土地的所有者为第三代柴郡伊顿庄园（Eaton Hall in Cheshire）准男爵托马斯·格罗夫纳（Thomas Grosvenor）爵士，在他迎娶了伦敦富商奥德利（Audley）的女继承人之后，这片土地便归至他的名下。

1710 年，托马斯爵士的儿子理查德获得法令准许，将家族新近购入的部分房产的租地造房权出让用于开发。这些区域位于以他的名字命名的大广场周围，以及两条新街——奥德利街（Audley Street）和格罗夫纳街（Grosvenor Street）上。这两条街用于接通广场与北面的通往牛津的大道（牛津街）和东面的新邦德街（New Bond Street）。

格罗夫纳的代理商罗伯特·安德鲁（Robert Andrew）请科伦·坎贝尔为六英亩广场的布局出谋划策。1725 年，建筑商约翰·西蒙斯（John Simmons）从它的东侧开始动工修建一排府邸，除了中间的一座

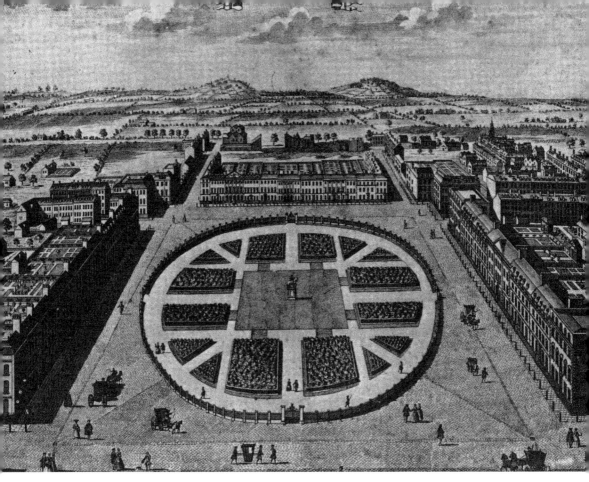

图 9-4　穿过郊野北望汉普斯特德和海格特村庄的格罗夫纳广场：1754 年版画。

较大，所有的房子都一模一样，它的三角形檐饰凸出在一排笔直的屋顶线之上，另外在两端还有两座较高的房子。广场另一侧的房子没有那么对称，其中的一些为新古典风格大府邸。由于此时的富人更愿意把钱花在他们的乡间别墅上，因此这类房子需求量不大。还有一些宅邸更为低调但却极为舒适，如乔治一世（George I）身材极高的情妇、绰号"五月花柱"的肯德尔公爵夫人（Duchess of Kendal）曾经住过的 43 号。[8]

　　在 40 年的时间里，格罗夫纳广场几乎被整个重修了一遍。此时广场上最显赫的，是恩罗·萨里宁（Enro Saarinen）设计的美国大使馆。广场长久以来就被人们称为"小美国"，此时此刻它比以往任何时

图9-5　加文·汉密尔顿（Gawen Hamilton）1735年画笔下的艺术家俱乐部；左一为雕刻师乔治·弗图（George Vertue），左五为詹姆斯·吉布斯，右一为威廉·肯特。

候都更加名副其实。美国第一任驻圣詹姆斯庭（Court of St James's，英国王廷的正式名称）的代表约翰·亚当斯（John Adams）曾经在9号居住。而位于南奥德利街、建于18世纪30年代初的格罗夫纳礼拜堂（Grosvenor Chapel），总是让一代又一代的美国人很奇怪地联想起马萨诸塞、新罕布什尔和缅因的那些教区小教堂，而它也的确算得上是这样一座教堂，它们的线条都是一样的。[9]

　理查德·格罗夫纳爵士在牛津街南侧开发他所继承的地产之后没过几年，他的近邻、第二代牛津伯爵（Earl of Oxford）爱德华·哈利（Edward Harley）也决定效仿他的做法。爱德华的妻子汉丽埃塔

118

（Henrietta）是纽卡斯尔公爵（Duke of Newcastle）的女儿，是父亲巨额地产的继承人。在代理商约翰·普林斯（John Prince）、建筑师詹姆斯·吉布斯的帮助下，哈利计划将被称为马里波恩场（Marylebone Fields）的他的那部分地产投入开发，在他的劝诱下，不少曾在他已过世的父亲的政府中工作过的富有贵族，也以租地建房的形式加入了他的开发行列。

卡文迪什广场（Cavendish Square）很快成为一片上流社会新郊的中心，这片郊区通过网络般的街道向外辐射。这些街道的大部分，如广场本身一样，至今还冠有哈利家族各成员及其友人的姓名，以及其家族乡下地产的名称，包括维尔贝克（Welbeck）和温泼尔（Wimpole），还包括后来他的女儿玛格丽特（Margaret）所嫁的波特兰公爵（Duke of Portland）威廉·本廷克（William Bentinck）的姓名。

哈利地产的这一片开发较晚，直到18世纪70年代才启动。此时与它相邻的片区也已得到开发，开发者是一位极其富有的土地主亨利·威廉·波特曼（Henry William Portman），他在多塞特（Dorset）的布莱恩斯滕（Bryanston）有一座乡下府邸。正是在波特曼地产上，更确切地说是在波特曼广场（Portman Square）上，罗伯特·亚当（Robert Adam）的新风格建筑开始崭露头角。

1763年《巴黎合约》（Peace of Paris）签订，七年战争结束。此时，以伯灵顿勋爵为中心的膜拜帕拉蒂奥的老一代建筑师，已经开始一个个离开人世。不过，继承并践行伊尼戈·琼斯事业的他们和他们的下一代弟子，确保了古典传统在私宅和公共建筑设计上的延续，并且给伦敦留下了一些最为著名的历史建筑。

老乔治·丹斯于1734年开始为伦敦市长设计市长官邸，1753年，这个庞然大物在老证券市场的原址上最终成形[10]。在大约同时期，英格

图 9-6 在马里波恩场散步的夫妇，约 1750 年。

兰银行的行长们，也接受了乔治·桑普森（George Sampson）以完全帕拉蒂奥式风格为针线街的新建筑所做的设计[11]。在喜好帕拉蒂奥风格的彭布罗克伯爵（Earl of Pembroke）的影响下，瑞士工程师及建筑师查尔斯·拉贝黎（Charles Labelye）被指定为新石桥的设计师，花费了近 40 万英镑，经过九年的建造，新桥于 1750 年在威斯敏斯特优雅地横卧于泰晤士河上。第二年，伯灵顿勋爵的门徒威廉·肯特获选在白厅建造皇家骑兵卫队的新军事总部。这座建筑物以其威尼斯式窗户和 16 世纪意大利式的立面，傲然俯视着圣詹姆斯公园[12]。肯特去世之后，皇家骑兵卫队总部的收尾工作被交给了约翰·瓦迪（John Vardy）。约翰·瓦迪也和格雷将军（General Gray）一起负责建造了位于圣詹姆斯坊、全帕拉蒂奥式风格的斯宾塞府（Spencer House）[13]。

在这些年间建造的其他大型建筑，如肯特的皮卡迪利街德文郡府（Devonshire House）、詹姆斯·斯图尔特（James Stuart）的圣詹姆斯广场利奇菲尔德府（Lichfield House）[14]、由艾萨克·韦尔（Isaac Ware）设计的公园路切斯特菲尔德府（Chesterfield House）、皮卡迪利街剑桥府（Cambridge House）[15]以及伯克利广场（Berkeley Square）44号[16]，均系优雅的古典传统风格，而伦敦孤儿院（Foundling Hospital）和米德尔塞克斯医院（Middlesex Hospital），却必定具备较朴素而程式化的风格。[17]

不过，在七年战争的末期，一种新的风格开始软化帕拉蒂奥式的僵硬。一位年轻建筑师所说的"几乎把他们之间的专业分了工"的罗伯特·泰勒（Robert Taylor）爵士和詹姆斯·佩因（James Paine）设计了许多建筑，虽然本质上依然是帕拉蒂奥风格，却扬弃了近年来在缺乏想象力的大师弟子们当中盛行的死板规则。但是，对于此刻开始显山露水的伦敦建筑的崭新面目，真正起到决定作用的，却是罗伯特·亚当和他的竞争对手威廉·钱伯斯（William Chambers）爵士。

在他们两人当中，威廉·钱伯斯爵士的革命性较弱、更保守，但更有权威。他的祖父是一位富有的商人，曾经资助过查理十二世（Charles XII，瑞典国王）的军队。他生于斯德哥尔摩，在学习了英语之后，于18岁时进入瑞典东印度公司，供职期间曾前往中国，正是此行让他

萌发了对于建筑的兴趣。为了满足自己的爱好，他决定在意大利深入学习建筑学。1755年回到英国时，他已成为文艺复兴风格建筑的权威。

回到英国之后不久，他成为他那个时代最具才华的建筑师之一。他受雇于贝斯伯勒勋爵（Lord Bessborough），设计了位于罗汉普顿（Roehampton）的乡下宅邸[18]；受雇于威尔士王太后（Princess Dowager of Wales），负责基尤（Kew）的工程[19]；后来又受雇于梅尔本勋爵（Lord Melbourne）夫妇，为他们建造位于皮卡迪利街的市内宅邸，这座宅邸在19世纪初被改造成被称为奥尔巴尼公寓（Albany）的"绅士们的住房"[20]。1755年，钱伯斯当上了工程部总监（Surveyor-General of Works），之后他被任命为萨默塞特府（Somerset house）的建筑师。

萨默塞特府的预期用途，是为多个行政办公室和机构提供豪华而气派的驻地，它们当中包括海军办事处（Navy Office）、军械署（Ordnance Office），以及钱伯斯担任财务主管的英国皇家艺术研究院（Royal Academy）。因此，它围绕一座巨大的中庭而建，庭院上原有的都铎和斯图亚特时代的建筑都被无情地拆除了。萨默塞特府庄严、气派，令人肃然起敬，同时也给人一种冷若冰霜的感觉[21]。

相反地，罗伯特·亚当的建筑却少有冰冷的感觉。从钱伯斯本人极不赞成的眼光看来，它们的确常显得轻浮。他在伦敦的建筑当中，最耗资费力的是阿尔德菲（Adelphi）排屋。排屋由罗伯特在其兄弟们（它因此得名）的帮助下，于1768年开始修建。

从长时间欧洲壮游归来已有几年的罗伯特·亚当，同年长他两岁的钱伯斯一样，也十分迅速地建立了威望。在1764年他出版《戴克里先宫遗迹》（*Ruins of the Palace of Diocletian*）的时候，还同时兼任乔治二世和工程委员会（Board of Works）的建筑师，并已接受委托设计位于白厅、后来极受尊崇的海军部屏门（Admiralty Screen）[22]。

不过，阿尔德菲属于私人投资项目，而且极其耗资费力。它位于河岸街南侧、尼古拉斯·巴尔本在白金汉公爵花园外修建的几条街道的东侧。这片区域此时由内尔·格温（Nell Gwynne）的重孙圣奥尔本斯公爵（Duke of St Albans）租给了亚当兄弟，他们计划效仿罗伯特推崇备

图 9-7　亚当兄弟位于泰晤士河边的阿尔德菲排屋。

至的斯巴拉多（Spalato）戴克里先宫遗迹，修建一座小型的城中城。斯巴拉多当时属于正在衰退的威尼斯共和国，如今为克罗地亚的斯普利特（Split）。

从河岸街通往泰晤士河的地面坡度很陡，因此罗伯特的想法是，将房屋修建在河畔一排平台之上，平台由巨大的拱桥抬高到与河岸街齐平，某些地方以地穴和拱顶组成双层。虽然计划受到各种困难的困扰，尽管罗伯特和兄弟们由于自己的预算错误和他人的偏见而几乎濒临破产，它最终还是得以建成。阿尔德菲成为萨沃伊和威斯敏斯特桥之间最为醒目而独特的河滨景色[23]。

排屋的装饰华丽而优雅，这种风格让伯灵顿勋爵大为称奇，但后来却成为罗伯特·亚当艺术的本质特征。他后期所设计的至今还能欣赏到的那些伦敦的宅邸有：位于钱多斯街（Chandos Street）的钱多斯府（Chandos House）、圣詹姆斯广场 20 号、波特曼广场 20 号等，都是他独创性的见证，是他独一无二才华的印记[24]。在 18 世纪余下的时间里，每一位建筑师所设计的建筑，无不受到他的作品的影响。后继的年轻人，如亨利·霍兰德（Henry Holland）、詹姆斯·怀亚特（James Wyatt）、小乔治·丹斯等，在某种程度上均试图叛离钱伯斯斥为"矫揉造作"的亚当风格，但却无人能完全摆脱它那经久不衰的魔咒。

城市测量师丹斯，负责重建了伦敦城墙路诸圣堂（All Hallows London Wall）[25] 和令人瞩目的纽盖特监狱 [26]。"能人"布朗（Capability Brown）的女婿亨利·霍兰德修建了布鲁克斯俱乐部（Brooks's Club）[27]，之后又着手去满足威尔士亲王的挥霍无度。詹姆斯·怀亚特修建了漂亮的牛津街万神殿（Oxford Street Pantheon），被霍勒斯·沃波尔 [1] 誉为"英格兰最美的建筑"。他们都或多或少受惠于罗伯特·亚当的才华。

罗伯特·亚当及其跟随者提倡对建筑物进行装饰，但当局却力图让它们往更朴素的方向发展。许多年来，由于害怕失火，露天的木结构都受到种种限制。1707 年，议会出台一项法令，禁止了前一代人的城市府邸中常见的突出的宽挑檐。1709 年，一项补充法令又禁止建筑商将木窗框齐平嵌入砖结构，而是必须退到墙面的四英寸之后，此时上下拉动的窗户已经开始逐步取代早期的平开窗。在这两项法令之后，1774 年又出台了一项《建筑法》，为了进一步降低火灾的危险，它为法令中分成四种类型，或说"等级"的房屋建立了严格的规定："一级"房屋，即造价高于 850 英镑的房屋，必须符合比造价低于 150 英镑的"四级"

122

---

① 霍勒斯·沃波尔（Horace Walpole, 1717—1797 年）出身显赫，是 1721 年至 1742 年的英国首相奥福德伯爵（Earl of Orford）罗伯特·沃波尔的第四个、也即最小的儿子；1779 年他哥哥的儿子第三代奥福德伯爵去世后，他继承了第四代奥福德伯爵爵位。作为作家，他的《奥特兰托城堡》（1764 年）首创了集神秘、恐怖和超自然元素于一体的哥特式小说风尚，形成英国浪漫主义运动的重要阶段。沃波尔写了大约 4000 封信，其中一些被认为是英语语言中最杰出的文字。——译注

房屋更高的要求，但所有的房屋都不得使用外部木结构装饰，即使是商店的临街面，也不允许超出墙面十英寸。

1774年《建筑法》中出台的规定，不可避免地造成一种趋势，那就是缺乏训练有素的建筑师和技术娴熟的工匠们的意见而建造的房屋，将会被赋予一种乏味的统一性。在一些街道上，房门等外部结构的标准化，加剧了个性的缺失。王政复辟时期的房门，往往是某一位木雕艺人的技艺，而乔治时期的房门，通常不过是忠实地抄袭了木匠样本上的设计。

不过，比起城东的街道，乔治时代后期在伦敦城西逐渐形成的街道单调的标准化程度就减少了很多。在城东的街道上，低档、临时、盒子般的建筑鳞次栉比，它们的建造目的别无其他，仅仅是为了投机商和土地主的利润。

实际上，在两处房地产上，亚当的影响力依然强大。一处是波特曼的地产，1776年曼彻斯特公爵（Duke of Manchester）在此为自己修建了一座府邸，后来这里被称为曼彻斯特广场（Manchester Square）[28]。另一处是贝德福德地产的延伸部分，即同样动工于1776年的贝德福德广场（Bedford Square）。

贝德福德广场完工之后，贝德福德的土地，围绕着南安普敦勋爵于17世纪末开始开发的布鲁姆斯伯里广场，继续进行进一步开发。这项开发的实施者是一位来自萨瑟克的苏格兰建筑商。他的工程开始于在罗素广场（Russell Square）修建房屋，接着将贝德福德府拆除，在布鲁姆斯伯里广场的北侧填满了房屋。

这位建筑商名叫詹姆斯·伯顿（James Burton），是继尼古拉斯·巴尔本之后最具野心的伦敦建筑商。他首次涉足房地产开发，是在伦敦孤儿院周围的区域。该孤儿院的院长要求在两座广场——梅克伦堡

123

图 9-8 "英格兰最美的建筑":詹姆斯·怀亚特的牛津街万神殿,威廉·霍奇斯(William Hodges)绘;人物有可能出自约翰·佐法尼(Johann Zoffany)之手。

图 9-9　伦敦城、伦敦城南和威斯敏斯特桥，罗伯特·格里菲尔（Robert Griffier）绘，1748 年。

图 9-10　罗伯特·亚当所设计的诺森伯兰府客厅的一部分。

（Mecklenburgh）广场和不伦瑞克（Brunswick）广场的周围，修建"从一级到每年 25 英镑级的各等级房屋，且低级的房屋不得妨碍和削弱高级房屋的特色"。最后，伯顿差不多建了 600 座这样的房子。他继续换地方开发房地产，仅仅几年的时间，据说他修建的房屋总价值已近 200 万英镑[29]。最终，在他手头有了可以自由支配的大笔财富之后，在他和其他人的努力下，摄政王及其谋臣们所构想的改造都城的宏伟计划，才未走上在当时看来随时不可避免的悲惨命运。

124

SAUNDERS

CINGEL

POLI

A

Duke of Wellington
Whitbreads Intire

The Vetteran
PRINCE BLUCHER
Meauxs Intire

The
PRINCE REGENT
*Barclay and Perkins
Intire*

Dancing
and
Singing
Here

STOUT

C

C

第十章　摄政时代的纪念碑

（1783—1830 年）

图 10-1　海德公园的大集市，1814 年 8 月。

威尔士亲王年满 21 岁后，他的父亲同意他应该拥有自己的一片天地。于是，1783 年 11 月，这位冲动、迷人而任性的年轻人兴奋地住进了卡尔顿府（Carlton House）。

　　这座府邸位于蓓尔美尔靠干草市场一端，带一座大花园，有凉亭和岩洞。它以前属于卡尔顿勋爵（Lord Carleton）亨利·博伊尔（Henry

图 10-2　1800 年的卡尔顿府。

Boyle），国王的母亲威尔士王太后此前在此居住。王太后从乔治·巴布·多丁顿（George Bubb Doddington）手里买下了隔壁的府邸，卡尔顿府因此而扩大。

然而，自王太后去世之后，这座府邸便落入年久失修的境地。而且，对于她这位奢华的孙子，这座府邸远不够好，甚至都不够大。于是他立即着手对它进行扩大和改造，这项工程历时近30年，耗费的资金连挥金如土的亲王自己都承认"极其巨大"。

按照亲王的总体方针，亨利·霍兰德被选为负责工程的建筑师。他赋予它一种古典的高贵，一种"朴素的威严"，按照霍勒斯·沃波尔的说法，使得"亚当先生华而不实的装饰"显得非常俗气。

在内部，威尔士亲王并没有按照他父亲的要求"仅做粉刷，并在必要的地方添置一些漂亮的家具"，而是将它成功打造成为伦敦最华丽的宫殿。穿过科林斯式①柱廊，是一间灿烂夺目的大厅，两侧装饰着爱奥尼柱②，一直通向一间八角屋和一座优雅的双楼梯。楼上是会客室、音乐厅、中国式客厅，以及亲王带弓形窗的豪华卧室、更衣室和浴室。楼下是全新的一套寝室、食物贮藏室、洗碗室、餐具室、厨房和酒窖。在室外的花园里，老榆树周围环抱着花坛、雕像、瀑布，还有一座带意大利大理石地面的寺院，甚至还有一座天文台。

卡尔顿府每一年都会添加一些新风采，最终它的精美程度胜过了英

---

① 科林斯柱式（Corinthian Order）是希腊古典建筑的第三个系统（另外两种是多立克柱式和爱奥尼柱式），公元前5世纪由建筑师卡利漫裴斯（Callimachus）发明于科林斯，此亦为其名称之由来。它实际上是爱奥尼柱式的一个变体，两者各个部位都很相似，只是比例比爱奥尼柱更为纤细，柱头以毛茛叶纹装饰，而不用爱奥尼式的涡卷纹。——译注

② 爱奥尼柱式（Ionic Order）源于古希腊，是希腊古典建筑的三种柱式之一，特点是比较纤细秀美，又被称为女性柱，柱身有24条凹槽，柱头有一对向下的涡卷装饰。——译注

格兰所有的府邸。罗伯特·普卢默·沃德（Robert Plumer Ward）估计，它值得与凡尔赛宫一争高低。而蒙斯特伯爵（Count Munster）认为，它可与圣彼得堡王宫媲美，而且更加"优雅而华美"。

而对于一些人而言，它却过于富贵了，富贵得如同暴发户。工作尽心而谨慎的大英博物馆建筑师罗伯特·斯默克（Robert Smirke）正是这种观点。他批评这栋住宅"过分华丽"。然而，亲王却继续为它挥霍金钱，把它弄得比以往更气派，建了一整套哥特式、柯林斯式新房间，富丽堂皇得令人眼花缭乱。

舞会、宴会、私人聚会、公共招待会，各种豪华派对曾在此举行。亲王穿梭于各个房间，精致的衣衫衬托着红润英俊的面容，他时而取悦这个，时而又拒绝那个，彬彬有礼、风流倜傥、妙趣横生。有一次据说花费 12 万英镑的宴请，参加的宾客达到 200 人，先生们身穿宫廷礼服或制服，女士们身穿"五彩缤纷的优雅裙装"。除了其他诸多的乐子，特别有趣的是一张餐桌，上有一条小溪流过，"*真正的水，在弯曲的水道中流淌，水里铺设着适量的沙子、苔藓和小石块，上方还有几座小桥。金、银色的鱼儿在水中嬉戏，呈现着它们闪亮的鳞片，反射着 500 只烛台的光亮，给宾客平添了无穷的乐趣*"。

之后的三天，公众被允许去参观卡尔顿府各个豪华套房的装饰。在最后一天发生了拥挤踩踏事件，女士们"遍布花园各处，她们大部分都没了鞋或者外衣，许多人几乎一丝不挂，披头散发"。人们被推倒，"被踩踏，手脚被踩断……至于鞋子，没有哪位女士会顾得上保留。事件之后，清扫出来的鞋子堆成了山，装满了几大桶"。

1810 年，亲王宣誓成为摄政王。同年，他与建筑师商量，能否让他非凡的宫殿成为一条新路的起点，让这条新路从宫殿一直通到马里波恩苑（Marylebone Park）。马里波恩苑是波特兰坊（Portland Place）北

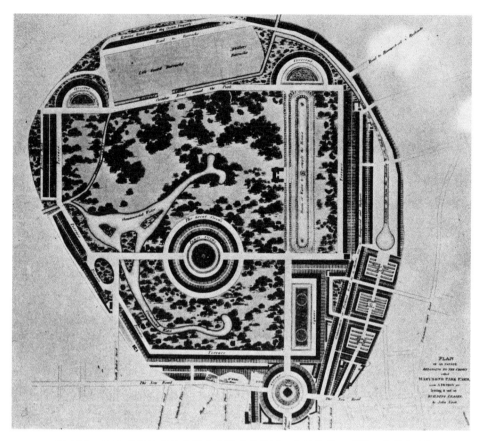

图 10-3　1812 年纳西的首个摄政公园开发计划，包括排屋、别墅、市场和运河。

侧的一片广阔的土地，而波特兰坊不久之前才被以前租赁的贵族家庭归还给王室。这条新街，再加上一条连接卡尔顿府与马里波恩苑的凯旋大道，就能在城西的上流社会开发新区与城东较穷的苏活区之间，打通一条方便的路线。这项规划是国王土地收益测量总监（Surveyor-General of His Majesty's Land Revenues）约翰·福代斯（John Fordyce）不久之前提出来的，他构想在马里波恩苑进行大规模开发，而如果不能提供一条新路供居民们乘马车通往城中心，那么这个开发项目将很难盈利。

128　　亨利·霍兰德 1806 年去世之后，约翰·纳西（John Nash）便成为摄政王当时的首席建筑师。实际上，在之前好几年，纳西就已经在为亲王出谋划策了。并且有不少人相信，他们之间有一种远超艺术家与赞助人友情的秘密关系。

纳西的父亲是兰贝斯一位穷困潦倒的水车木匠，在他很小的时候就已离开人世。他第一次现身于建筑界，是作为罗伯特·泰勒爵士工作室的一位实习生，似乎也无人知晓他是如何进入这一行的。在投机开发布鲁姆斯伯里失败而破产之后，他与亨弗利·雷普顿（Humphry Repton）又有过短暂的合作，二人在一起从事乡下住宅设计。1798年，他娶了一位比他小许多的女子为妻。据谣传，这名女子是摄政王的情妇。当然，1798年之后的纳西很是成功，显然也比以前有钱得多。他的自满、显摆、势利和做作，招来许多的嫉妒和反感。一个"花心大萝卜，"罗伯特·芬奇（Robert Finch）在他的日记中写道，"他很是喜欢女人……连自己的小姨子帕克夫人也不放过。他住在多佛街（Dover Street），在怀特岛（Isle of Wight）上有一处漂亮的宅院，乘的是四匹马拉的大马车。"

不管花心与否，纳西都是一位具有非凡才华的建筑师。他以自己的成就充分证明他不愧为摄政王最喜爱的建筑师。他设计的新摄政公园，构思仔细、实用而美观。公园位于东侧和西北侧的排屋之间，开阔空间内将会点缀着一组组树木，以及一些独立的别墅，如巴黎人酒店（Parisian hôtels）。同时还将为摄政王建造一座舒适的别宫，并且在东南角以一座湖的湖岸将公园切断，湖岸以弯曲的双臂环抱一座优雅的花园。他还为一座购物中心、一片小型房屋区划出了空间。在公园的东南角，将会有漂亮崭新的公园广场，公园弯道（Park Crescent）上的一大片房屋俯瞰着这座广场，而弯道将广场与波特兰坊和摄政街相连。新排屋的表面将用泥灰进行粉刷，在一座大部分都是砖墙的城市里，这将是一种激动人心的变化。

尽管纳西的梦想并没有完全变为现实，但他对于摄政公园应有面貌的概念得到了足够的展现并保留至今，让我们能够意识到它本应有多美，而且从局部上看来它也的确如此。纳西在公园周围的建筑、排屋、弯道、大门、小屋和村舍，尽管奢华而偶显荒谬，且炫耀得大胆甚至有点离谱，但却一直令人欣喜。

纳西对于摄政街的规划，也具备同样的神韵。此处与公园一样，原有的规划在实施的过程中也进行了较大的修改。纳西本希望打造一条完美平衡的街道，但却与建设这条街道各方的个体要求产生了冲突。詹姆斯·伯顿打算修建一排商店，而符合他要求的正立面，又不能指望教堂监造委员们会感到满意。尽管这片区域最终被赋予了多种用途：有住房、会所、商店、办公楼、一座音乐厅、一家客栈、一家咖啡馆，还有两座教堂，但纳西还是成功地让整条街道体现出一种和谐。

他面临的困难极其巨大，有时候似乎到了无法解决的地步。在很长一段时间里，大量的临街地段租不出去。找不到其他承租人的时候，詹姆斯·伯顿就频频地介入。连伯顿的资金都捉襟见肘的时候，纳西本人接下了整个"四分之一圆环"（the Quadrant），这是摄政街与皮卡迪利街交叉之后转弯形成的一片大弧形。尽管磋商十分累人，但纳西不辞劳苦地确保了所有的地段，特别是一些重要的节点，都能够在开发中顾全艺术性。他为皮卡迪利圆形广场北侧一片视野开阔的地段找到了一位富有的保险公司发起人，说服他把他的郡火灾保险公司（The County Fire Office）办公楼的正立面，按照伊尼戈·琼斯的老萨默塞特府临河一侧的正立面进行建造。他还用一道漂亮的柯林斯式柱廊装饰干草市场的皇家剧院，让从圣詹姆斯广场进入摄政街的人们感到赏心悦目。

图 10-4　纳西的朗豪坊（Langham Place）诸灵堂（Church of All Souls）。

在卡文迪什广场以北，摄政街向西弯曲的地方，纳西说服教堂监造 *130*
委员们选择了这块地段，在此他建造了一座优美的教堂——朗豪坊诸灵
堂。它的圆形柱廊将人们的眼光引向亚当设计的迷人的波特兰坊。

　　在摄政街的另一端，纳西不得不再次修改了原有的规划，因为卡尔
顿府不再能够按照他原来打算的那样成为街景的尽头；它的主人，如今
的乔治四世，决定要搬走。他抱怨说，尽管花费了巨额资金，但卡尔顿
府还是过时、陈旧、老朽了。乔治四世的父亲已于 1820 年驾崩，如今，
作为拥有举世无双权力的国王，他必须得有新地方。他已经说服议会出

钱为他修建一座巨大的新王宫，地点在圣詹姆斯宫的西南、白金汉府的原址上。此地是他的父亲于 1762 年花 2.8 万英镑买下的。乔治三世十分注重家庭，很是不喜欢圣詹姆斯宫，因为这里无法享受宁静的家庭生活，于是他从查尔斯·谢菲尔德（Charles Sheffield）爵士的手里买下了白金汉府。白金汉府是查尔斯·谢菲尔德的亲戚、第一代白金汉及诺曼比公爵（Duke of Buckingham and Normanby）约翰·谢菲尔德（John Sheffield）于 1703 年建造的。乔治三世买下此地作为逃避繁文缛节的休憩之处，也是为了他众多的子女有一个更合适的家。孩子们长大之后，府邸留给了寡居的夏洛特王后，王后辞世之后，它便被称为皮姆利科（Pimlico）的国王宫。

尽管对于父母而言已是足够，但对于乔治四世却远非如此，他打算修建一座十分豪华的宫殿将其取代，为了支付这笔费用，他决定将卡尔顿府拆除，在其地基上和花园内修建新排屋。[1]

因此，摄政街没从卡尔顿府的科林斯式柱廊往上延伸，而是从纳西新建的宽阔的卡尔顿花园（Carlton Gardens）与卡尔顿府排屋（Carlton House Terrace）之间一段宽而浅的台阶斜向下延伸到圣詹姆斯公园。

在乔治四世的鼓励和支持下，纳西和他的同事们对圣詹姆斯公园进行了改造，栽种了树木，修建了新的步道，将运河改造成为一片优美蜿蜒的湖泊。并且，在摄政街完工之后，已经步入 70 岁高龄的纳西，构思了一项计划。他准备将蓓尔美尔街延伸出去穿过干草市场的底端，并在查令十字旁边修建一个新的大广场，由此将摄政街的南端与一条新路相连，这条新路将从白厅通往布鲁姆斯伯里及周边日益增多的开发区。

纳西计划将新广场建在老皇家马厩的原址上。这里本是一排又一排的马厩，环绕着休伯特·勒叙厄尔（Hubert Le Sueur）1633 年塑造的栩栩如生的查理一世青铜雕像[2]。然而，在纳西规划的广场上最终占主导的却不是查理一世——尽管他的雕像依然骑在马背上俯视着白厅、面对着他被砍头的现场——而是纳尔逊 ①。他的大捷给予这座广场它的名称，而他的纪念柱竖立在广场的中央，将他的雕像抬升得比查理的头顶整整高了 150 英尺 ³。

纳西本人没能活着看到特拉法尔加广场（Trafalgar Square）完工。在广场北侧与之邻接的是威廉·威尔金斯（William Wilkins）设计的带圆顶和塔楼的国家美术馆（National Gallery）。

建立一个国家级的美术品收藏馆，一直是国王的心愿。国内已有大量优秀的私人收藏馆，许多是由在欧洲壮游行中受到启迪的年轻人创立。始于查理一世的王室收藏，也越来越具有价值，虽然在共和国期间，许多珍宝遭到散失，但此时又迎来新的辉煌。然而，国内却没有能够和意大利、法国相媲美的国家级收藏馆。为了建立一座这样的收藏中心，国王敦促政府从他的朋友约翰·朱利叶斯·安格斯坦（John Julius Angerstein）手里买下 38 幅名画，政府如此照办。这些作品最初保存在安格斯坦位于蓓尔美尔的府邸中，后来又保存在布鲁姆斯伯里的蒙塔古府中，再后来，这些作品连同当时添置的许多其他作品，一同在 1828 年完工的国家美术馆内 ⁴ 被再次悬挂起来。

乔治四世不但紧密地参与了国家美术馆的建设，而且他也与差不多同时期开始修建的新大英博物馆（British Museum）不无相关。1823 年，他决定将父亲珍贵图书馆的 6.5 万册藏书赠送给国家。大英博物馆理事会欣喜地接受了这份厚礼，却发现蒙塔古府已没有足够的空间保存

---

① 霍雷肖·纳尔逊（Horatio Nelson，1758—1805 年），英国风帆战列舰时代最著名的海军将领及军事家，在 1798 年尼罗河口海战及 1801 年哥本哈根战役等重大战役中率领皇家海军获胜，他在 1805 年的特拉法尔加战役击溃法国及西班牙组成的联合舰队，迫使拿破仑彻底放弃海上进攻英国本土的计划，自己却在战事进行期间中弹阵亡。——译注

图 10-5　建设中的特拉法尔加广场上的纳尔逊纪念柱，1843 年。

图 10-6　纳西为乔治四世建造的新白金汉宫。

它们：府中已保存着科顿的藏书、汉斯·斯隆爵士的收藏品、哈尔莱父子的手稿藏品，还在努力展出珰利（Townley）、披伽列亚（Phigalean）、埃尔金（Elgin）的大理石雕塑。理事会请求议会给予足够的资金修建一座与这个国家的"品位和尊严相配"的图书馆。议会投票通过了一笔 4 万英镑的拨款，新建筑于同一年破土动工。其建筑师为时年 43 岁的罗伯特·斯默克。他是一位画家之子，务实而有条理，曾在希腊、意大利各处游览。希腊旅行给斯默克带来的影响，也许就体现在那一排又高又粗的爱奥尼圆柱上，它们耸立在吞没蒙塔古府墙体的巨大建筑的前方[5]。

　　乔治四世未能活着看到大英博物馆的完工，甚至也未来得及搬进白金汉宫，尽管纳西无比匆忙地赶工，以加快它的建造。

　　皇家艺术研究院建筑学教授约翰·索恩（John Soane）爵士，在摄政时期曾设计了无数的伦敦建筑，由于他反对任何篡改老白金汉府的建议，他另行设计了图纸，准备在格林公园（Green Park）建造一座新王宫，他希望也相信他能够得到这个项目。但是国王决意搬至白金汉府所在之处，并表示是"早年的牵挂"让他对此地难以舍弃。因此，当索恩失去了他无比希望的机会，纳西得到这个项目之后，林荫大道（the

Mall）尽头的这幢老宅便一点点消失了。很快，议会投票用于"修缮和装修"的20万英镑拨款被大大超支。新马厩建起来，花园铺开来，侧翼被拆除又建起新的，柱廊竖了起来。下议院议员提出了强烈抗议。约瑟夫·休姆（Joseph Hume）认为："英国王室不需要这样的富丽堂皇。外国或许会沉湎于华而不实的东西，但英国应该为自己的质朴和简单而自豪。"这个国家的人民在挨饿，财政大臣对如此的奢华如何解释？另有一些议员抨击纳西新建筑的风格，批评它"侧面的方塔和难看的顶上倒放的蛋杯"。但工程依然继续进行，并且持续了整个乔治四世统治时期，以及在乔治四世于1837年驾崩后，又持续了其弟弟威廉四世的整个统治时期。

在白金汉宫花费了70多万英镑建成之后，维多利亚女王却发现它完全不适宜居住。厕所几乎都不通风，寝宫楼层没有供女仆用的洗脸池，排水管有问题，钟也不响，有些门关不严，上千扇窗户中有相当一部分根本打不开。

它的整个历史充满了误算和厄运。纳西也公开承认对自己的工程完全不满意，建好的两翼看上去令他十分沮丧，结果他不得不把它们再次拆掉。

乔治四世驾崩之后，纳西被解雇，一家委员会成立起来以调查他的行为，另一位建筑师爱德华·布洛尔（Edward Blore）得到任命。布洛尔给予这座宫殿以全新的正立面，而它于1913年又换上了目前的波特兰石正立面[6]。

白金汉宫西侧道路的原方案也未能幸存。得到这项工程的是年轻的建筑师得西穆·伯顿（Decimus Burton），他是建筑商詹姆斯·伯顿的儿子，也是纳西的弟子。他计划修建一条大道，从王宫的前庭开始，穿过由纳西设计的、位于王宫伸出的两翼之间作为其主入口的大理石拱门

图 10-7　得西穆·伯顿设计建造的海德公园角，通往白金汉宫的大门在左侧，
通往公园的大门在右侧。

（the Marble Arch），上至宪法山（Constitution Hill），经过海德公园角
（Hyde Park Corner）的一道新科林斯式拱门，然后从一道爱奥尼式屏门
的廊柱之间进入公园。1851 年，大理石拱门被移至公园路的顶端。尽
管爱奥尼式屏门依然竖立在阿普斯利府（Apsley House）侧方，即伯顿
建造它的地点，但 19 世纪 80 年代，建筑师不得不在宪法山西端不同的
位置重新修建一道新拱门，拱门与屏门的关系因此也不复存在[7]。

　　尽管如今已无法欣赏到得西穆·伯顿的宏伟构思，但是，从特拉法 　*135*
尔加广场沿林荫大道穿过海军部拱门（Admiralty Arch），经维多利亚纪
念碑（Victoria Memorial）通往白金汉宫的这条引人注目的大道，也不
失为当之无愧的替代者了。[8]

　　从购买白金汉府到白金汉宫完工，这期间流逝的岁月，见证了
伦敦公共建筑数量的惊人增长。它们的大部分建于 1763 年《巴黎和
约》签订之后。索恩在泰晤士河岸、威尔金斯为伦敦大学、斯默克为
国王学院都留下了出色的新建筑。斯默克还负责修建了位于圣马丁
大道（St Martin's-le-Grand）的巨大的邮政局大楼[9]、改建的皇家铸币
厂（Royal Mint）[10]，以及一座占地 18 英亩的大监狱——米尔班克监狱

（the Millbank Penitentiary）[11]。大量的新建筑拔地而起，它们有的用于成长中的行业［如亨利·哈克威尔斯（Henry Hakewills）为中殿律师学院修建的普罗登大楼（Plowden Buildings）］，有的用于教育机构［如威廉·布鲁克斯（William Brooks）的伦敦学院（London Institution）］，有的用于慈善机构［如 W.S. 英曼（W. S. Inman）的位于哈克尼的伦敦孤儿院（London Orphan Asylum）］，有的用于医院［如摄政公园内的圣凯瑟琳医院（St Katherine's Hospital）、骑士桥的圣乔治医院、兰贝斯路上的新精神病院］[12]，有的用于伦敦不断扩大的贸易（如海关大楼）[13]，有的用于人道组织［如为领港公会（Brethren of the Trinity）修建的领港公会大厦（Trinity House）］[14]。泰晤士河上建起了四座新桥（后来都被拆除或重建），而城内也出现了几十座新的或重建的教堂，其中的许多，都因 1818 年《教堂建筑法》(the Church Building Act）分配了一百万英镑用于修建教堂而得到了机会。这些教堂，令那位虔诚的、因越来越多的人不信奉国教而忧心忡忡的圣公会教徒深感满意。[15]

教堂和礼拜堂热火朝天建设期间，新剧院也毫不落后。1808 年至 1809 年间，斯默克修建了一座新的科文特花园歌剧院[16]。没过几年，本杰明·怀亚特（Benjamin Wyatt）的新德鲁里巷剧院[17]也出现了。1820—1821 年间，纳西重建了干草市场的皇家剧院[18]。

此时同样也是建立俱乐部的黄金年代。最早出现的俱乐部是联合服务（United Service）俱乐部，由莱恩多赫勋爵（Lord Lynedoch）格雷厄姆将军（General Graham）于滑铁卢战役那年（1815 年）创建。它最初的所在地，是在下摄政街（Lower Regent Street）由本身也是军官的罗伯特·斯默克爵士设计的一栋建筑内。这栋建筑推出了一种俱乐部会所风格，后来被广泛效仿。紧跟其后的，是 1826 年威廉·威尔金斯建造的位于萨福克坊（Suffolk Place）的大学俱乐部（University Club），以及同年建造、位于特拉法尔加广场的联合俱乐部（Union Club）。次年，圣詹姆斯街上又有一家叫克罗克福德（Crockford）的赌博俱乐部开张，还有汉诺威广场坦特登街（Tenterden Street）上服务于东印度公司职员的东方人（Oriental）俱乐部，以及纳西在蓓尔美尔为联合服务俱乐部新建的会所。蓓尔美尔这条意大利宫殿街，如今发展成为伦敦的核心俱乐部区。

联合服务俱乐部的对面是雅典娜神庙（Athenaeum）俱乐部，它于1828—1830 年按照得西穆·伯顿的设计而建。它的隔壁，是旅行家俱乐部（Travellers）的漂亮会所。由于拿破仑战争的影响，欧洲壮游行被迫中断了差不多有 20 年，旅行家俱乐部正是在此期间成立。不过，意大利文艺复兴风格的旅行家俱乐部会所，直到 1832 年才得以建成，当时巴里（Barry）有机会在希腊和意大利经过了一番长时间旅行，会所的风格正是得益于他的这次旅行，同时巴里也因此而形成了未来的品位。

街西的俱乐部会所，均建于乔治四世离世之后，但它们中的大部分都保持了意大利宫殿风格，如革新俱乐部（the Reform Club）（同样由巴里建于 1841 年）、卡尔顿俱乐部（the Carlton Club）[罗伯特·斯默克爵士设计于 1835—1836 年，西德尼·斯默克（Sydney Smirke）于 1847—1854 年重建]。在北侧，有陆军和海军俱乐部（the Army and Navy Club）（1948—1851 年）和小卡尔顿俱乐部（the Junior Carlton Club）（1866—1869 年）（近年它们都被现代化建筑所取代）。

相比之下，早于其他俱乐部而设计的牛津剑桥俱乐部（the Oxford and Cambridge Club）（罗伯特·斯默克与西德尼·斯默克于 1835 年设计），具有雅典娜神庙的新希腊风格。而在拆除的卡尔顿俱乐部的原址上建于 1908—1911 年的皇家汽车俱乐部（the Royal Automobile Club）

136

图 10-8　托马斯·丘比特（Thomas Cubitt）：

H.W. 皮克斯吉尔（H. W. Pickersgill）肖像画复制品，1849 年。

的大会所，就仿佛是原封不动地从法兰西第三共和国的乡下小镇搬过来似的[19]。

比所有俱乐部会所都更大的，是如今被称为兰卡斯特府（Lancaster House）的巨大宫殿。它本是为约克公爵所建，但至公爵于1827年去世之时，它还未能完工，也一直未收到钱。房屋的框架被卖给了斯塔福侯爵（Marquess of Stafford），在他的后人们，即几代萨瑟兰公爵（Duke of Sutherland）手中，这栋房子经过长时间修建完成，之后才迎来了它的鼎盛时期，成为上流社会的艺术和社交中心。至此，斯默克、本杰明·迪恩·怀亚特、查尔斯·巴里（Charles Barry）都曾参与过它的设计和装潢，却留下它特别乏味的正立面[20]。不过，兰卡斯特府的内部，如同白金汉宫、阿普斯利府[21]和克拉伦斯府（Clarence House）[22]一样，模仿的都是路易十五时期的风格，富丽堂皇、极其讲究。至此，在富人和上流社会家庭中，这种风格便占据了主导地位，长达半个多世纪。

这些楼梯气派、走廊宽敞的豪华大宅邸拔地而起，其建筑之高耸，超过了它们在圣詹姆斯周围的街坊邻里，与此同时，一排排较为小型的房屋，也在新郊区继续向外扩展。

以布鲁姆斯伯里为例，菲茨罗伊（Fitzroy）房地产在摄政时期得到迅速发展。以菲茨罗伊上校在萨福克的乡下宅邸命名的尤斯顿广场（Euston Square），在戈登广场（Gordon Square）的北面开始动工建设；菲茨罗伊广场的建设，动工于1790年，一直持续到1828年。波特曼房地产同样也发展迅速。再往西北，位于圣约翰林地的艾尔（Eyre）房地产，以极其新颖的布局进行开发，用一排排独立式和半独立式的住宅替代了排屋。

1820年之后，在布鲁姆斯伯里占主导的人物是一位年轻的建筑商，名叫托马斯·丘比特。丘比特负责修建沃本街（Woburn Place）、戈

137

138

图 10-9　从汉普斯特德的乡村远望伦敦，约翰·康斯特布尔（John Constable）绘。

登广场的一部分、塔维斯托克广场（Tavistock Square）的大部分，以及沃本步行街、戈登街、恩德斯利街（Endsleigh Street）和恩德斯利坊（Endsleigh Place）。他也并没把自己局限在布鲁姆斯伯里。在这些工程动工之前，他已经在海布里（Highbury）、斯托克纽因顿（Stoke Newington）、卡姆登镇建了不少房屋。19 世纪 20 年代，他意识到白金汉宫的建造给予了格罗夫纳地产新的重要意义，于是动手租下王宫花园背后的沼泽地，将其抽干并填高。

　　很快，贝尔格雷夫广场（Belgrave Square），伦敦最大广场之一，开始形成至今依然为人们所熟悉的格局。广场上最漂亮的房屋由乔治·巴塞维（George Basevi）设计，他是约翰·索恩爵士的聪明弟子，后来又设计了位于肯辛顿的瑟罗广场（Thurloe Square）和佩勒姆坊（Pelham

图 10-10　托马斯·劳伦斯（Thomas Lawrence）爵士笔下的约翰·纳西。

图 10-11　乔治四世正式前往白厅，1821 年 1 月 23 日。

Place）。与此同时，动工于 1827 年的伊顿广场（Eaton Square），也很快向远处延伸，直至汉斯镇（Hans Town）。汉斯镇开发于 18 世纪 70 年代，土地由亨利·霍兰德从卡多根勋爵（Lord Cadogan）手中租下。它的命名是为了纪念医生、收藏家汉斯·斯隆（Hans Sloane）爵士。爵士的女儿简（Jane），便是卡多根的妻子。

在贝尔格莱维亚区（Belgravia）——格罗夫纳伯爵也是贝尔格雷夫子爵（Viscount Belgrave）——如同在布鲁姆斯伯里一样，丘比特所建的房屋均十分宽敞大气，希腊罗马风格的正面以泥灰进行粉刷，在建造中，最小的细节都得到无微不至的考虑和关注。人们认为纳西在摄政公园所修建的外表优雅、施工潦草的排屋远不能和它们相比。丘比特的名字成为可靠和牢固的代名词。

建筑商们大多数都得不到如此的赞誉。随着新世纪时间的推移，他们建造的一排排房屋，呈带状向东部和北部辽阔的乡下延伸。同时，在泰晤士河上的几座新桥建成之后，又向南延伸，直至斯托克韦尔（Stockwell）、布里克斯顿（Brixon）、肯辛顿、坎伯威尔和佩卡姆（Peckham）。

在 18 世纪晚期、19 世纪初，亦有一些令人满意的小型房地产开发：位于帕丁顿（Paddington）的伦敦大主教的房地产、米德尔顿广场（Myddleton Square）周围的新河公司（New River Company）的房地产、位于格雷律师学院东北的劳埃德—贝克（Lloyd-Baker）房地产，以及位于伊斯灵顿的几处规模更小的房地产。但是，在密集建筑区域之外，散落在乡间道路两侧的建筑，大都设计欠佳、施工潦草。排屋、住房和村舍、工厂和车间、建筑场地和酿酒厂、仓库、马厩、酒馆等凌乱地蔓延，背后是丛生的杂草、荒芜的土地和烧砖瓦的工场。随着建筑带的延伸，新的开发区在它一路经过的空旷郊野中成长起来。它们不

图 10-12　依然悬挂于安格斯坦（Angerstein）先生府中的国家美术馆藏画，
F. 麦肯齐（F. McKenzie）绘。

图 10-13　大英博物馆利西亚馆（Lycian Room）的施工，1845 年：
G. 沙夫（G. Scharf）水彩画。

属于伦敦市区，也不具备多少自身独有的特性，与世隔绝、孤苦伶仃地存在了二三十年，直到被无情扩张的城市所吞没。1786 年始建于萨默斯勋爵（Lord Somers）领地上的萨默斯镇（Somers Town），就是一个典型的例子。还有一些例子，如 1791 年始建于当时属于卡姆登大法官（Lord Chancellor Camden）土地上的卡姆登镇，以及沃尔沃思新城（Walworth New Town）、阿加镇（Agar Town）、布罗姆利新城（Bromley New Town）、本顿维尔（Pentonville）等。

然而，尽管这些新社区和穿行其间的令人沮丧的道路都在增多、扩大，未受破坏的乡村依然近在咫尺。如果一位商人的办公室在城中心的朗伯德街上，那么无论是往东还是往西，他只需要仅一英里多的马车程，便可到达开阔的郊野和恬静的村庄。他可以在奇斯威克（Chiswick）、哈默史密斯（Hammersmith）、帕丁顿或佩卡姆为自己建一座带数英亩花园的别墅，也可以住在汉普斯特德、海格特、托特纳姆（Tottenham）或哈克尼的乡村街道上的体面宅邸内。或者，他也可以为自己建一座乡下静修寓所，一座别致的哥特式村舍——或许就是纳西在温莎为乔治四世所建的茅草顶皇家小屋的微型版。

1757 年完工的新街（New Road）将帕丁顿与伊斯灵顿相连，为繁忙的牛津街提供了一条旁路；其他主干道逐步得到改善，而且还在不断增加，因为承包商受到了通过路卡收费而获利的诱惑；拦路抢劫的强盗也消失了。所有这一切，让伦敦周边乡村的发展进一步加速，而周边乡村的发展，是在城里工作而需每日往返的人们所带来的。

18 世纪末、19 世纪初肯辛顿的发展就是一个典型。霍兰德府和诺丁汉府（Nottingham House）两座大府邸让肯辛顿成为上流地区，但在安妮女王执政时期，村里所建的第一座广场——肯辛顿广场，尚还完全处于旷野和花园的环抱中。直到摄政时期，随着爱德华兹广场（Edwardes Square）、特雷弗广场（Trevor Square）、蒙彼利埃坊（Montpelier Place）、佩勒姆新月街（Pelham Crescent）和伯爵排屋（Earl's Terrace）的修建，肯辛顿的发展才真正开始。

这些广场处于建设当中的时候，汉普斯特德和海格特也发展为上流社会的大乡村。尽管伦敦最好的建筑大多位于泰晤士河以北，但达利奇（Dulwich）和坎伯威尔同样也成为充满魅力的大型社区，具备自己的生活方式和特色，同时也有通畅的道路与首都相连。

范围最广的开发位于泰晤士河沿岸。格林威治、布莱克西思（Blackheath）、伍尔维奇、布伦特福德、奇斯威克、里士满、特威克纳姆（Twickenham）、切尔西，均成为自给自足、人口稠密之地。而在萨福克伯爵夫人（Countess of Suffolk）美丽的大理石山别墅（Marble Hill House）[23] 周围，在霍勒斯·沃波尔位于特威克纳姆的奢侈古怪的迷人山庄 [24] 周围，在里士满宫（Richmond Palace）公园内优雅而受偏爱的宅邸 [25] 周围，在彼得沙姆（Petersham）的哈姆府（Ham House）[26] 周围，

图 10-14 霍勒斯·沃波尔草莓山庄（Strawberry Hill）内贝壳形状的椅子。

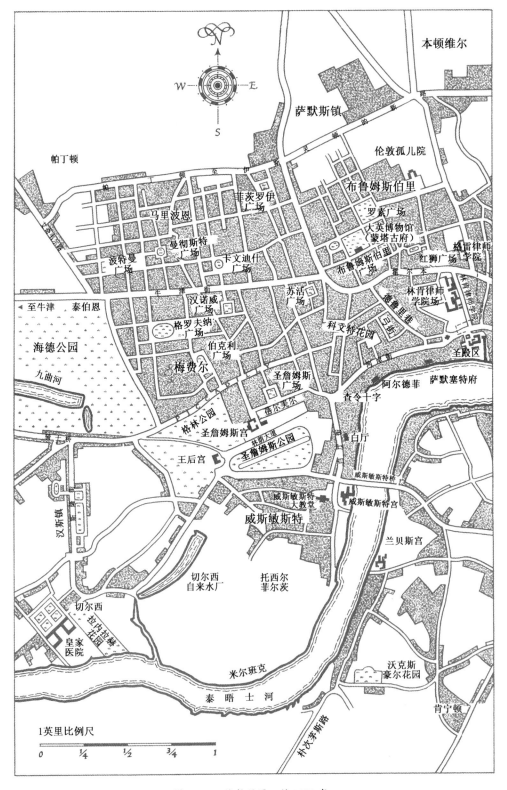

本顿维尔

萨默斯镇

帕丁顿

伦敦孤儿院

布鲁姆斯伯里

菲茨罗伊广场

罗素广场

马里波恩

大英博物馆（蒙塔古府）

曼彻斯特广场

格雷律师学院

卡文迪什广场

波特曼广场

布鲁姆斯伯里广场

红狮广场

苏活广场

林肯律师学院场

汉诺威广场

科文特花园

至牛津 泰伯恩

格罗夫纳广场

海德公园

伯克利广场

圣殿区

九曲河

梅费尔

圣詹姆斯广场

萨默塞特府

阿尔德菲

查令十字

格林公园

圣詹姆斯宫

蓓尔美尔

林荫大道

白厅

王后宫

圣詹姆斯公园

威斯敏斯特桥

汉斯镇

威斯敏斯特大教堂

威斯敏斯特宫

威斯敏斯特

兰贝斯宫

切尔西自来水厂

托西尔菲尔茨

皇家医院

拉内拉赫花园

切尔西

沃克斯豪尔花园

米尔班克

泰晤士河

肯宁顿

朴次茅斯路

1英里比例尺

0   1/4   1/2   3/4   1

图 10-15 伦敦西区，约 1800 年。

在切尔西由汉斯·斯隆在拆除的托马斯·莫尔爵士（Sir Thomas More）宅邸原址上修建的府邸[27]周围，家家户户都过着平静的乡村生活，虽然靠近伦敦，但尚未被汹涌扩散不可阻挡的砖和灰泥浪潮触及，而这种浪潮很快就会到达他们教区的边界。

第十一章　霍加斯和罗兰森的伦敦

（1720—1820 年）

图 11-1 《夜》：威廉·霍加斯版画，1738 年。场景位于查令十字附近。

1720 年，也就是汉诺威王朝的第一位国王到达英国六年之后，其时年方 22 岁、尚未成名的年轻人威廉·霍加斯（William Hogarth），开始自立门户当一名版画家。1820 年，乔治一世的玄孙登上王位，就在同一年，正处于巅峰时期的托马斯·罗兰森（Thomas Rowlandson），出版了他杰出的插图系列《寻求安慰的森塔克斯医生》(*Dr Syntax in Search of Consolation*)。

　　在这一百年间，伦敦的外在面貌虽然发生了改变，但通过两位艺术家生动的记录，可以看出，在他们的整个职业生涯中，人们的生活，他们的快乐和悲伤、消遣和罪恶，并没有太大的变化。

　　在 18 世纪的大部分时间里，去伦敦的游客都会被吸引到一代代游客曾经参观过的同样的著名景点：圣保罗大教堂、威斯敏斯特大教堂、伦敦塔、伦敦桥、皇家交易所、精神病院、圣詹姆斯宫、泰伯恩刑场（Tyburn Fair），还有晚于它们的"不可思议的奇迹"伦敦大火纪念碑（the Monument），这座高耸的罗马多利克式圆柱有 202 英尺高，距离大火发源地的布丁巷内的那座房子正好 202 英尺远。

　　1762 年，詹姆斯·鲍斯维尔（James Boswell）刚从苏格兰来到伦敦，便决定登上纪念碑的 311 级"螺旋式楼梯"。但是爬了一半之后，他越来越害怕，如果不是因为觉得会鄙视自己的胆怯，他早就返身下去了。他咬牙坚持着登上了露台。在露台上他惊恐地发现，登上这远离伦敦和它所有尖塔的半空中是多么可怕。除了围栏，他哪儿都不敢看。每逢下方的天恩寺街上有重型马车经过，他都会瑟瑟发抖，担心"大地的颤动会将这个大桩子震塌"。[1]

鲍斯维尔钟情于清静的早晨，他会去皇家交易所漫步，去市政厅内闲逛，去大英博物馆参观"数不清的奇珍异宝"，还会去伦敦塔：一个春日的清晨，他在伦敦塔看到威尼斯共和国的大使们从他们的大船上登岸，登上马车前往圣詹姆斯。他去参观了圣保罗大教堂，登上了耳语回廊，来到了圆穹顶，然而，浩瀚的伦敦景色却未能打动他，因为距离太远，街道和建筑的美无法展现，他只看到"数不清的瓦屋顶和狭窄的街巷"。

有一次，鲍斯维尔被带去上议院，聆听乔治三世在新一届议会开场的宣言。"很了不起，"他认为，"陛下比我听过的任何人都讲得好：庄重、精妙，浅显易懂。我尊重他，非常希望有缘结识他。"

参观议会议程的外国游客，并不都见得有这样的好感。一位来自柏林的路德教牧师卡尔·菲利普·莫里茨（Carl Philip Moritz）1782 年在他的回忆录中写道：议员们步履蹒跚、行动笨拙地走进议会，"身穿厚大衣，脚蹬靴子和马刺，"他还写道，"看到一位议员躺在凳子上，而其他的正在辩论，这种情形屡见不鲜。有些人在嗑坚果，还有人在吃橘子……他们不停地进进出出。"

议员们的古怪行为，只不过是外国游客所感受到的伦敦光怪陆离生活的一部分。如果游客的外表与众不同，他必会立即因伦敦人对他的偏见而受到打击。在城里的许多地方，人们会盯着他看，嘲笑他，奚落他，朝他吐唾沫，对他推推搡搡。不过，即使没人认出他是外国人，推推搡搡也在所难免。如果他熟悉巴黎，那么对伦敦拥挤街道上的喧嚣、吵闹、急躁也会习以为常。但如果他来自低地国家那些秩序井然、礼貌有加的宁静小镇，他就会被鲁莽的行人和粗暴的对待所惊到，也会惊讶于马车的铁轮碾压石头发出的尖锐刺耳、持续不断的咯吱声，惊讶于送水人、沿街小贩、卖沙人、卖樱桃女孩、挤奶女和补锅匠发出的吆喝声，惊讶于民谣歌手的歌声、街头提琴手的乐声、手推车货郎和卖姜饼女郎的铃铛声，还有人们要打架解决问题而需要空地所发出的粗哑刺耳的"让开！让开！"的吼声。

伦敦大部分新街道都铺设了路面。但还是有许多的大街，即使到了18世纪末，都依然坑坑洼洼，一些个体店主和住户在大门阶梯外胡乱铺上一些圆石头和鹅卵石。甚至晚至1750年，前往议会两院只能通过国王街或者联合街（Union Street）的年代，这两条街的状况都还十分糟糕，每当国王的豪华马车前往上议院之前，必须用树枝和茅草将坑洼填平，才能让马车顺利通过。在一次议会就铺设和清洁威斯敏斯特街道的法案进行辩论的时候，一位议员辩道："城里这处污秽不堪，那处崎岖不平，必定让我国在外国人眼中蒙羞，令其认为我们的国人不仅缺乏细致周到，而且缺乏政府管理，如同一群野蛮人或一支非洲部落……路人到处都会被意想不到的窟窿吓到或者因此陷入危险，被如山的垃圾所冒犯或阻挡……连野蛮人看到都会大感惊奇。"

在街上走路而不会受伤或弄得浑身是泥，是必须学会的技巧，显然最好是能够尽量靠墙。但按照约翰逊博士[①]的说法，伦敦有两种人，一

145

---

① 塞缪尔·约翰逊（Samuel Johnson，1709—1784年），英国文学史上重要的诗人、散文家、传记作家和文学评论家。他也是当时文坛的一代盟主，他对文学作品的评论，即使只言片语，也被众口宣传，当作屑金碎玉。——译注

图 11-2　清道夫：约翰·盖伊（John Gay）《琐事，或在街上行走的艺术》
（*Trivia or the Art of Walking the Streets*）卷首图，1716 年。

种人把墙留给别人，一种人把墙据为己有。尽管"行人必须靠右"的规定得到公认，但很多人还是拒绝让路。虽然也有一些保护措施，如用一排柱子标出人行道和车行道，但当自私而爱吵架的行人把你从他的必经之路上推开，推到货运马车、出租马车道，甚至最糟糕的，推到轿夫经过的道上，那些措施此时就完全起不了作用。

轿夫本应该走在马路中间，但他们大多是些粗鲁的爱尔兰人，比仆人更加自私讨厌。不止一个目击者都留下了记载，似乎他们取乐的方式就是用轿竿去戳走得慢的路人的后背，或者把他们挤到附近的墙边贴着。迪恩·斯威夫特（Dean Swift）有一次看到一个胖子被如此捉弄，结果他"聪明地"予以还击，用手肘把轿子的侧窗砸成了"无数碎片"。

身体敏捷灵活的人，虽然能够避开恼人的挫折和轿夫的恶意，但还得对付其他的危险。一场突如其来的暴雨，会把成堆的污秽和垃圾顺着街道往下冲，漫过阴沟，从陡峭的小巷倾泻而下。而头顶上的排水管又

146

图 11-3　清粪夫和制刀匠的名片。

会将水淋在帽子和扑了粉的假发上。如果起风的话，人们还面临着被掉落的瓷砖，或更可能，掉落的大招牌砸伤的危险。

这类大招牌大多装有铁框，有的厚如铺路石。几乎所有的招牌都挂在外面的长支架上，仿佛在争相惹人注意。它们经常掉下来，"给居民带来危险，把他们砸伤"；伯蒂巷（Birde Lane）内曾经有一块招牌掉下来，整个店铺的前立面也随之倒塌，砸死了不幸正好从下方经过的四个路人。事实上，即使没有招牌，房屋也经常倒塌。1740 年的一个傍晚，鞋巷内有一座房子突然朝街上倒塌，六名住户和两名路人因此而丧生。

在 18 世纪，跟招牌一样常见的还有巨型模型，它们或者由生铁经复杂的锻造制成，或者由木头雕刻而成。杂货铺是三块糖，家具铺是三顶帐篷，帽子铺是三顶帽子，金匠铺是三颗金球。但在这些与众不同的招牌下面，那间特定店铺的存在并不能得到保证。房子会被卖掉或重新出租，新的业主或者租房人搬了进来，但招牌依然留在那里。艾迪生（Addison）声称，他看到过一家香水店外面有一只山羊的标记，一家刀剑铺上面是国王的头颅，一家小餐馆上面有一只靴子，而一个补鞋匠住在一只烤猪下面。

147　　　模型和招牌一样重，有些甚至更重。对于在下方街道上小心翼翼走路的行人，它们都会对他们的肢体构成挥之不去的威胁。

　　行人在街上通常能够避免身体受到伤害，但还有其他的危险不可避免。城里的烟雾常常令人窒息。一百年前这个问题就已经够糟糕，伊弗林就曾抱怨它弄脏衣服，将城市包围在"滚滚浓烟和硫磺当中，充满恶臭与黑暗"。一百年后，情况更加糟糕。外出一天，浑身都会沾满煤灰，虽然可以找擦鞋匠尽快把鞋子擦干净——在每条街的拐角处都能找到擦鞋匠，他们带着一罐黑鞋油、一对鞋刷，戴着一副陈旧的假发，摆着一张三脚凳——但让头发和衣服保持干净就很不容易了。

　　詹姆斯·鲍斯维尔很享受在德国壮游期间的苦日子，他很开心一个多星期都不用换衣服，而在伦敦他必须每天都得换衬衫。

　　那些选择出门购物的女士们，往往要设法避免伦敦最不愉快的烦恼之事。她们把自己安全地封闭在丝绸衬里的皮革轿子里面，将门和窗关紧，从自家大门口被抬到店铺的门口，然后由仆人跟随着进入店内。在18 世纪的早期，高档的店铺都分散在伦敦各处，因为某一类的行业依然聚集在某个特定的区域。尽管蓓尔美尔和皮卡迪利街上也开始出现一些好书店，但最有名的书店依然位于圣保罗教堂庭院、帕特诺思特路、弗利特街和圣殿栅门。最时尚的女帽店位于皇家交易所附近，最漂亮的亚麻布和丝绸店位于鲁德门山（Ludgate Hill），最讲究的金匠铺位于克兰本街（Cranbourne Street），最高级的香水店位于夏尔巷（Shire Lane）。不过，许多不那么名贵、档次较低的店铺，会出售品种多样的商品。很

图 11-4 乔舒亚·雷诺兹（Joshua Reynolds）爵士笔下的詹姆斯·鲍斯维尔。

图 11-5　包括罗伯特·沃波尔（Robert Walpole）爵士（左）、议长昂斯洛（Onslow）等在内的 1730 年的下议院，桑希尔（Thornhill）与霍加斯绘。

常见的是，家具店同时也会经营其他商品，如女士帽子、乐器、荷兰垫子和煤炭等。

尽管西郊的每一处新房屋开发都配有自己的市场，但大都市内的市场却因它们各自的特色而闻名：利德贺市场是牛肉和药草，纽盖特市场是羊肉，圣詹姆斯市场是小牛肉，克莱尔市场是猪肉，泰晤士街市场是奶酪，而科文特花园当然是水果和蔬菜。

各处的价格很少固定，讨价还价依然是家常便饭，不仅在市场，在更高档的店铺里也是如此。18 世纪中叶的一个早晨，弗林特（Flint）和 *148* 帕尔默（Palmer）先生于 8 点在伦敦桥上开门营业的时候，他们已将出售的所有商品贴上了价格标签。他们的顾客们第一时间会十分震惊，尤其是因为店员们显得不愿意讨价还价，甚至不愿意理睬那些掏钱犹豫的人。不过这些店员虽然态度坚决，却十分礼貌。帕尔默先生本人在价格上也是公平且始终如一的。很快，这种新的销售方式就广受欢迎，以至于店铺到了夜里 11 点都还人满为患。威尔士社会改革家罗伯特·欧文（Robert Owen）小时候曾在这里打工，他记得他和同伴们有时候凌晨 2 点都还无法睡觉，忙着收拾柜台内没卖完的商品，把长布料卷起来，而第二天很难有精神在睡觉的阁楼上扶着栏杆起床。

大部分店铺很小，光线也很暗，商品在柜台后面堆成堆，甚至堆上了天花板。一些店铺仅仅是搭在房子旁边的棚屋，在店主打烊之后充当他的厨房和卧室。在好一点的店铺里，玻璃橱窗用得不多，里面会展示一些商品，如一顶草帽、一大瓶果汁饮料或一双马靴，用来表明店内出售的商品种类。在 18 世纪的上半叶，店面差不多就是大一些的窗户——货物频频通过它们卖出，直到 18 世纪 50 年代，才出现了双弓形的店面，这种店面至今还能在干草市场的弗里堡及特雷耶（Fribourg and Treyer）烟草鼻烟店看到。而且，直到摄政时期，才出现了纯粹作为购

图 11-6　托马斯·罗兰森笔下的比林斯门卖鱼妇。

图 11-7　科文特花园蔬菜市场：罗兰森作品版画复制品。

物街而设计的街道，比如于 1822 年建成而如今得以修复、位于布鲁姆斯伯里的沃本步行街（Woburn Walk）。不过，用于购物的拱廊街倒是有几处。

伯灵顿拱廊街（Burlington Arcade）由乔治·卡文迪什勋爵（Lord George Cavendish）的建筑师塞缪尔·韦尔（Samuel Ware）设计。韦尔曾于 1816—1819 年间帮他的雇主改造了伯灵顿府。尽管对卡文迪什怀有敌意的人们声称，他仅仅是想阻止路人朝他的花园内扔垃圾，但他自己坚持说，拱廊街旨在"满足公众的愿望，并为勤劳的女性提供就业机会"。从蓓尔美尔延伸到查理二世街、由纳西和乔治·雷普顿（George Repton）设计的皇家歌剧院拱廊街（Royal Opera Arcade），属于国王歌剧院（King's Opera House）重建工程的一部分，它与皮卡迪利街上韦尔的拱廊街修建于同一时期。

伯灵顿拱廊街和皇家歌剧院拱廊街迅速成为上流社会的购物中心，因为在建设它们的时候，大部分高档店铺都开始搬离老城区，西迁到如今富人居住的新郊区。在这里，漂亮的点心店设有餐厅和陈列室，装饰着镜子、蜡烛和铺着锦缎的送餐桌；在这里，高档家具店的木匠在经营家具的同时，还出售地毯、窗帘和墙饰；格罗夫纳广场上坐落着约西亚·韦奇伍德（Josiah Wedgwood）①的产品陈列室，它针对的是富有的主顾。由于大获成功，陈列室很快就不能满足韦奇伍德的需求了，蓓尔美尔街给他提供了更大一处场所，却遭到他的拒绝，因为他断定，蓓尔

149

150

---

① 约西亚·韦奇伍德（Josiah Wedgwood, 1730 年 7 月 12 日—1795 年 1 月 3 日）被誉为"英国陶瓷之父"，主要贡献是建立了工业化的陶瓷生产方式，并创立韦奇伍德陶瓷工厂。查尔斯·达尔文是其外孙。他出生在英国的一个陶工世家，1759 年，他在斯塔福德郡创办了自己的第一家陶瓷工厂，并以自己的姓氏"韦奇伍德"作为品牌，韦奇伍德陶瓷品质优秀，质地细腻，风格简练，极富艺术性。——译注

图 11-8　两家领头火灾保险公司的标记：1720 年的伦敦保险公司
（London Assurance，右）和 1696 年的携手公司（Hand in Hand，左）。

美尔现在太过于靠东了，"因为你们知道，我如今的顾客得和别处的人区别开来"。

　　新邦德街在 18 世纪 50 年代奠定了自己的名声，一位德国游客在 18 世纪 80 年代称它为"可爱的牛津街"。1788 年，乔治三世的侍从查尔斯·福特纳姆（Charles Fortnum）辞去了王室的职务，专心打理自己几年前创办的食品杂货业务，至此时，皮卡迪利街也已因高档的店铺、优质的商品而闻名，全国各地的人纷纷慕名而来。

　　至 18 世纪末，在霍加斯的绘画中十分突出的巨型标牌和模型，已经开始渐渐消失了。在消失之前，它们对公众造成的危险导致它们已被宣布为非法。

尽管各种别致的标记消失了，但保险公司的火险标志却又取而代之。这类标志通常表面涂有或镀有铅，以模具铸造而成，上面刻有公司的独特标记，以确保消防车的水不会浪费在竞争对手办公楼的大火上。伦敦消防局（London Fire Brigade）直到 1833 年才成立，在这之前，如果让威斯敏斯特火灾保险公司（Westminster Fire Office）与携手公司一起合作，是绝对不可想象的。每家公司的消防车都存放在车棚内，车棚尽量靠近那些安全十分受重视的财产。警报一旦响起，公司配备着铁头盔、消防斧、拆钩、皮水桶的消防队员，便会将沉重的消防车缓慢地推出来，朝着浓烟和火焰的方向推去。

151

在伦敦的街上行走，常常令人不快，但所有的游客都不否认，在伦

图 11-9　在九曲湖上滑冰，1787 年。

敦任何一座公园内闲逛，都不失为一种惬意的体验。

除了后来被称为摄政公园的公园之外，伦敦还有四座主要的公园：格林公园、海德公园、圣詹姆斯公园和肯辛顿花园（Kensington Gardens）。最大的公园为海德公园，它是 1637 年由国王交给公众的。从那以后，如同稍早的圣保罗一样，它便成为上流社会的人们散步的场所，在 18 世纪早期，它也是上流社会人们乘四轮大马车兜风的地方。在大部分夏日的傍晚，当剧院关门之后，在公园中心铺着沙子的半圆形"环道"上，往往都挤满了四轮大马车，车上的乘客们透过飞扬的尘土相互打着招呼。后来，被称为罗敦道（Rotten Row）的乔治二世于 1737 年用砾石铺成的"国王之路"（route du roi），以及围绕九曲湖（the Serpentine）的一条环湖路，变成了上流社会人们喜欢出入的地方。九曲湖是位于公园北侧，按照卡罗琳王后的旨意建成的一座湖泊。

待到冬天，九曲湖完全结冰之后，绅士和淑女们便可以在湖上滑冰，或者观看他们当中的佼佼者展开比赛，首位能够在一分钟之内完成一英里赛程的滑冰者可获得 50 英镑奖金。1826 年，"九曲湖上举行了有史以来最冒险的技艺比赛"，来自亨特盖世鞋油公司（Hunt's Matchless Blacking）的亨利·亨特（Henry Hunt），驾着四匹纯种良马牵拉的该公司的厢式送货马车，从最宽处横跨结冰的湖面，从"一位贵族勋爵运动名人"手里赢得了 100 几尼。然而，九曲湖上最快乐的时光，却非夏天莫属，而没有哪一次能比得上 1814 年的 7 月。那一次，为了庆祝和平而举行了一场盛大的游乐集会，有吞剑表演、军乐队演出、吞火魔术，还有"全球最胖的 40 岁女人"展览、蛋糕房、苹果摊。男人们出售着波特干啤酒和热烙的羊肉馅饼，女人们在中国式灯笼的照耀下翩翩起舞，一位姑娘脱去衣衫跑到湖里去洗浴。到了 8 点钟，特拉法尔加战役在湖面上演，隆隆炮火声中，法国舰队燃起熊熊大火，随着国歌的奏响而沉入水底。

公园里宁静的清晨，常常被手枪子弹的呼啸声所打破，因为男人们常在此进行决斗。威灵顿公爵（Duke of Wellington）更喜欢僻静的巴特西；而在海德公园内，约翰·威尔克斯（John Wilkes）被臭名昭著的塞缪尔·马丁（Samuel Martin）打伤；那个"城里名声最臭的浪子"莫恩勋爵（Lord Mohun）也与汉密尔顿公爵进行了一场著名的决斗，伯内特（Burnet）主教对此描述道："带着满腔仇恨激烈打斗，完全不顾决斗的规则，一轮接一轮发起进攻，好像在尝试谁该先杀人似的，最后两个人都开心得胜了，因为莫恩勋爵当场身亡，汉密尔顿公爵过了几分钟也咽了气。"莫恩勋爵曾经两次因谋杀罪受审，当他的遗体被抬回家放到床上之后，他的遗孀冷漠地抱怨说，不应该把他的遗体放到那么好的床上，因为它弄脏了床单。阿尔菲里伯爵（Count Alfieri）与情妇之夫利戈尼尔勋爵（Lord Ligonier）的决斗发生在格林公园，他带着手臂上的剑伤勇敢地回到干草市场剧院（Haymarket Theatre），坐下看完了最后一幕演出，后来还慷慨地发表评论说："我认为利戈尼尔没杀死我是因为他不想，我没杀死他是因为我不知道如何办到。"

在圣詹姆斯公园拔剑相斗是非法的，与其他公园相比，这里发生的决斗要少很多。不过，1731 年 1 月的某天下午 3 点，巴斯伯爵（Earl of Bath）与赫维勋爵（Lord Hervey）约翰在这里举行了一场决斗。普莱沃神父（Abbe Prevost）眼中"面向各个阶层开放的伦敦公共步行道"圣詹姆斯公园，算不上是决斗者们的集结之地，却是公认的娼妓出没之处。公园的大门夜里是上锁的，但有 6500 人合法持有大门钥匙，还有几千人非法持有钥匙。詹姆斯·鲍斯维尔是公园的常客，不仅下午喜欢去观看士兵受检阅，而且夜幕降临之后也常光顾，此时姑娘们打开大门，在贵族夫人们白天最喜欢散步的小路上徜徉。1762 年 12 月的一个

图 11-10 肯辛顿宫。

153

傍晚，他与好友安德鲁·厄斯金（Andrew Erskine）来到公园里："被城里的几位女子所勾引。厄斯金非常幽默，对她们说了些十分疯狂的话。有一位女子身穿红色斗篷，胸部丰满，面容清秀，我记下她，以便将来不时之需。"第二年的3月，他又去了公园，"挑了一个妓女……一位来自什罗普郡的年轻姑娘，只有17岁，外表很漂亮……可怜的人儿，她的日子过得不好！"在同一周里他又去了一趟，带走了他遇到的第一个妓女，"又丑又瘦，嘴里一股酒味儿"。

肯辛顿花园就要体面得多了，在鲍斯维尔所处的时代根本不对普通公众开放。因为，自从威廉三世于1689年从诺丁汉伯爵手里买下肯辛顿府之后，它便成为纯粹的王室私家宫殿。威廉三世被它所处的位置所吸引，他认为此处比怀特霍尔宫或圣詹姆斯宫更有益于他的哮喘病，而女王玛丽却是被它的花园所吸引。雷恩为威廉三世扩建了宫殿，范布勒和威廉·肯特为乔治一世把它改造成更奢华的风格，安妮女王的园丁亨利·怀斯（Henry Wise）又对花园进行了改造[2]。18世纪90年代当王室搬迁至里士满之后，花园便向公众开放，但仅限于周日，并且仅允许正式着装的游客入内，水手、士兵、穿制服的仆人一律不得入内。直到维多利亚女王统治的时代，公园才开始全年开放。但到此时，在利芬公主（Princess Lieven）的眼里，它已"变为中产阶级的聚集地。贵族阶层已不屑前往，除非是去投湖自尽"。如可怜的哈丽雅特·雪莱（Harriet Shelley）[①]1816年所为。

154

18世纪的肯辛顿花园尽管制度严格，在这里的人，却并不见得比在其他公园更安全，同样会遇到充斥在各公园的拦路贼。乔治二世本人就曾在肯辛顿花园遭到一名强盗的抢劫，那家伙翻墙而入，"以十分恭敬的态度，将国王的钱包、手表和带扣尽数掳走"。

在海德公园里，尽管从中穿过的马车基本上都有武装护卫，但拦路抢劫依然时有发生。霍勒斯·沃波尔就在这里被"绅士强盗"抢劫过，抢劫者是长老会牧师（Presbyterian Minister）的儿子詹姆斯·麦克莱恩（James M'Lean），他的手枪子弹在沃波尔的脸上开花，火药和弹痕弄黑了他的皮肤，为此他抱怨说，一个人"午后外出都搞得像参加战斗似的……这个国家变得多么混乱！"

沃波尔的一席话，不过是对毋庸置疑的事实做了一点生动的夸张而已。在18世纪的前50年，所有进入伦敦的道路上都遍布着拦路强盗，

---

① 哈丽雅特·雪莱为诗人雪莱的第一任妻子，在她为雪莱生了两个孩子并怀上第三个孩子的时候，雪莱和玛丽私奔，哈丽雅特郁郁寡欢，在海德公园投九曲湖自尽。——译注

按一位法国游客的说法是"窃贼无处不在"。勃朗神父（Abbé le Blanc）记载道，这些盗贼甚至"在伦敦富人的大门上贴上纸条，明确表示不管条件和生活水平如何，如不缴纳十个几尼和一只手表，就严禁出城，否则就会死得很难看"。18世纪70年代，英国首相、威尔士亲王、约克公爵、伦敦市长，跟无数其他的平民百姓一样，在伦敦的街上或通往伦敦的乡村公路上，都曾遭到过抢劫。游乐花园的所有者们不得不雇用警卫队来护送他们的顾客安全回到家中。在伊斯灵顿结束一天游玩的人，会在安吉尔（the Angel）集合，在一支骑兵巡逻队护送下返回伦敦。而在肯辛顿乡村里，钟声会整夜敲响，以便召集人群一起踏上经骑士桥、沿着皮卡迪利街返家的危险之旅。

直到1805年，一支永久性的骑兵巡逻队（the Horse Patrol）诞生之后，人们才能够在安全的情况下到访边远的乡下。此前，除了鲁莽者，没人敢在夜里独行。此后，以前隔着被危险的强盗们占领的森林、旷野和荒地而与伦敦隔绝的乡村，才能够发展成为大都市的郊区，为商人家庭提供舒适的居住地，商人们而今也才能够安然无恙地每天往返伦敦。

155

156

骑兵巡逻队的建立，几乎全仗着两位杰出人物的决心与毅力，他俩便是亨利·菲尔丁（Henry Fielding）和他同父异母的弟弟约翰·菲尔丁。

1748年，亨利·菲尔丁来到弓街担任治安法官，当时他的头脑里并无任何改革的想法。他原本是个剧作家，由于《授权法》（Licensing Act）的实施，在干草市场上演他讽刺喜剧的剧院遭到关闭，他的职业生涯就此终结。他的小说挣不到钱，他作为律师天赋也不够。他向一位伊顿公学的老学长求助谋一份差事，于是去了弓街，其中的原因只是因为他用钱大手大脚，需要挣点钱。

不过，他暗下决心，不能像前任那样接受贿赂和佣金，不能像过去

图 11-11　约翰·菲尔丁（John Fielding）爵士，弓街的"盲人执法官"。

那样将公平正义作为商品出售。他还决定抽调威斯敏斯特教区的治安警员，成立一支高效而永久性的警队。那些警员当中的大部分人，都曾将他们的职务看成是中饱私囊的机会，而治安法官的口袋，也早已被这些不义之财所填满。

菲尔丁来到弓街的时候，伦敦人对于专业警队的概念，是充满了惶恐的。他们信奉自由，内心也憎恨任何改变，把欧洲的警察队伍视为对个人自由的严重威胁，同时也认为那是不合理而多余的开销。"警察"一词来源于法语，直到18世纪初才被用于官方英语当中，当时，他们对它现代意义上的概念还一无所知。他们满足于依赖由来已久的传统方法来防止犯罪：对违规者予以残忍的惩罚，对将罪犯绳之以法的人进行奖赏。

把抓贼人看作奖赏丰厚的执法官员，这种依赖性，不可避免地导致了极大的腐败，同时也使得如乔纳森·怀尔德（Jonathan Wild）这样的黑社会头目，变成了最为成功的抓贼人。怀尔德的犯罪生涯，发迹于称霸妓院、经营妓院和买卖赃物，后来他成为18世纪伦敦黑社会无可争议的霸主。像他这样的人物，会将不听话的人交给法庭惩处，这样既维持了自己对手下的控制，还能够增加收入。

乔纳森·怀尔德于1725年被处死于泰伯恩刑场。职业的抓贼人在此之后依然存在了很长一段时间，而且，亨利·菲尔丁的弓街治安警的酬劳，正是依赖于给抓贼人的奖赏。不过，这些被称为"菲尔丁先生的人"的训练有素的治安警，却是诚实而值得信赖之人。他们执法不是冲着金钱，而是为了整个社会的利益。他们被菲尔丁的热情所点燃，在任职期届满之后依然留守在弓街，他们就是在19世纪被称为"弓街捕快"（the Bow Street Runners）的伦敦警察的雏形。

157　　在菲尔丁走马上任后不久，他同父异母的弟弟约翰也来到弓街加入

了他的阵营。广为流传的说法是，约翰眼盲，因此他的听觉异常敏锐，可以通过嗓音辨别出 3000 个窃贼。诚然，伦敦很少有窃贼不害怕、不尊敬这位盲人执法官的。他竭力让伦敦人和伦敦政府都接受了带薪职业警察的概念，他还通过不懈的努力，通过让骑警和巡警定期上街巡逻的制度成功实施，为伦敦成为一座更安全、更少暴力的城市作出了极大的贡献。

由于菲尔丁兄弟得到的支持很勉强，能够支配的费用捉襟见肘，因此他们能够做到的也十分有限。在整个 18 世纪，伦敦依然是危险的地方。到 18 世纪末，持械抢劫的发生率有所降低，但是从当时的报刊可以看得出来，比较确凿的是，摄政时期的伦敦，与安妮女王时期的伦敦一样，算得上是欧洲最不守法的城市之一。仅 1761 年 2 月 12 日的一期《公共广告报》(*Public Advertiser*) 就报道说，汉普斯特德商队在肯特镇（Kentish Town）遭到抢劫；汉普斯特德北城的居民们严阵以待，用猎枪驱走了试图入室抢劫的盗贼；东辛公地（East Sheen Common）发生一起抢劫，该地的盗贼太多，以至于天黑之后人们都不敢往外看；德特福德路发生一起拦路抢劫，作案人是"六名带马枪的强盗"。几年之后，同一份报纸的另一期又报道说，裘园、埃克森（Action）收费卡、哈默史密斯、布莱克西思都报告有抢劫案发生。城中心的街道也并不比偏远的道路更安全，霍尔本、弗利特街、圣詹姆斯广场、公园路、皮卡迪利街、格罗夫纳广场等中心地区，也频频发生抢劫案。所有这些地方的照明，被认为比任何其他国家的首都都要差。

在 18 世纪的大部分时间里，街上的照明来自大宅第门口悬挂的灯盏，或者来自盛着半满的鲸油、用棉捻作为灯芯的玻璃灯罩。这些灯罩固定在无规律间隔的柱子上，或者悬挂在街道两侧的墙上伸出来的长杆上。灯罩通常都脏得发黑，因为受雇来保养灯罩、傍晚点灯、午夜熄灯的看灯人，都是些手指肮脏的油腻莽汉，装盛灯油的时候，从来都不免要将灯油溅在梯子下经过的路人头上。

直到 1762 年的《威斯敏斯特铺路及照明法》（Westminster Paving and Lighting Act）通过之后，街灯才比以前的微弱光亮略有增强，但即使此时，主干道之外的其他街道的照明也是得不到保证、时有时无的。《照明法》所没有涵盖到的伦敦其他地区，不得不一直等到煤气的到来。在街上能够避开凹坑和污泥的唯一可靠的方法，是雇用一名"持灯郎"，让他手举烧着沥青麻绳的火把走在雇主的前面。

然而，持灯郎却无力阻挡在街上闲逛、或躲在小巷中寻找侵袭对象的歹徒。事实上，以约翰·盖伊看来，持灯郎恰恰常和盗贼沆瀣一气：

> 持灯人的召唤诱惑了你
> 却相信孤独的墙边并非他一人
> 途中他会熄灭燃烧的火炬
> 与贼人分享抢得的财物

1744 年，一位从乡下来伦敦的访客觉得，这座大都市已经变得"真的危险"。他告诉友人说，以前满足于小偷小摸的扒手，如今"在弗利特街和河岸街上竟会肆无忌惮地用棍棒攻击行人，而且这种事情还往往发生在晚上 8 点以前。在露天市场、科文特花园，他们成群结队而且还带着刀"。

40 年之后，霍勒斯·沃波尔向一位友人说，他在特威克纳姆的邻居即使待在家里，也感觉不安全。如果他们胆敢跨进杂货店的门槛，去买一个便士的李子，那简直就是把自己置于被杀的危险当中。到 18 世纪末，夜里外出的危险依然不见减少。1790 年的秋季，五年前以《伦

图 11-12 《凝望蓓尔美尔的煤气灯》：伍德沃（Woodward）与罗兰森版画，1809 年。

敦每日环球记事报》(*The London Daily Universal Register*）之名创刊的
《泰晤士报》(*the Times*）报道说，街头盗贼已变得十分嚣张，"周一傍晚
刚过 5 点，在伦敦最热闹大街之一的考文垂街上，两位女子几分钟内就
被打倒在地，遭到了四个人的抢劫"。

　　职业罪犯带来的威胁还不是最严重的。斯威夫特和艾迪生都曾描写
过"茅霍克"① 的野蛮行为。它是一种帮派，其名称源于据说是最凶猛
的印第安部落，其成员所致力实现的抱负是"尽一切可能伤害他们的
同胞"。在闲得无聊发慌的时候，他们便折磨年老的巡夜人、强迫妓女

---

① 茅霍克是 18 世纪伦敦在夜间袭击行人的帮派，他们殴打男人、小孩，骚扰女
　人。茅霍克成员多为年轻贵族子弟，因此也被称为"贵族流氓"。——译注

图 11-13　苏格兰叛军领袖基尔马诺克（Kilmarnock）和巴尔梅里诺（Balmerino）
1746 年在塔山（Tower Hill）被斩首时的围观人群。

倒栽在沥青桶内并用剑戳她们的腿、将女仆从雇主家的窗户扔下。如果
有莽撞之人胆敢反抗，他们会切开他的鼻子，或者割伤他的脸颊。很
少有茅霍克被绳之以法，因为，与行为更多针对年轻姑娘的"马嘶帮"
（Nickers）和"莽鹿帮"（Bold Bucks）一样，他们通常足够富有，因此
很容易拿钱开脱。在泰伯恩刑场被绞死的人，大部分都来自圣吉尔斯、
萨瑟克、怀特查佩尔和史密斯菲尔德等地拥挤如养兔场一般的贫民窟。

　　泰伯恩刑场的绞刑日是公共节日。绞刑架的周围充满着集市一般的
气氛，卖橘子的吆喝声盖过了卖唱的歌声，扒手在人群中挤来挤去，仆
人们抢夺着被称为"普克特嬷嬷座位"（Mother Proctor's Pews）的正面
看台。绞刑常常在一片骚乱当中结束，那一刻英雄好汉被从绞索上取

下，他的遗体被送往外科医生堂（Surgeons' Hall）做解剖。

骚乱在泰伯恩刑场很是常见，在别处也几乎每周就会发生。嚣张得出了名的难管的仆人们，他们当中许多人每晚都会出现在剧院里，"戴着帽子懒洋洋靠在包厢内、装腔作势、吸鼻烟、哈哈大笑、摆弄他们的鸡冠帽、隔着老远与同行们交谈"，一旦受到阻拦，他们就会闹事。士兵们闹事反对他们的汉诺威衬衫，工人们闹事反对爱尔兰廉价劳动力的威胁，织女们闹事反对印度花布的进口。曾经发生过的暴乱包括高教会派暴乱、玉米暴乱、选举暴乱、"反罗马天主教"暴乱，最严重的莫过于杜松子酒暴乱。

杜松子酒是最廉价的安慰剂，是千万人逃避痛苦、悲伤和饥饿的唯一手段。1751 年的《授权法》导致它再也不易买到，人们因此群起而反抗。在此之前的 30 年里，在伦敦，疯狂地过度饮用杜松子酒，几乎成了一种永恒不变的狂欢。威斯敏斯特大法官们报告说，它"是这座城市贫困加剧、下等人纵情酒色，以及严重犯罪和其他混乱产生的主要原因"。酒馆多如牛毛，据估计，到 1743 年的时候，在伦敦的某些区域每八户就有一户卖酒，济贫院、监狱、工厂、妓院、理发店也卖酒，甚至私人的地窖和阁楼、街上的叫卖小贩也在私下里卖酒。每年的饮酒量达到 800 万加仑，相当于伦敦的男女老少每人每周饮用量达到 2 品脱（约1.2 升）。不胜酒力的醉汉随处可见，他们倒在哪儿就躺在哪儿，不管白天还是黑夜，不管是在贝斯纳绿地、斯皮塔佛德，还是在威斯敏斯特圣区，尤其是在圣吉尔斯被称为"鲁克里"（the Rookery）的贫民窟地区，霍加斯创作他的劝诫画便是选中了这里的场景。在这样的"杜松子酒巷"的酒窖内，成群结队的人靠墙坐在散发着恶臭的干草上。到 1751年，最糟糕的日子已经过去了，但亨利·菲尔丁仍然觉得必须发出警告，"如果以如今这种程度再喝这种毒药 20 年，到那时就没有多少人能

LOWE and his Companions setting Fire to the INN
in Aldersgate Street.

LOWE and his Companions Plundering the Houses
in Aldersgate Street.

图 11-14　戈登暴乱期间的纵火和抢劫：一幅流行版画。

图 11-15　伦敦街景：《卖樱桃的手推车》，
H. 沃尔顿（H. Walton）绘，1779 年。

活下来继续喝了"。杜松子酒是"这座都市里千万人的主食（若能如此称之的话）……这个让人们烂醉的饮料，它本身就让那些人无法具备以诚实的手段获得它的资格，并且，它泯灭了人们的恐惧感和耻辱感，让他们有胆量去做任何邪恶和绝望之事。"

1780 年，菲尔丁的警告再次在人们耳边回响。伦敦的暴徒在当年引发了 18 世纪最严重的数次暴乱。它们本是"反教皇主义"的骚乱，但新教徒协会狂热反天主教的领袖乔治·戈登（George Gordon）所掀起的暴力仇恨，已经远远超出了宗教偏见的范围。对于许多伦敦人而言，以新教教义为名义武装起来的召唤，只不过是伺机制造混乱、袭击爱尔兰劳工、抢劫外国礼拜堂、清算旧账，或者只为着能尽情喝个一醉方休的借口而已。曾有一次，暴徒们冲进酒商兰代尔（Langdale）的酿酒厂，放了一把火，数百人冒着生命危险，带着酒桶、酒罐、酒杯甚至猪食缸，穿过熊熊燃烧的火焰冲进酒窖里。当他们带着熏黑的脸和灼痛的双眼，抱着满得外溢的容器、没了盖子的杜松子酒桶跑出来之后不久，剧烈的热浪便引爆了蒸馏罐。原浆酒像喷泉一样喷涌到街上，流到水沟内，流过卵石地面，与从被撞破的一大堆酒桶中泄漏的大量朗姆酒混在了一起。兴奋得发了狂的人们跪在地下，狼吞虎咽地吸吮，任凭酒浆像强酸一样灼烧他们的喉咙，一直喝得脸色发青、舌头肿胀、醉倒在地。一些女人也任由孩子在怀里哭闹挣扎。待到诺森伯兰民兵赶到，对着向倒地的醉汉行窃的扒手开枪之时，兰代尔的损失已经达 10 万英镑，至少有 20 人把自己喝上了黄泉路。而且，在酒窖和仓库中被烟雾和火焰困住而被烧死的男男女女，也成了永远的未知数。

没人能够说出究竟有多少人死于戈登暴乱。已知有 21 人遭到处决，政府承认军队开枪打死了 285 名暴乱分子，打伤了 173 人。后来他们又承认这些数字被低估了。有一位当时的目击者估计说，至少有 700 人丢了性命。近年来研究伦敦历史上可怕的那一周的史学家相信，真实的死亡数字恐怕不会低于 850 人。

财产遭到的破坏也是难以计数的。林肯律师学院广场上撒丁岛大使的礼拜堂，是第一个遭到抢劫和焚烧的，这里面仅仅是祭坛背后的华丽装饰屏风，就价值 2500 英镑。暴徒们随后又去了黄金广场（Golden Square）沃里克街（Warwick Street）上巴伐利亚大使馆附属的礼拜堂。在接下来的几天里，许多小礼拜堂——多数位于莫菲尔德和斯皮塔佛德，因为这些地方有大面积的爱尔兰人聚居地——也被推倒或者烧毁。暴徒们不仅袭击这些"天主教窝子"或者焚烧罗马天主教徒的居所和营业场所，而且，对于任何敢于干涉他们的人，或者极少数试图逮捕他们的治安法官，他们还洗劫和焚烧他们的居所，约翰·菲尔丁爵士在弓街的宅邸，几乎被彻底捣毁。他们闹哄哄地来到布鲁姆斯伯里广场，醉得无法自控，敲得钟声大作，高喊着要活活烧死首席大法官和坎特伯雷大主教。大主教闻声而逃，但法官曼斯菲尔德勋爵（Lord Mansfield）的宅邸却遭到洗劫，他的家具和所有的藏书被扔到街上，被一把火烧毁。他们袭击并焚烧监狱：在克勒肯韦尔的布莱德维尔监狱和新监狱（New Prison），在纽盖特监狱、王座监狱（King's Bench）和弗利特监狱，在萨瑟克的克林克监狱和萨里监狱（Surrey Bridewell），犯人们纷纷出逃，涌到大街上。暴民们还袭击了英格兰银行和唐宁街。[3]

163

直到乔治三世威胁说要亲自带军，才激起当局采取果断行动。一开始，曾是一家妓院老板的伦敦市长，完全拒绝进行干预。"我必须对自己的所作所为多加小心，以免把暴民引到自己家来。"他对一位店铺遭到袭击的丝绸商如是说。后来，他对着一群捣毁了一座房子，正在把注意力转向另一座房子的暴民，以紧张的声音，半恭敬半开玩笑地说："一天下来已经很好了，先生们。我希望你们可以回自己家里去了。"比

图 11-16　马里波恩看守所（Marylebone Watch House）的守夜人：
罗兰森、皮金（Pugin）和布鲁克（Bluck）凹版腐蚀版画，1809 年。

彻姆勋爵（Lord Beauchamp）很生气地找到他，要求他有所作为，他自以为是地发表高见说，毕竟"整个恶作剧不过是暴民抓了几个人，抢了一些他们不喜欢的家具烧掉，这有多大的害处？"

看守和治安警也未见得更有作用。纳撒尼尔·拉克索尔（Nathaniel Wraxall）曾记得，暴民们叫嚷着冲上街头，两侧的房屋燃起熊熊火焰，天空"呈现出血色"，年老的守夜人"手里提着灯笼"，沿着圣安德鲁教堂庭院的围墙前行，"像身处无比宁静的时光之中一样报着时"。最后军队终于被叫来，但找不到治安官给他们下达命令，也更谈不上宣读《取缔暴乱法》（Riot Act）。

图 11-17　弓街警局，1808 年：罗兰森和皮金版画。

戈登暴乱明白无疑地说明，只有建立专业警察队伍的新体制，才能保证伦敦的安全。然而，危险过去之后，反对按照欧洲大陆的模式建立警察队伍的抗议立即死灰复燃，又过了数年，旧的体制才得到改革。

尽管有夜里走在街头的可能危险和暴民的严重暴力，人们还是能够常年在伦敦四处走动而受不到任何伤害。约翰逊博士带着一根可以随时派上用场的大棒子，经常在凌晨 2 点之后才回到位于弗利特街高夫广场（Gough Square）的家中[4]。詹姆斯·鲍斯维尔也是如此，从 1762 年 11 月来到伦敦，一直到 1763 年 8 月，也就是他的《伦敦日报》（London Journal）所涵盖的时间段，他从来没有记录过任何被袭击或遭抢劫的情况，只有一次有一名妓女在私家花园［Privy Garden，今称白厅花园（Whitehall Gardens）］从他的衣兜里抽走了一块手绢。虽然他有神经质的倾向，却经常在黑咕隆咚的小巷内出没，与姑娘们打情骂俏，并在深夜独自回到家中。他写道："如今街上的抢劫时有发生"，可见他为自己这样做而感到不安，但他从来没有遇到过任何危险。

伦敦的生活，对于中等资产、没有强烈职业需求的年轻绅士们，是惬意而趣味盎然的。鲍斯维尔本人在唐宁街上以 22 镑一年的价格租了房，舒适地安顿下来，之后他下结论说，伦敦"毫无疑问，是人和生活方式都能发挥最大优势的地方……熙熙攘攘的人群、繁忙喧闹的商业和消遣、众多的公共娱乐场所、庄严的教堂和各式各样华丽的建筑，令人内心激动、愉快、振奋"。他或许会在早餐之前去圣詹姆斯公园溜达一圈，10 点左右回屋，房东的女仆会给他端上抹着黄油的面包和松饼，配上一杯热茶。他一边用餐一边读报，偶尔他也会和友人一起在外面吃早餐。

清静的一天，他必这样度过：早晨前往圣保罗教堂庭院内的蔡尔德咖啡店，在壁炉边读报，或者坐在一张小桌旁，与其他顾客拉家常。下午三四点在一家小餐馆——通常是河岸街上的新教堂（New Church）小餐馆——花一先令吃一顿正餐，接下来6点用茶点。接着，在理发师那里做了发型，扑了粉之后，再去拜访友人。回到家之后，有时会请女仆用温热的水为自己洗脚。

在其他日子里，鲍斯维尔会去比小餐馆更贵、更适合交际的地方吃饭，或是多利牛排屋（Dolly's Beefsteak House），或是一家酒馆，如霍尔本的女王头像酒馆（Queen's Head）、罗素街上的玫瑰酒馆、蓓尔美尔的星星与嘉德（Star and Garter）酒家、弗利特街的迈特（Mitre）酒家（约翰逊博士十分喜爱此家），或去科文特花园的莎士比亚头像酒馆（the Shakespeare's Head），他曾经带着在露天广场上挑选的两位女子来此，在包房里为她们点了一瓶雪利酒，为她们唱了一首《乞丐歌剧》（*The Beggar's Opera*）中的插曲，然后"按照她们的资历，依次地"与她们行了云雨之欢。周日，鲍斯维尔通常会待在家中，与唐宁街的房东全家一起用晚餐，吃一顿"上好的烤牛肉，配一块热乎乎的苹果派"。

如果是非常充实而奢侈的一天，有可能包括在河岸街的萨默塞特咖啡店（Somerset Coffee-house）吃早餐，随后与友人散步，再去牛排俱乐部（Beefsteak Club）用晚餐。他最喜欢散步的地方，是在圣殿区，"非常令人愉快的地方。摆脱了弗利特街和河岸街上一切城市的忙碌和喧嚣，突然间发现自己处于愉快的充满学术氛围的僻静之处。眼里看到的是漂亮方便的房子，体面的步行道，还能看到银光闪闪的泰晤士河。古老的大树带来阴凉，乌鸦在头顶上呱呱鸣叫……"。

参观纽盖特监狱就不那么令人愉快了。在等待行刑的囚犯中，他看到了保罗·刘易斯（Paul Lewis）"上校"。刘易斯是苏塞克斯一位牧师的儿子，曾经担任过炮兵军官，后来却变成了拦路抢劫的强盗。刘易斯是一个"文雅、生气勃勃的年轻人"，鲍斯维尔"确实对他很是担忧，希望能够安慰他。他步伐坚定，气宇轩昂，镣铐在身上哐当作响"。

鲍斯维尔的这番参观令他整个下午都十分沮丧。纽盖特监狱"像乌云一般"在他心中挥之不去，他感到自己晚上十分烦闷，便叫自己的理发师朗读大卫·休谟（David Hume）的《英格兰史》(*History of England*) 助他睡眠，但理发师把任务"搞砸了"，鲍斯维尔比先前更加难受。第二天早上，他去观看保罗·刘易斯的绞刑，为了满足一种"可怕的渴望"而去泰伯恩刑场。他爬上一座脚手架，能够清楚地看到"整个凄凉的一幕"。他被可怕的现场"极端地震惊，陷入了深深的悲哀当中"。那天夜里，鲍斯维尔无法入睡，便去和好友安德鲁·厄斯金一起消磨一夜。

牛排俱乐部能够让心灵从这种阴郁的恐惧中解脱出来。俱乐部当时的聚会地点，是在科文特花园剧院楼上的一间屋子内，在它天花板的石膏中，还嵌有原来的建筑在火灾中幸存的铁格架。这是一处非常惬意的地方。俱乐部主席坐在遮篷下的一张椅子上，上方是庄严的座右铭："牛肉与自由。"饱餐牛排，饱饮葡萄酒和潘趣酒之后，众人便开始唱歌。18 世纪 70 年代，俱乐部成员的构成颇为复杂，他们当中包括科文特花园的前经理约翰·毕尔德（John Beard）、演员威廉·哈弗德（William Havard）、煞是有趣的政治家约翰·威尔克斯，以及威尔克斯的朋友查尔斯·丘吉尔（Charles Churchill），丘吉尔是一位言辞刻毒的牧师，他以攻击当时著名演员的讽刺诗《罗修斯之流》(*The Rosciad*) 而闻名。另还有与威尔克斯交恶的三明治勋爵（Lord Sandwich），这位勋爵沉迷于赌博，甚至吃饭都不愿意离开赌桌，而宁愿让侍者拿给他两片面包夹一块猪肉或者鸡肉了事，由此英语中一个新词汇便横空出世。

在牛排俱乐部用过晚餐之后，他们可能会去斗鸡场。去之前，鲍斯维尔会小心地将他的手表、钱袋、皮夹留下，换上旧衣服，将衣袋里装满姜饼、坚果和苹果，再带上一根沉重的橡木手杖。在一排排座椅下方是凹下去的圆形竞技场，斗鸡戴着银色的嘴刺，"暴怒而果决地"打斗着。下注的吼声震耳欲聋，大量的现金迅速地在人们的手中传递。然而，鲍斯维尔却对赌徒们的分神和急躁深感震惊，对可怜的斗鸡充满同情，它们往往会被撕得血肉模糊，惨不忍睹。他环顾周围，却未能看到——霍加斯同样如此——"人们的面容中有哪怕一丁点怜悯的表情"。

要想与更上流的朋友们度过一个夜晚，则可去诺森伯兰府。亏得其父奥钦列克勋爵（Lord Auchinleck）的引荐，鲍斯维尔能够时时得到伯爵夫人的邀请。有时候是小型的私人派对，有时候是较正式的晚宴，不过夜里总有某个时刻，宾客们会坐下来赌牌，赌注之大，吓得鲍斯维尔直打哆嗦。

返家的路上，他常常会找一位姑娘来抚慰自己，这样的姑娘在河岸街和圣詹姆斯公园都很容易找到。偶尔他也会去其他地方挑一位姑娘。有一次他的理发师生病，他无法去诺森伯兰府参加晚宴，于是便在唐宁街的尽头找到一位姑娘，并与她一起走过一条小巷，去了一个隐蔽的地方。还有一次在白厅，他告诉一位姑娘说，他是个强盗，可不可以免费，但遭到姑娘拒绝。还有一天，他在城里和一位姑娘享乐了一番，后来在干草市场的尽头挑了"一位壮实、活泼的少女"，他一时兴起，想在威斯敏斯特桥上与她行欢，让泰晤士河水在他们的身下荡漾，于是他抓着她的胳膊，在那"庄严的建筑"上把这件事情办了。

不过，鲍斯维尔的冒险通常发生在河岸街上。有时候他会带着一位姑娘去附近黑暗的院子里苟且，但不会总是成功。如1763年的一个夏夜，他许诺按常规给一位姑娘六便士，但姑娘却拒不配合并大声尖叫，导致"一大帮妓女和士兵赶来救她"。有时候他会去一家酒馆，如在德鲁里巷看完《麦克白》（Macbeth）的演出之后，他带去了一名"大块头妓女"，她向他露出"巨大身躯的所有部位"，但却不同意让他享用。有时候他会去姑娘的闺房里，比如观看了一年一度的从伦敦桥到切尔西的船夫划船竞赛之后 [5]。在看完竞赛沿着河岸街返家的路上，鲍斯维尔的肩头被轻轻一拍，"是一位漂亮清新的小姑娘……她是一位军官的女儿，出生在直布罗陀"。

鲍斯维尔记录自己冒险的坦诚是不同寻常的，但冒险本身却并非如此。18世纪的伦敦，在一些外国游客的眼中，是一座"充斥风花雪月"的城市。瑞士旅行家凯撒·德·索绪尔（César de Saussure）注意到，许多咖啡店同时也是"维纳斯神殿"，在店铺外面用画着端咖啡壶的女性的胳膊和手的标牌，来宣传他们不仅仅能够提供食物的能力。《亨利之科文特花园女性名录》（*Henry's List of Covent Garden Ladies*）每印出一期新刊，便立即会告售罄。

科文特花园的早期居民放弃此地，搬到汉诺威广场、格罗夫纳广场和卡文迪什广场的新宅邸之后，让这片区域闻名的就是各种妓院、楼上被隔成实用的小隔间的酒馆，以及咖啡店，如汤姆·金（Tom King's）咖啡店，它的创立者是一位老伊顿人，其妻是著名的老鸨。

汤姆·金咖啡店直到午夜才会开张，在它烟雾腾腾的底楼店堂内，装饰着一幅巨大的修士和修女的淫秽图画。从午夜到拂晓，店内人满为患，有浪子、妓女、宫廷贵族、散发着白兰地和烟草味的女商贩。"扫烟囱的人、扒手和充满感伤的贵族，"一份1761年的刊物如此记载，"经常同坐在一条凳子上。"

离汤姆·金咖啡店不远的地方，便是罗素街上的玫瑰酒馆。霍加斯的铜版组画《浪子生涯》（*Rake's Progress*）的第三幅，便是取景于此。在这幅画中，酩酊大醉的浪子在款待一群妓女，其中一个妓女将左手伸进他敞开的衬衫中，右手将他的手表递给一位同伴。

在这幅画的另一侧，一个仆人拿进来一个大锡盘和蜡烛。他是玫瑰酒馆的门房，被称为"皮大衣"。他的名气在于，不仅仅对城里的女人如数家珍，而且力气大得惊人。为了赌一杯酒，他会躺在地上让马车从胸口碾过。画的前景中，一个舞女正在脱去袜子。

对于口味不同的人，也有另一些店供他们选择，如"靠近老贝利街（Old Bailey）尽头"的一家店。一份刊物在乔纳森·怀尔德的授意下，对此处进行了一番描绘，针对的是同性恋警长查尔斯·希钦（Charles Hitchen）。作者称，怀尔德被希钦带到了此处，"大家以'夫人'和'小姐'的称呼向希钦致意。（怀尔德）问及这种非同寻常的敬意原因何在，警长说，这是这家店里特有的常用语言。（怀尔德）没待多久就见到比开始更令人吃惊的情景。男士们互称对方为'亲爱的'，他们拥抱、接吻，互相动手动脚……并且装腔作势、搔首弄姿。一些人告诉其他人说，他们应该因不常去学校而受鞭笞。警长和这些人在一起感到非常愉快。"令他同样非常愉快的，似乎还有一家"位于霍尔本的名店，是这类人常去之处，他们穿上女装，跳舞嬉戏"。

在这样的地方，或在玫瑰酒馆，消磨一晚上的花费并不高。但一两年内在伦敦花掉一大笔钱，却是轻而易举的事情，甚至无需通过赌博来加速金钱的流失。某些交际花陪伴一夜的收费可高达50几尼，在某些上流社会的酒馆——在"西区"（West End）一词普遍使用之前，它们被称为"皇家区酒馆"，一夜的吃喝可以花掉家里的头等男仆一年挣的薪水。

鲍斯维尔每六周25英镑的微薄津贴，很难让他过得奢华。他在伦敦的生活、他的一日三餐和酒水、他的穿衣打扮，在那些年轻富人看来，都是非常窘迫的。这些年轻富人住在格罗夫纳广场，在更衣室内接待访客，随后再开始精心打扮。其打扮由管家和理发师照料，有可能持续两个小时，直到好打扮的公子对衣服、香水、假发和扑粉的脸、剑的佩带、礼帽的倾斜角度感到满意为止。然后他们下楼登上等在门口的轿子。这类人的生活，永恒不变的总是围绕着咖啡店、巧克力店、剧院、会客室、公园和赌场。头一天早上在圣詹姆斯广场的贝蒂水果店吃草莓，第二天又会去康沃尔夫人（Lady Cornewall）的会客室拜早安；头一天晚上去怀特咖啡店赌博，第二天晚上又会去布鲁克斯俱乐部喝酒；头一天下午去坎伯兰公爵家，第二天下午又会去肯辛顿的霍兰德府 [6]。

赌博的输赢往往数目巨大，譬如卢德格谢尔（Ludgershall）选区的议员约翰·布兰德（John Bland）爵士，他的巨额财产全部被他挥霍在双骰子赌博上，有一个晚上他就输掉了 32000 英镑，像他这样的情况绝非个例。千百个像查尔斯·詹姆斯·福克斯（Charles James Fox）那样的人，经常坐下来一赌就是一整夜，为了图吉利，他们用小块皮革将衬衫褶边保护起来，并将外衣反过来穿。福克斯有一次连续不断地赌了24 小时，输掉的钱算起来每分钟达 10 英镑。

外国人有充分的理由认为，赌博是一种全国性的狂热，在伦敦比在巴黎更甚。伦敦人的赌博，并不仅限于各种靠运气的游戏、各种赌牌，也不仅限于体育活动、赛马、斗狗、板球比赛和政治竞赛。他们无所不赌。在怀特咖啡店以及许多类似的场所，都保存有一本赌金簿，里面记录着各种赌注：战争要打多久、各个男性会员将会死去的年龄、他们的妻子会给他们生几个孩子、卡文迪什先生能否成功地"在睡觉之前杀死大青蝇"等等。沃波尔讲了一个故事，也许并非真事，但肯定很是典型而恰当：一位男士某天在怀特咖啡店门外倒在地上，人们立即下了赌注，赌他是死是活。一位有同情心的过路人建议给他放血，立即遭到赌客们的咆哮，他们抗议说，这样会影响打赌的公平。

男人们会坐下来整夜赌博，同样也会坐下来整夜喝酒。博林布鲁

图 11-18 《樱草花山的闲暇时光》：夏日郊游，1791 年。

克（Bolingbroke）会在早上直接从饭桌上离开去办公室，头上还围着一条湿漉漉的餐巾。按照吉尔伯特·埃利奥特（Gilbert Elliot）爵士的说法，"各年龄段的男人"都"极端地"能（喝酒），福克斯"喝得极多"，谢里丹（Sheridan）"超级能喝"，皮特（Pitt）"不输于二人"，而格雷（Grey）"比他们都厉害"。

　　与普通的贵族相比，虽然伦敦中产阶级的生活更加持重而勤勉，但他们的工作时间却很可能比如今短。他们往往会在咖啡店里待上一个小时再去上班，到达办公室的时间往往都在 10 点之后，哪怕办公室就在家的楼下。约莫到下午 4 点便是晚餐时间，在 18 世纪末之前，除了异常勤奋者，其他很少有人在这个时间之后还会继续工作。

　　夏日的傍晚，人们可乘船走水路旅游，或去汉普顿宫苑（Hampton

Court）参观这座宏伟的都铎宫殿[7]；或去切尔西，那儿有唐·索尔特罗（Don Saltero）咖啡店供应伦敦最好的奶黄包；或去位于沃克斯豪尔的史密斯茶园（Smith's Tea Gardens），或位于圣乔治场的芬奇石窟花园（Finch's Grotto Garden）。

伦敦南岸各娱乐花园，是伦敦最主要的乐趣之一，也是伦敦桥长期交通拥堵的原因所在。而且，当伦敦桥还没有竞争对手的时候，这些花园也是泰晤士河上的水手们生意利润的来源。沃克斯豪尔花园依然是最受欢迎的，它并不贵，直到1790年，门票价还依然维持在一先令。而且它永远人满为患，尤其在周六和周日，各阶层的人都有，上自威尔士亲王及其好友，下至店小二、学徒、妓女、扒手，以及不停寻找目标以期在回家路上将其抢光的强盗。花园占地广阔，恋人们常能够在远离明亮路灯、远离乐队喧嚣的小路上，于参天大树下发现一片安静的所在。人们饿了、渴了，花园里通常都有空闲的亭子，可以坐下来喝一瓶葡萄酒、一杯茶或一杯沃克斯豪尔潘趣酒。在特别的日子里，花园里还会举行化装舞会，人们通宵达旦地跳舞。

比沃克斯豪尔花园更贵、更小众的，是拉内拉赫（Ranelagh）娱乐花园，它在切尔西于1742年对外开放，它曾经是极其富有的拉内拉赫勋爵（Lord Ranelagh）的别墅花园。拉内拉赫花园迅速获得成功，光顾它的富人子弟们也承认它"彻底击败了沃克斯豪尔"。圆厅（the Rotonda）是它最主要的景点，在圆厅内和在河边上，都有舞会举行。同沃克斯豪尔花园一样，拉内拉赫花园也有音乐会，有"优雅"的步行道，并且湖上还有盛大的活动，身穿华丽服饰的青年们，用一根长篙竞相把别人击落水中。门票价是半克朗（2.5先令），含咖啡和潘趣酒。

不过，到18世纪末，拉内拉赫花园已逐渐失宠，并于1804年关门大吉。到此时，库柏花园也停止了营业，导致它关门的原因，是"经常光顾的那伙人的挥霍无度"。南岸的许多娱乐花园也不得不步其后尘。位于威斯敏斯特桥路上的花之殿（Temple of Flora），其老板因开设妓院而在1796年锒铛入狱。

在18世纪末，尽管娱乐花园名声不再，名气锐减，却有许多其他的娱乐项目将它们取而代之。在被誉为"牛津街上冬季新拉内拉赫花园"的詹姆斯·怀亚特的万神殿内，有化装舞会、派对、假面舞会。在阿尔马克礼堂里，有盛大的晚会。威廉·阿尔马克（William Almack）是约克郡人，早年给人家当男仆，后来经营咖啡店。18世纪60年代，他在蓓尔美尔开设了他著名的礼堂，对苏活广场科尼利夫人（Mrs Cornelys）礼堂形成了冲击，科尼利夫人礼堂因此很快便失宠。阿尔马克礼堂有赌博室、舞厅和餐厅。来宾们都必须遵守严格的规矩。即使是威灵顿公爵后来穿一条长裤光顾的时候，因没有按照规定穿齐膝马裤，也未能被允许进入。门票是不能转让的，每年须支付10几尼购买年票，

图11-19　阿尔马克礼堂内的上流社会，1821年。

图 11-20　拉内拉赫勋爵府门口的拉内拉赫路，
弗朗西斯·海曼（Francis Hayman）绘（局部）。

而礼堂仅每周开放一次。

承受不起阿尔马克票价的人，可以去那些"公鸡母鸡"俱乐部（男女均可相聚在此饮酒唱歌）、"小快艇"俱乐部（由那些在河上和河岸酒馆享乐的学徒们组成）、政治及辩论俱乐部［如"上议院"俱乐部，在此集会的大部分都是"较风流的律师、检察官和商人"，集会的地点是在钟院（Bell Yard）的三青鱼俱乐部（Three Herrings）］，以及罗宾汉学会（Robin Hood Society），其成员（工匠和商人）在屠夫街（Butcher Row）的罗宾汉酒馆聚会并开展辩论。

其次还有接连不断的集市，包括巴多罗买集市、萨瑟克集市和五月集市；有侏儒罗伯特·鲍威尔（Robert Powell）在科文特花园小广场（Little Piazza）创作的木偶戏；有位于老犹太街（Old Jewry）绿苑（Green Court）的戈德史密斯先生（Mr Goldsmith）蜡像馆，或18世纪下半叶的位于弗利特街的萨蒙夫人（Mrs Salmon）蜡像馆；还有各处诸多的畸形秀：弗利特街上马尔伯勒公爵头像俱乐部（the Duke of Marlborough's Head）内著名的软体表演者，据18世纪初的广告宣传说，此人能够将他的髋骨缠在自己的肩胛骨上；弗利特街上三王苑（Three King's Court）高脚杯（Rummer）酒馆的"神奇的高个子埃塞克斯女人"，18世纪末传闻她"有7英尺（2.13米）高，身材匀称符合比例，尽管年龄尚不足19岁。从早上11点到晚上8点任何时间都能见到。在得到及时通知下，一家人在自己的住处也有可能见到她"；还有"小巨人""神奇巨人""高个子撒克逊女人""科西嘉仙女"；《每日广告报》（*Daily Advertiser*）1778年6月4日报道说，"埃塞俄比亚野人，这种骇人的动物是在欧洲闻所未闻的物种，似乎是理性与野蛮造物之间的一环，因他和人类如此惊人地相似，可算是英国有史以来展出过的最稀奇之物……还有大猩猩，即真正的丛林野人……有八条腿、两根尾巴、

172

图 11-21 科文特花园玫瑰酒馆的狂欢，选自霍加斯《浪子生涯》。

图 11-22 圣约翰林地的洛德板球场（Lord's Cricket Ground）和新别墅：石板版画，约 1830 年。

图 11-23 摄政公园溜冰活动：作为 1838—1839 年冬季时装图样发行的凹版腐蚀版画。

图 11-24 《萨瑟克集市的诙谐与消遣》：1833 年版画，推测为霍加斯作品的复制品。

两颗头，却只有一个身子的小牛；一只非凡的外国猫，一只野老鼠的英勇成就……均在威斯敏斯特桥靠萨里一侧，新客栈（New Inn）对面的宽敞大厅内供公众观赏，票价每人一先令。"

　　再次，还有与畸形秀相竞争的暴力秀。在克勒肯韦尔的新红狮斗鸡场和鸟笼道（Birdcage Walk）的皇家斗鸡场都有斗鸡比赛。在冰球洞的熊园有狗咬熊比赛，同时也有狗咬牛比赛，广告说有些牛发了疯，有些"身上披着爆竹"，还有些尾巴上绑着猫和狗：带狗的人都可以免费入场。在牛津街布劳顿（Broughton）先生的圆形露天竞技场内，偶尔还会看得到老虎：1747 年 12 月，首次在此展出的"一只最凶猛最敏捷、身长 8 英尺的野兽"被恶犬活活咬死。在伊斯灵顿路斯托克斯（Stokes）

173

先生的圆形竞技场内，有强健的女拳手与野人的拳击比赛：这些"亚马逊女战士"当中最有名的是"殊死的佩格"，她于 1768 年的夏天，在伊斯灵顿附近的温泉场公园（Spa Fields）"以一种可怕的方式击败了她的敌手"。

对于不喜欢野蛮运动的人，伦敦还有射击和射箭比赛、河上的赛舟会、圣乔治场的足球赛、羊沟场的圆场棒球赛，还有遍布各处的保龄球馆和桌球室。至 18 世纪末，板球运动也风靡伦敦，而这项运动其实很早就出现了。早在 13 世纪，人们就开始玩早期的板球，它很快就极度风靡，以至于后来被宣布为非法，因为它干扰了人们练箭。约莫 1700 年的时候，伦敦成立了一家俱乐部，在芬斯伯里的炮场举行比赛。但直到约 1780 年，芬斯伯里的运动员们迁至伊斯灵顿的白沟场（White Conduit Fields），成立了白沟板球俱乐部（White Conduit Cricket Club）之后，这项运动才成为全国性的夏季体育项目。温切尔西伯爵（Earl of Winchilsea）是白沟板球俱乐部的创立者之一。苏格兰血统的约克郡人托马斯·洛德（Thomas Lord）为伯爵和他的朋友们管理俱乐部的球场。1767 年，俱乐部更名为马里波恩板球俱乐部（Marylebone Cricket Club），球场从伊斯灵顿搬至马里波恩附近，最终于 1814 年在圣约翰林地安顿下来，这里的洛德球场至今仍是全世界最著名的板球场。[8]

在板球运动的早期，运动员们没有手套和护具，也不必穿正规的服装，他们偏爱戴带黑边的白色大礼帽，但戴黑色便帽和穿红色条纹衬衫也不会受到禁止。成千上万的伦敦人前来观看比赛，更多的是为了赌球，其次才是来欣赏球队的表现，来欢呼叫器、或放狗去沿着球场边界外追球。球场上还有一些精力充沛的姑娘，大部分俱乐部的球队里都由她们担任外野手，她们的清新美丽也是观众们欣赏的一道风景。

在马里波恩板球俱乐部进驻洛德球场之前，有一项新的运动受到

图 11-25　卢纳尔迪（Lunardi）先生的
　　　　热气球升空，1785 年 5 月 13 日。

图 11-26　大卫·加里克（David Garrick）
　　　　扮演的李尔王，1779 年。

了伦敦人的喜爱，它便是热气球运动。每个人都热衷于热气球，沃波尔告诉贺拉斯·曼（Horace Mann）爵士说："法国人给了我们基调，目前为止我们还未做出自己的模型。"不过他们很快就成功了。布朗夏尔（Blanchard）的热气球升空 1783 年在法国实现，不到一年后，那不勒斯驻伦敦大使馆的秘书，带着一条狗、一只猫、一只鸽子，在威尔士亲王的亲眼见证下，乘热气球从芬斯伯里的炮场升空。第二年，另有二人在切尔西的郊外乘热气球升空，从此之后，无论是在格林公园还是沃克斯豪尔花园，每隔不到一个月，就会出现一次伦敦群众引以为乐的热气球升空活动。

　　在整个 18 世纪，伦敦最经久不衰的娱乐源泉之一，便是戏剧表演。

　　在剧场开门之前，老早便有成群结队的人等在门外，因为，要在正厅或者楼座上得到座位，唯一的办法是在演出开始前，自己冲进去或

174

图 11-27 《开怀大笑的观众》：霍加斯版画，1733 年。

者是让仆人冲进去占。1763 年，加里克在德鲁里巷出演《李尔王》的时候，演出 6 点半开始，而正厅里 4 点钟就坐满了人。排队是闻所未闻的，即便是试图排队，也会失控，因此在入口处，伤筋动骨的争抢在所难免。进去之后，观众们基本上还是同莎士比亚时代一样不守规矩，每一幕结束时都会咆哮着表达他们的赞同或谴责，演出过程当中，如果他们不喜欢，就会朝着演员大吼大叫，扔橘子皮，或者无礼地愤然离场。乐队前面有一排高高的尖刺把观众隔开，对于这样的保护措施，乐手们真是没有理由不心存感谢。

座位是硬长凳，通常没有靠背，这更是加重了骚乱的危险。照明使用的是蜡烛，放置在壁式烛台或者枝状吊灯上。在加里克提出采用侧光之前，舞台上也有蜡烛，这也增加了失火的危险。在主戏进行到第三幕结尾之后，座位的价格会打折。1763 年，有剧院试图改变这种习俗，观众们反应极其强烈，他们爆发了骚乱，砸坏了长凳，砸碎了吊灯。 *175* *176*

预期的套路是，在主戏之前，会演奏第一套乐曲、第二套乐曲、第三套乐曲，主戏之后，是滑稽剧或哑剧。的确，在萨德勒之井（Sadler's Well）剧院里，各种演出有时候会长达四个小时，包括两部短喜剧、两部轻歌剧、一场芭蕾舞和一部哑剧，还有大力士、走钢索和杂技表演。为了在这样的戏剧马拉松中留住观众，固定在长凳后的搁板上，会摆上排骨、馅饼和葡萄酒等餐食。

当然，很少有人能坐着看完整个演出。德鲁里巷和干草市场剧院的那些经理们，都深知这一点。实际上，来看演出的人，总包括许多仅仅是为了约会的人，或者来看看酒吧里的姑娘们要价如何的人。在霍加斯画作《开怀大笑的观众》中，尽管演出是那么的吸引剧场内的观众，但包厢内的男士显然对卖橘子的姑娘要感兴趣许多。

对于那些更愿意体验生活的喜怒哀乐而不是舞台演出的人，伦敦也在不停地上演着一出出荒诞、震惊、感伤或滑稽的悲喜剧。

比如，伦敦的丧礼就是一种悲伤但却可笑的仪式。死亡通知以一种黑框卡片的方式发布。卡片上印着各种各样的警示符号，有骷髅、交叉腿骨，或沙漏、拿着镰刀的老头。逝者的居所被关上窗户、拉上窗帘，门环用法兰绒包裹起来，在前门的阶梯上，站立着一位脸色苍白、身穿黑衣的职业哑人，他表演着极端的痛苦和绝望，报酬是一小时六便士，逢周日还会加价。屋内挂着黑幔的房间内，逝者躺在棺材里，他的脸上化了妆，显得宛然如生，周围是一圈高耸的蜡烛。前来悼念的宾客会得到一双黑手套用来端酒喝，而整个丧礼充斥着大量的啤酒和葡萄酒。

如果说丧礼算得上稀奇古怪，那么，在弗利特监狱周围偷偷摸摸地举行的许多婚礼，就更可谓怪上加怪了。不过在 1754 年《婚姻法》颁布之后，这种做法被宣布为非法。一开始，由因欠债而入狱的教区牧师主持的结婚仪式，是在监狱的小礼拜堂举行，但后来，由于婚礼的数量急剧增加，加之神职债务人白天被允许出监，因此婚礼举办的地点便扩大到酒馆、白兰地酒商店等等，实际上，只要有标牌上画着一男一女携手、下面写着一行字："婚礼在内举办"的地方，都可举办婚礼。费用非常低廉，够牧师喝酒抽烟便可。取决于情况之需要，婚姻可登记在一本笔记簿上，也可被遗忘；取决于想象力之大小，登记的内容可真，亦可假。"弗利特婚礼"在各阶层中都广受追捧，亨利·福克斯先生（Hon. Henry Fox）1744 年按照《弗利特条例》与乔治安娜·伦诺克斯女士（Lady Georgiana Lennox）成婚。对于德特福德水手亚历山大·邦茨（Alexander Bunts）和他的新娘玛莎·诺伍德（Martha Norwood）这类人而言，弗利特婚礼也同样方便。按照举办婚礼酒馆老板的叙述，那次婚礼"非常恶劣且残暴，在东区这一角引发骚乱，我女儿吉蒂被打，他们发誓诅咒说，如果牧师或我胆敢出去，他们会打得我们鲜血直流，他们

177

当中有个女人，名字我不记得了，她一而再再而三地咒骂说，她要把她的巨人叫来，打断我们的骨头，如果我们胆敢去德特福德，就不要想活着离开。打孩子的人是邦茨的妻子……邦茨打了我"。

在许多游客看来，伦敦的奇事和奇迹，它的财富、肮脏、繁荣、自负，导致它成为一种令人沮丧的物质膨胀而精神衰退的病态混合体。当他们乘坐的公共马车到达皮卡迪利大街上的牛嘴（Bull and Mouth）驿站，或者位于查令十字的金十字（Golden Cross）驿站，或者钟院，或者萨瑟克的乔治驿站 9，哐当一声停下来之后，他们对都城各种奇观的兴奋心情，必将会被它刺眼的缺陷带来的惊恐所刺痛。

于肯辛顿农民威廉·科贝特（William Cobbett）而言，摄政时期的伦敦是个"大脓疮"（the Great Wen）；于兰开夏的织工塞缪尔·班福德（Samuel Bamford）而言，它却是"伟大的巴比伦"。上流社会是自私、招摇而粗俗的，男人们穿紧身衣、过度打扮，女人们花枝招展、过于招摇。穷人们挤在大多数有钱人不愿多想的肮脏出租屋内，因不满、贫困而被迫走上犯罪道路。即使是科贝特和班福德都未曾留意的那些华美的新建筑，也遭到其他批评家广泛的谴责。他们看到的是希腊、罗马、哥特、埃及和东方风格的杂乱混合，同早期大师们古典的优雅与朴素相比，是一种可悲的衰落。普克勒尔-姆斯考大公（Prince Pückler-Muskau）形容纳西的建筑是"大怪物"；玛丽亚·艾奇沃斯（Maria Edgeworth）"对摄政公园里建的新城感到非常吃惊，对那些石膏雕像，以及挤满伪劣雕像的可怕而无用的拱门和山形墙感到愤怒，过不了一两年，湿气和烟雾必会毁掉它们"。

178

这些指责是可以理解的。有不少纳西的作品，的确反映出他那个时代浮夸、奢侈、花哨、过度俗艳和亮丽肤浅之风气。尽管对于外地人才，伦敦是一块吸铁石，但它同样也吸引了轻浮与草率之人，唯利是图

图 11-28　位于萨瑟克的圣乔治收费卡［今圆形广场（Circus）］，1809 年版画。

和恶毒缺德之人。不管是不是脓疮，它都不可否认地以惊人的速度和可叹的方式在持续扩张。

至乔治四世加冕的 1821 年，伦敦的人口已经突破百万，增长的相当一部分源于持续不断地来自德意志、法国、丹麦和瑞典的外国移民，也源于不断涌入的爱尔兰人和苏格兰人、希望在城市找到工作和高收入的乡下人，以及黑人。这些外埠移民中的绝大多数，都加入了他们同胞的行列，在这座城市属于自己的特定一隅，安营扎寨在日益拥挤不堪的居所。比如，法国人大多聚居在苏活区的某些街道、卡尔纳比街（Carnaby Street），以及莫菲尔德和斯皮塔佛德。在 18 世纪 70 年代已经多达一万人的黑人，主要是些被解放、被弃用或逃跑的奴隶，都拥挤在伦敦塔以东河岸边的那些棚屋内。

正是在此时，伦敦开始成为世界最强帝国的商业中心。它的贸易在 18 世纪翻了五倍，并且，在 19 世纪的头五年，四座巨大的新码头建了起来：西印度码头（the West India Dock）、伦敦码头（the London Dock）、萨里码头（the Surrey Dock）和东印度码头（the East India Dock）。在参观了这些新码头之后，普克勒尔-姆斯考大公惊叹道："多么了不起的建筑、货物和船舶！"比起用"蒸汽机"驱动机器的巴克利珀金斯啤酒厂（Barclay and Perkins' Brewery），它们甚至更令人难忘。大公在西印度码头考察了砖构仓库，惊叹于它们的巨大。里面存放着价值两千万英镑的货物，两千名工人在起重机、绞索、吊车和滑轮当中忙碌地工作。他惊讶于工人们完成的工作量，更令他惊讶的，是港口吞吐的富饶物资，是商人、银行家、土地所有者和投机商发的财，以及人们对财富的崇敬，在新时代的曙光中，财富已是极其重要的一方面。

第十二章 "混乱的铁宝藏和砖块的荒野"

（1834—1886 年）

图 12-1 《铁路下的伦敦》：古斯塔夫·多雷（Gustave Doré）版画，1872 年。

1834 年，即威廉四世果断地解散梅尔本勋爵政府、约瑟夫·阿洛伊修斯·汉瑟姆（Joseph Aloysius Hansom）向好奇的公众介绍他的"专利安全驾驶室"的那一年，伦敦—伯明翰铁路在罗伯特·史蒂文森（Robert Stephenson）的指导下开始了建设。

　　四年前开通的利物浦—曼彻斯特铁路的成功，煽起了一股"铁路狂热"，很快席卷全国，导致议会在维多利亚女王执政的头三年，就批准投建数十万英里铁路，将不少人变成了百万富翁。他们侵吞别人的财富，并永远地改变了伦敦的外貌和特点。"现在和过去之间有多大的鸿沟啊，"萨克雷（Thackeray）笔下的一位人物说，"过去是旧世界……但你们的铁路开启了一个新纪元……生活在铁路之前、从古代世界中幸存下来的我们，就像挪亚方舟中走出来的挪亚王和他的家人。"

　　伦敦—伯明翰铁路从北郊穿过，经过卡姆登镇小站之后，再到达位于尤斯顿广场（Euston Square）的终点站。由菲利普·哈德威克（Philip Hardwick）设计的巨型多立克式拱门，竖立在这伦敦第一座火车枢纽总站的入口处，向史蒂文森的卓然成就恰如其分地表达着敬意。

　　尤斯顿站于 1838 年投入使用。但至此时，伦敦—伯明翰铁路已不 *182*

是伦敦的唯一铁路，伦敦至格林威治的一条铁路线投入使用已经两年，伦敦—布莱克沃尔铁路已将轨道铺设到了位于芬丘奇街（Fenchurch Street）的终点站。紧随其后的是通往克里登（Croydon）、南安普敦、黑斯廷斯（Hastings）和多佛的数条铁路线。在接下来的几年里，数座枢纽站也紧跟着尤斯顿站建了起来，它们大部分都有大酒店相毗邻。

这一交通革命改变了伦敦的广大地区。早在1844年，当大西部铁路（the Great Western Railway）在帕丁顿的主教街（Bishop's Street）上修建伦敦终点站的时候，一位外国游客就注意到，一片"崭新而值得注意的地区"，因这里的铁路站建设而焕发出生机。其他主铁路站一旦开始建设，周围也以同样的方式开始发展起来。同时，为了铺设通向这些车站的铁轨，成片的房屋、街道和广场都被拆除，数万居民无家可归。伦敦—伯明翰铁路建设期间，两万人被迫放弃了他们的家园，其中大部

图12-2　尤斯顿火车站，约1838年：出发站台上的一列火车以及到达站台。

图 12-3　在卡姆登镇修建苏格兰人公司发动机车间的挖掘现场，1839 年。

分人不愿意搬迁到远处，便挤在附近人口已经过度密集的地区，成百上千的人涌入被中产阶级放弃的房屋之中。而本住在这里的中产阶级已经利用铁路的优势，搬迁到了离伦敦城中心更远的地区。

铁路公司对他们拆除房屋的住户在法律上负有责任。但他们并不会总是履行责任，而且他们提供给租户的新房，往往租金高得让人无法承担。北伦敦铁路公司（North London Railway Company）为了铺设两英里轨道，就拆掉了 900 座房子，而且公司也没有能力充分地重新安置住户。

在《董贝父子》（*Dombey and Son*）当中，狄更斯描写了卡姆登镇的巨变，房屋被拆毁了，街道遭到了破坏、被阻断了，地面上沟壑纵横，泥土高高堆积起来，地基受到损害的建筑物摇摇欲坠，勉强靠着粗大的

183

梁木支撑着。"翻倒的手推车挤在一起，乱七八糟地躺在人为形成的陡峭山丘底部；珍贵的铁制物品横七竖八地浸泡在意外形成的池塘中生锈。处处都是不知通向何处的桥梁，无法通行的街道。通天塔似的烟囱少了半截，临时搭建的木屋和破旧的公寓、未完工的残垣断壁、成堆的脚手架、大片的乱砖头、吊车的巨大身影和空地上的三脚架比比皆是。"

卡姆登镇之后便轮到了巴恩斯伯里（Barnsbury）、普里德街（Praed Street）和查令十字、萨瑟克的皮姆利科和伦敦城。铁轨、站台、调车场、发动机库、维修站和售票厅、休息室、煤仓占领了成千上万亩的土地。一座又一座新车站的弧形玻璃顶搭建起来，横跨在铁轨的上方。伊桑巴德·金德姆·布鲁内尔（Isambard Kingdom Brunel）在马修·迪格比·怀亚特（Matthew Digby Wyatt）和欧文·琼斯（Owen Jones）的帮助下，采用以熟铁和玻璃为材料的拱顶结构，为大西部铁路（the Great Western）终点站封了顶，给当时英国最大、最豪华的酒店提供了一座相得益彰的醒目附属建筑。在国王十字车站（King's Cross），车站建筑商的弟弟路易斯·丘比特（Lewis Cubitt）设计了由拱廊、拱顶、威尼斯式窗和一座高120英尺的钟塔组成的建筑群，为大北方铁路（the Great Northern）的顾客提供服务。为了进一步为他们提供便利，毗邻的酒店也于1854年开门迎客。意大利风格的黑衣修士站和宽街（Broad Street）站，拥有白砖和山形墙正立面的芬丘奇街站的兰利（Langley）扩建部分，坎农街（Cannon Street）上为东南铁路（South Eastern Railway）修建的古怪建筑，格罗夫纳地产内毗邻格罗夫纳酒店（Grosvenor Hotel）为伦敦、查塔姆及多佛铁路（London, Chatham and Dover Railway）修建的以女王的名字命名的宏伟建筑，约翰·霍克肖（John Hawkshaw）的查令十字站和车站前方 E. M. 巴里（E. M. Barry）的装饰华丽的酒店，高耸在圣潘克拉斯（St Pancras）的乔治·吉尔伯特·斯科特（George

Gilbert Scott）爵士的精美而辉煌的哥特式超大酒店和火车站，全部都建于 1863—1886 年间。[1]

184

铁路的到来，不仅改变了伦敦的外貌，同时也改变了它的整体形状和特点。富人们总是能够居住在城中心之外，每天早上乘着自家的马车进城，尽管他们的马夫们发现，在拥挤的交通中驾驭马已经变得越来越难。而另一方面，穷人们却不得不生活在离工作地点步行可及的地方，所谓的步行距离，可比如今的概念要大得多：早上长途跋涉四英里去上班，夜里再拖着疲惫的脚步回家，这样的情形可谓稀松平常。伦敦的公共马车出现在 1829 年，但是票价大大超出了大部分办公室职员和几乎所有体力劳动者能够负担的水平。在 1846 年之前，二便士的票价是闻所未闻的：从帕丁顿附近的约克郡斯丁格（Stingo）到苏格兰银行的票价是一先令，从伊斯灵顿的安吉尔到该银行的票价是六便士。

相比之下，火车的票价则较为便宜，而且火车也十分迅捷。因此，随着郊区铁路线的延伸，人们后来也能够居住在离工作地点越来越远的地方了。在诺伍德、海格特、西德纳姆（Sydenham）、坎伯威尔等地服务于新兴的火车旅客的新郊区发展起来之后，城里作为居住地的功能，几乎是完全衰落了。

在铁路到来之前，伦敦已经处于迅速发展之中。在 19 世纪的头 30 年，它的人口从 86.5 万增加到 150 万。每天穿行于伦敦桥的人数 1837 年达到 9 万。在铁路的作用下，伦敦得以继续向外扩展，人口更是加速增长。在 1841 年之后，每过 10 年，在都城和周边生活的人口就会增加差不多 50 万。到 1845 年，街上的交通拥堵已经十分严重，以至于伦敦不得不成立皇家专门调查委员会（Royal Commission）来审议减轻交通拥堵的提案。伦敦市中心早已变得拥挤不堪，有成千上万的行人、马车、手推车、各种双轮轻便马车、四轮马车，还有两万名骑马者、往史密斯菲尔德而去的无数彼此相撞的动物，还包括几十辆公共马车。

查尔斯·皮尔斯（Charles Pearson），这位尽职而热心的伦敦市测量师，向皇家专门调查委员会提交了一份最为惊人的减轻交通负担的提议。皮尔斯建议，由于从街道的层面上而言，伦敦已经无法给人们提供舒适出行的足够空间，那么就应该在地下来运送他们。这个不切实际的想法立即招来无数的反对意见：线路之上的房屋会垮塌到隧道中；为着这样的目的在地下挖洞，肯定会违背上帝的旨意；威灵顿公爵担心的是，有一天法国军队会神不知鬼不觉悄悄乘火车抵达伦敦，这种担心得到人们普遍认同。但皮尔斯却坚持己见，并说服了城里的好几位富人，

图 12-4　第一列地下蒸汽火车：1863 年 5 月 24 日，大都会线（Metropolitan Line）于 1864 年开通之前，在以艾奇韦尔路（Edgware Road）为起点的第一段的首次运行；乘客包括格莱斯顿（Gladstone）夫妇。

图 12-5　蕾切尔小姐（Mlle Rachel）在女王陛下剧院（Her Majesty's Theatre）的
告别义演，1841 年 6 月，E. 拉米（E. Lami）绘。

图 12-6　上流社会家庭的晚祷：E. 拉米作品石版版画复制品，1829 年。

图 12-7　交通比较——版画中 1832 年的驾驶员与 1852 年的驾驶员。

THE DRIVER OF 1852.

让他们确信地下铁路会获取丰厚的回报，最后，他终于如愿以偿了。然而，这却是一项长期的艰苦奋斗，1863年，北大都会铁路公司（North Metropolitan Railway Company）于开业之日，在帕丁顿至市区的地下轨道上运送了三万名乘客，而这一年，查尔斯·皮尔斯却离开了人世。

因为修建铁路和同步建设新道路，成千上万的贫困家庭失去了居所，但他们却不愿意搬迁到离以前的家太远的地方。不过，办公职员、技艺高超的工匠、公务员、学校校长和书店店主，却都加入了不断膨胀的离去大军当中，搬迁至投机建筑商以随意而不受控制的方式建设的新住宅区，这种方式早已确定了伦敦发展杂乱无序的模式。社区围绕着偏远的新火车站发展起来，或许起初只有几排别墅，但很快就形成了能够生活的小镇，哪怕仅仅是临时的生活。从外表看，这些新郊区很令人失望。房子都长得一个样，造价也十分低廉，外形和色调都单调而压抑，要么是一排排的排屋，要么是整齐排列的成对的半独立小屋。迪斯雷利（Disraeli）① 对这种沉闷重复的平庸大加抱怨："没有比这更乏味、更无趣、更统一的了。圣潘克拉斯跟马里波恩一个样，马里波恩跟帕丁顿一个样。"他难免还会说，塔尔斯山（Tulse Hill）跟坎伯威尔、九榆树区（Nine Elms）跟新十字区（New Cross）也是一个样。

然而，维多利亚时代郊区的这种发展，对于缓解伦敦市中心和东区贫民窟的过度拥挤，并没有起到多少作用。在肖尔迪奇、圣吉尔斯、哈克尼、贝斯纳绿地、兰贝斯、柏蒙西、巴特西、白衣修士区，以及磨刀

---

① 本杰明·迪斯雷利（Benjamin Disraeli，1804—1881年），犹太人。第一代比肯斯菲尔德伯爵（1st Earl of Beaconsfield），嘉德勋爵士。英国保守党领袖、三届内阁财政大臣，两度出任英国首相（1868、1874—1880年）。在把托利党改造为保守党的过程中起了重大作用。在任期内为英国的殖民扩张也起到了重要作用。他还是一位小说家，社会、政治名声使他在历任英国首相中占有特殊地位。——译注

石公园和哈顿花园（Hatton Garden）等曾经豪华宅邸林立的地区，贫民窟肮脏和拥挤的程度令人震惊。芯在改革的人们，试图努力去改变这种糟糕的状况，但他们需要通过的太多臃肿的政府机构，不但帮不上忙，反而往往成为他们的绊脚石。在市中心之外，伦敦的行政管理机构多达 300 多家，其中包括 78 家权力模糊的教区委员会。有铺路委员会（Paving Boards）、污水委员会（Sewage Commissioners）、测量委员会（Boards of Surveyors）、健康委员会（Committees of Health）等，然而，不管他们是单个还是联合起来，却都于事无助。比如，圣潘克拉斯拥有 16 家铺路委员会，按照 29 项议会法案行事，而该教区路面铺设的糟糕状况却臭名远扬。即使在大都会工程委员会（the Metropolitan Board of Works）等中央机构创立之后，沙夫茨伯里勋爵（Lord Shaftesbury）、柏德特-库茨男爵夫人（Baroness Burdett-Coutts）、奥克塔维亚·希尔（Octavia Hill）、美国商人乔治·皮博迪（George Peabody）等开明的改革者所经历的麻烦和遇到的障碍，如果不是具备非凡耐心和毅力的人，都会望而却步的。当然，因这种坚定的私人慈善事业而不经意形成的新"模式"公寓街区和工匠住宅，也说不上比它们所取代的贫民窟好到哪里去。这些房子，通常以廉价的黑砖砌成，烟尘和煤灰往往又把它们熏得更黑，阳台上安装着铁栏杆，陡峭的楼梯以石头砌成，院子里铺着惨淡的柏油，对于一些住户而言，它们更像是监狱而不是住房。不过，"改善劳动阶层条件之阿尔伯特亲王社区"（Prince Albert's Society for Improving the Condition of the Labouring Classes）却不那么沉闷。它的首批楼宇建在贝格尼基井（Bagnigge Wells）。即便如它们，也还是弥漫着一种浓重的济贫院气氛。

但起码它们的卫生条件有所改善，这已是很不简单。因为在 19 世纪中叶，伦敦市郊的排水和供水系统不仅严重不足，而且已成为健康和生命的持续威胁，霍乱同曾经的瘟疫一样成为常客。

　　供水从一开始就不足而且也不洁净。许多人像他们几百年来的先辈一样地使用着匮乏而肮脏的水源，从街上的公共储水管中接水灌满他们的碗和壶。一条管道通常服务的人家多达16户，而且每周只通水几分钟。向九家供水公司中的任何一家付费接通供水管道的人家，也只能保证每周大约八九个小时的供水。伦敦大部分的供水依然来源于泰晤士河，尽管河水已经受到严重的污染。河水的污染来自下水道，包括此时已经成为地下河的弗利特河的污水、马厩的粪便、腐烂的海鱼、海鸟粪，而且，时已至此，屠宰场、屠马场、制革厂、焦油沥青蒸馏厂还在

图 12-8　公共澡堂：多雷版画。

图 12-9　维多利亚女王主持的 1851 年万国工业博览会（the Great Exhibition）开幕式

往河里大扔垃圾和内脏。河水的颜色绿得发黑，又厚又稠，每次退潮之时，油腻而臭烘烘的浮渣就会沉积在淤泥之上。1858 年那个干燥炎热的夏天，如果不用手绢紧掩口鼻，人们简直没法在威斯敏斯特桥上行走，如果乘船在河上航行，人们也无法不感到恶心。在下议院，如果不用浸泡过漂白粉的窗帘死死捂住所有的窗户，人们根本无法呼吸。

在此之前的 1849 年，伦敦下水道系统的糟糕状况——如果无数臭不可闻的漏水管道、没有盖子的污水坑、恶臭弥漫的水沟、臭气熏天的茅厕和乌烟瘴气的排水沟能被称为系统的话——加上伦敦 218 英亩浅且过度拥挤的废物掩埋场的恶心状况，以及街道上弥漫的充满烟尘、散播疾病的雾气，造成了霍乱大暴发，在其毒性的高峰时期，每天死亡的人数达到 400 例。大部分的死者都分布在条件极其恶劣而骇人的贫民窟，包括圣吉尔斯的贫民窟，在这里，房屋不足 100 间，但挤在里面的居住者将近 3000 人，他们几乎被自己的污水闷死了。

至 19 世纪末，伦敦的下水道系统已经大为改善，尽管如此，对于极度贫困的人，过度拥挤造成的恶劣条件却依然没有改观，并且，按照沙夫茨伯里勋爵的说法，在这座都城的某些角落，条件实际上还不如以前。比如，即使都到了 19 世纪 80 年代，在斯皮塔佛德的一座九间卧室的房屋里，还有 63 个人仅靠九张床而生活。皇家住房专门调查委员会（Royal Commission on Housing）报告说，无数的家庭共用茅厕，月月粪水满溢，在伦敦的某些区域，茅厕实际上"被无家可归的穷人当成睡觉的地方"。

"伦敦这座污秽之城，"约翰·拉斯金（John Ruskin）在 19 世纪 60 年代发出痛苦的呐喊，"——吵闹、喧嚣、烟雾笼罩、臭气熏天——可怕的发霉的砖头堆，每个毛孔都散发着毒气……"

受苦受难的不仅仅是穷人，当然，穷人的苦难最为深重。在最漂亮、最昂贵的地段，依然还有不少住房因下水道存在问题而威胁到住户的健康。尽管在此之前很久，执着而直言不讳的埃德温·查德威克（Edwin Chadwick）① 已发起运动改革了其他地方更为恶劣的弊端。贝尔格雷夫广场、伊顿广场、海德公园花园（Hyde Park Gardens）、卡文迪什广场、布莱恩斯滕广场、曼彻斯特广场和波特曼广场的下水道，按照一份官方报告的说法，都充满了"极臭的沉积物，许多房子的下水道都被堵塞，散发出强烈的恶臭"。有些下水道已经非常老化，不可能尝试通过冲洗来除去"它们令人作呕的沉积物"，因为这样一来，"整个管道都会被一起冲毁"。

在上流社会甚至在王室当中，伤寒乃是一种常见病。维多利亚女王在白金汉宫的寝宫，是通过公共下水道进行通风的。在许多其他的大宅邸内，每夜都有成群结队的老鼠从下水道窜出，到处寻觅食物。据报道说，富裕家庭也难免有孩子睡在婴儿床上遭到袭击的事件。

19 世纪下半叶，看似顽固的伦敦贫民窟问题，因大都会工程委员会（the Metropolitan Board of Works）承担的伦敦重新规划而在某种程度上得到缓解。数代人以来都迫切需要的宽阔的新路，从贫民窟的地界穿过，将大量的房屋清除。这种模式是 19 世纪三四十年代建立起来的，包括拆迁费用 150 万英镑的通往新伦敦桥的道路建设、将圣马丁教堂周围被称为粥岛（Porridge Island）的杂乱贫民窟清除的特拉法尔加广场的重新布局，也包括利物浦街的改造、亨格福德市场（Hungerford Market）的重建、亨格福德桥的修建，还包括从臭名昭著的圣吉尔斯贫民窟的部分地区穿过的新牛津街的建设。这些工程的花费纵然庞

189

---

① 埃德温·查德威克爵士（Sir Edwin Chadwick，1800—1890 年），英国社会改革家，以其在英国《济贫法》改革和在城市卫生和公共卫生领域领导重大改革而闻名，被誉为英国卫生之父。——译注

图 12-10　老伦敦桥以及正在建设中的新桥，1828 年。

大，但同后来大都会工程委员会的花费相比，简直就是小巫见大巫了。因为该委员会的责任，不仅包括大面积的主下水道新系统，以及维多利亚、阿尔伯特和切尔西路堤的建设，还包括维多利亚时期伦敦引以为傲的错综复杂的道路建设：威斯敏斯特的维多利亚街（Victoria Street）、市中心的维多利亚女王街（Queen Victoria Street）、诺森伯兰大街（Northumberland Avenue）、萨瑟克街、查令十字街（Charing Cross Street）和沙夫茨伯里大街（Shaftesbury Avenue）。

维多利亚街从威斯敏斯特大教堂西侧的贫民窟穿过，通向维多利亚火车站。维多利亚女王街则是从英格兰银行到黑衣修士桥的道路向东延伸的一条长街，它由维多利亚路堤继续沿河岸延伸，一直通往威斯敏斯特桥旁的议会大厦。诺森伯兰大街穿过以前的诺森伯兰府花园，将查令十字与亨格福德桥旁的维多利亚路堤相连。萨瑟克街将通往伦敦桥的几条路与黑衣修士路相连；查令十字街在特拉法尔加广场北侧开辟了一条新通道。沙夫茨伯里大街为霍尔本至皮卡迪利提供了更便捷的通道。

至 19 世纪 80 年代末，这些大街的最后两条建设完毕之后，人口已近五百万的伦敦，其规模已经扩大到仅一白年前都无法想象的程度。"亚历山大的军队是征服的伟大缔造者，"威尔基·柯林斯（Wilkie Collins）在《捉迷藏》（*Hide and Seek*）一书中写道，"但配备着砂浆桶、泥刀、砖窑的现代游击大军，才是最伟大的征服者，因为他们一旦拥有了土地，掌控的时间将是最长……土地上铭刻着征服者的谋略：*这片土地以租地造屋权出租*。" *190*

从膨胀的城中心向外延伸的狭长房屋带，消失在于它们之间的空地卜覆盖的大量建筑物当中。在城郊的火车站周围发展起来的新社区，像早先的乡村一样，被不断扩张的城镇包围起来。河岸边曾经孤独的工业中心再也不孤独。这儿那儿间或有一片公用地：或许是曾经的中世纪社区的共用土地，或者是一座公园，或是伊丽莎白时代遗留下来的被煤烟熏黑的庄园——只有它们才逃得过建筑商的铁铲。

在城北，密密麻麻的楼群已经延伸至中产阶级的大本营汉普斯特德、海格特、斯特劳德绿地（Stroud Green）和斯坦福山（Stamford Hill）。在城西，贝斯沃特（Bayswater）与牧羊丛（Shepherd's Bush）、骑士桥与富勒姆（Fulham）之间，此时已无空旷的乡野。建筑密集 *191* 的贝斯沃特与诺丁山建成稍早，海德公园花园于 1836 年建成，伦斯特广场（Leinster Square）、王子广场（Princes Square）和兰卡斯特门（Lancaster Gate）也于 19 世纪 50 年代建了起来。在城南，除旺兹沃思（Wandsworth）、克拉珀姆和遍及坎伯威尔和德特福德的密集建筑群之外，还有成排的新房一直延伸到图庭（Tooting）、达利奇（Dulwich）和布罗克利（Brockley）。伦敦的东区，也穿过贝斯纳绿地和波普拉（Poplar），一直扩大到麦尔安德（Mild End）和坎宁镇（Canning Town）。

图 12-11 查令十字处泰晤士河堤的剖视图，
显示出大都会铁路和更低处的下水道，1867 年。

图 12-12 乔治·吉尔伯特·斯科特为外交部修建的豪华宫殿。

在这砖、石、瓦、板、玻璃和铁建成的庞大阵列内，新的公共建筑以前所未有的规模涌现。贫民儿童免费学校、地方纳税人董事会管理的学校、医院、监狱、机械学院、仓库、音乐厅、豪华小酒店、博物馆、演讲室、酒店、兵营、银行、保险公司大楼、教堂、礼拜堂，它们出现的速度是如此惊人，以至于街道几乎每过十年就会变得面目全非。1873年，一座巨大的邮政局新总部大楼在圣马丁大道上耸立起来。1874年，羊毛交易所（the Wool Exchange）出现在科尔曼街（Coleman Street）上。1879年，骑士桥兵营建成。1882年，伦敦城市学院（the City of London school）建立。1884年，圣保罗中学（St Paul's School）和布朗普顿圣堂（Brompton Oratory）建立[2]。1885年，证券交易所扩建[3]。1886年，市政厅音乐学院（Guildhall School of Music）和市政厅美术馆（Guildhall Art Gallery）建立。1874—1882年，G.E. 斯特雷特（G. E. Street）设计的皇家法院在河岸街建成[4]。1894年，海军部新增的大楼动工，1894年，一座更大的战争办公室设计出台，为查令十字和议会广场之间的几座政府大楼增添了新的成员。威斯敏斯特的这片区域，业已承载着沉甸甸的分量，这里耸立着1847年完工的财政部，以及于1873年建成的乔治·吉尔伯特·斯科特的意大利16世纪文艺风格的豪华宫殿（cinquecento palazzo）——外交部[5]。

由于建于摄政时期的码头已无法满足需要，因此在泰晤士河下游，伦敦塔以南，用于取代或补充它们的许多码头也建了起来：1855年的皇家维多利亚码头（the Royal Victoria Dock）、1868年的米尔沃尔码头（Millwall Dock）、1870年的西南印度码头（the South-West India Dock）、1880年的皇家阿尔伯特码头（the Royal Albert Dock）、1886年蒂尔伯里的数座码头。布莱克威尔隧道（Blackwell Tunnel）于1897年开通，在此三年之前，伦敦塔桥（Tower Bridge）首次抬起了它的两块桥面，这副上千吨的活动桁架，可实现船只从桥下通过，直抵伦敦塔与腌鲱鱼梯道（Pickle Herring Stairs）之间的泰晤士河上游，其抬升桥面的机械功能至今从未发生过故障。

1834年，威斯敏斯特宫，即在撒克逊王宫原址上的威斯敏斯特厅周围发展起来的、包括议会大厦在内的那一片建筑群，被一把火烧成灰烬。原因是两名急于回家的工人，用工程监督弃置不用的木制计数棒将火炉填塞得太满。新建筑被定为必须是"哥特风格或伊丽莎白一世时代风格"。在次年举行的设计大赛上，有97种设计方案提交上来，其中仅六种为伊丽莎白一世时代风格。

查尔斯·巴里提交的图纸入选，不过，几年前才设计了旅行者俱乐部（the Traveller's Club）的巴里，自己更偏爱意大利风格。但他招募了23岁的奥古斯塔斯·普金（Augustus Pugin）当助手，这位年轻人虽说不上对哥特式风格陷于狂热，却也颇为热衷。看来是他漂亮、精密、详尽的图纸契合了委员们的想象力，在很大程度上左右了他们的决定。

二人合作颇有成效：巴里谨慎、踏实、讲求实际，性格非常适合与头脑迟钝的委员们打交道，他在规划方面的天赋，确保了这座建筑尽管外形独特，但却具备实用性。普金易变、神经质、有歇斯底里的倾向，他在40岁的时候就因发疯而离世。他活泼的想象力、富有创造力的热忱，为巴里的庞然大物增添了色彩缤纷、错综复杂的装饰效果。

工程于1840年启动，七年之后，上议院大厦完工，纳撒尼尔·霍桑（Nathaniel Hawthorne）评价说，"没有哪座建筑，能和它的华丽庄严相比"。在接下来的五年，其余的建筑也逐步到位：被称为"大本钟"（Big Ben）的钟塔于1858年完工，带小尖塔的维多利亚塔（Victoria Tower）于1860年完工。[6]

193 　在威斯敏斯特宫临近完工之时，另一座无与伦比的杰作在海德公园

图 12-13　当时的一张照片，拍摄了万国博览会上展出的一些雕塑。

内以怪异而宏伟的身姿拔地而起，它就是水晶宫（the Crystal Palace），一座由 4000 吨钢铁和 400 吨玻璃搭建的不朽建筑。它长度近 2000 英尺，宽度超过 400 英尺，它的缔造者，是一位来自贝德福德郡的园艺师，后来被封爵的约瑟夫·帕克斯顿（Joseph Paxton）。

设计水晶宫的目的，是为了承办 1851 年的万国工业博览会。这项展览会是两年前由阿尔伯特亲王在艺术协会的会议上提出举办的。最初人们偏向砖结构建筑，但提交的最低预算都达 12 万英镑，这个数目为众多反对展览会的人提供了反对的新理由。于是，当帕克斯顿的图纸——以他为查特斯沃思（Chatsworth）的德文郡公爵（Duke of Devonshire）修建的温室为模型，出现在《伦敦新闻画报》（*Illustrated London News*）上的时候，展览委员会就迫不及待地抓住了这根救命稻草，并以 8 万英镑的建造费用满意地完成了招标。

至 1850 年末，参加建设水晶宫的工人已超过 2000 名，铸铁的大梁和锻铁的桁架搭建了起来，修建的排水系统长达 30 英里，木窗框条长达 200 英里，玻璃的面积达 90 万平方英尺。

完工之后，水晶宫在测试中表现出了抵抗破坏的能力：它承受住了成队的士兵在里面跳跃、跺脚造成的震动，承受住了大量的圆球对它木条地板的滚压。尽管如此，甚至在印刷目录的版权以 3200 英镑的价格售出、史威士（Schweppe）先生以 5500 英镑的价格拿到供应食品的合同之后，还有很多人依然坚持认为这项工程是愚蠢之举，它无法不赔钱，不可能带来任何好处，因为它只是那位阿尔伯特亲王的奇思怪想。有人说，来伦敦参观水晶宫的外国人和外地人数量过多，不可避免地会导致"混乱、无序和道德败坏，即便不完全会带来巨大变革……也会带来饥荒和瘟疫"。财政部一点忙也不肯帮，议会也不屑一顾。

然而，博览会还是于 5 月份开幕了。通票为男士 3 几尼，女士 2 几尼，无通票者不得参加有女王、阿尔伯特亲王、威尔士亲王、坎特伯雷大主教和威灵顿公爵出席的开幕大典。展览会第一天的门票价格为 1 英镑，第四天为 5 先令，之后从 5 先令到 1 先令不等，取决于时间是星期几。

博览会从一开始，就获得了惊人的成功。从全国各地、世界各地来伦敦参观博览会的人数超过 600 万。王室成员及其侍从自德意志远道而来，800 名"农民装束"的农夫，在教区牧师的带领下，从萨里和苏塞克斯赶来。面对陈列在浅蓝色骨架和闪闪发光玻璃下的 1.9 万间展厅，面对公园内建筑商未砍去而是任其在长廊间伸展枝叶的高大榆树，所有的参观者，不管从事何种职业，或是来自何处，无不惊叹不已、难以忘怀。

图 12-14　1873 年在阿尔伯特音乐厅举行的国家音乐会，照明为聚光灯。

博览会获得了丰厚的利润。在用这笔利润购买的位于肯辛顿花园和克伦威尔路（Cromwell Road）之间的一长片土地上，后来又建起了各种博物馆、音乐厅、学术团体的总部、大学和中学。它们是对阿尔伯特亲王真诚的信念、热忱和进取心迟来的颂扬。

第一座出现的学术机构，是威廉·丘比特（William Cubitt）爵士于 1856 年在克伦威尔路上用紫砖和陶瓦修建的实用型丑陋建筑，后来被维多利亚和阿尔伯特博物馆（Victoria and Albert Museum）部分加以利用，部分进行了改造[7]。在它的北侧，在布莱辛顿夫人（Lady Blessington）与奥赛伯爵（Count D'Orsay）曾为之打官司的戈雷府（Gore House）的原址上，皇家阿尔伯特音乐厅（the Royal Albert Hall）于 1867 年动工修建。它是一座巨大的圆形红砖建筑，具有铁框架支撑的玻璃圆顶。它令人想起一位德国流亡政治家设计的德累斯顿歌剧院，阿尔伯特对这位政治家的作品甚是欣赏[8]。矗立在阿尔伯特音乐厅，以

图 12-15　牛津音乐厅（the Oxford Music Hall）。

及因亲王的远见卓识而成就的诸多的学术机构面前的，是亲王真正的个人纪念碑。

纪念碑于 1864 年开始建设，直到 12 年之后才完工。1882 年，它 被形容为"毫无疑问的欧洲最美纪念碑"。在它身上花掉了 12 万英镑的设计师乔治·吉尔伯特·斯科特爵士，理所当然将其视为自己"最杰出的作品"。他写道，他的想法"是建一种祭坛上的天盖来保护亲王的塑像……其特点在于，天盖在某种程度上遵循古代神殿的原理而设计……这些神殿是虚构的建筑模型，从未在现实中得以建造。我的想法是用贵重的金属、镶嵌物、珐琅，把其中一种虚构的建筑变为现实……"。

它的工艺极其复杂，材料包括白色意大利大理石、青铜、熟铁、花岗岩、玛瑙、黑玛瑙、碧玉、红玉髓和水晶。人们对它充满各种各样的谴责，有的说它粗俗不堪，有的说它过于感性，也有的说它不伦不类。在它的设计师离世十年之后，一位批评家以稍微温和但依然轻蔑的态度，形容它是"令人难受的工程壮举"。如今，在建成百余年之后，其独有的品质，包括其维多利亚鼎盛时期式的傲气，已开始得到人们的认可。

在它哥特式三角形华盖和尖塔之下，是 14 英尺高的阿尔伯特亲王塑像，他处于沉思状态，佩戴着嘉德骑士（Knight of the Garter）的领章，而吊袜带 ① 本身，则绑在青铜制成的肌肉凸起的小腿上。他的右手

---

① 嘉德勋章（The Most Noble Order of the Garter）是授予英国骑士的一种勋章，它起源于中世纪，是今天世界上历史最悠久的骑士勋章和英国荣誉制度最高的一级。只有极少数人能够获得这枚勋章，其中包括英国国君和最多 25 名活着的佩戴者。英国君主还可以授予少数超额佩戴者（包括王室成员和外国君主）。只有国君可以授予这枚勋章，首相无权建议或者提名佩戴者。嘉德勋章最主要的标志是一根印有"Honi soit qui mal y pense"（"Shame on him who thinks evil of it""心怀邪念者蒙羞"）金字的吊袜带，"Garter"（嘉德）一词在英文中即吊袜带的意思。在正式场合下勋章佩戴者要系上这个吊袜带，在一些其他标志中印有它的图案。——译注

捧着一本书。是《圣经》吗？从下方的石阶上抬头仰望、肃然起敬的孩子们总是忍不住要问。答案是否定的。这是一本1851年万国工业博览会的目录，在东面马路对面的阿尔伯特亲王塑像，手里也紧握着同一本目录。

举办博览会的玻璃大温室后来被移至河对岸的西德纳姆，被重新命名为水晶宫，却在1936年被大火烧毁，只有那些奇怪的史前动物石膏塑像，至今还保留在水晶宫公园（Crystal Palace Park）内。不过，在长达80年的岁月中，它一直扮演着各种主角，是新的游乐场、音乐厅、剧院、动物园、展览室、饭店，是中产阶级家庭以及手艺熟练、生活殷实、舒适的工匠家庭钟爱的度假胜地。

查尔斯·布斯（Charles Booth）认为，直到19世纪末，伦敦体面且工作稳定的工匠家庭才能够每日吃得上肉食和蔬菜，不至于挨饿，并且有足够的钱留下来供周日外出使用。不过，早在19世纪50年代，数以千计的能工巧匠就已过上了中产阶级舒适、安全的生活。

在水晶宫徜徉游玩、从火车站步行前往水晶宫的人群当中，包括石匠、木匠、冶金业和运输业及制衣业的工人，克勒肯韦尔的钟表匠，萨瑟克的印刷机制造工，牛津街的家具匠，九榆树区和肯特镇的铁路工程师，锡尔弗顿（Silvertown）和旺兹沃思的化工厂工人，班克塞德的酿酒厂工人，艾尔沃斯（Isleworth）和恩菲尔德（Enfield）的军火厂工人，柏京的渔民和造船工，旺兹沃思的印刷工，兰贝斯的陶瓷工匠和贝斯纳绿地的银匠。

他们当中的大部分人必须长时间地工作。在19世纪50年代，很少有人每天的工作时间低于12小时，不过到了19世纪90年代，他们很可能只工作9小时。但是他们善于充分利用业余时间。城内的办公职员通常工作的时间更长，因为，即使大部分办公室都应当晚上6点关门，

图 12-16　皮卡迪利街的古德瑞德皇家沙龙（Goodred's Royal Saloon），1833 年。

但很少有办公室形成遵守工作结束时间的惯例。职员们干完工作再回家，没干完就不回家。在 1863 年以前，办公室周六不会提前关门，也没有法定节假日。不过，办公室职员和商店的售货员，也都能设法找时间娱乐。

他们能够找到时间去里士满垂钓，去巴特西放飞鸽子，去伊斯灵顿观看板球比赛，或去哈默史密斯观看泰晤士河上的划船比赛。也可以去奇斯威克看花展，去沃尔沃思庄园（Walworth Manor House）或摄政公园观赏动物[9]。他们也能买一张便宜的票，乘火车去他们的祖辈从未指望看得到的地方，或者乘蒸汽轮船顺流而下去格林威治集市。

到了晚上，或许他们觉得能承受在外面的小餐馆吃一顿饭，花 10 便士买上一盘肝子或熏肉（土豆和面包另加 2 便士），或花 5 便士买一

198

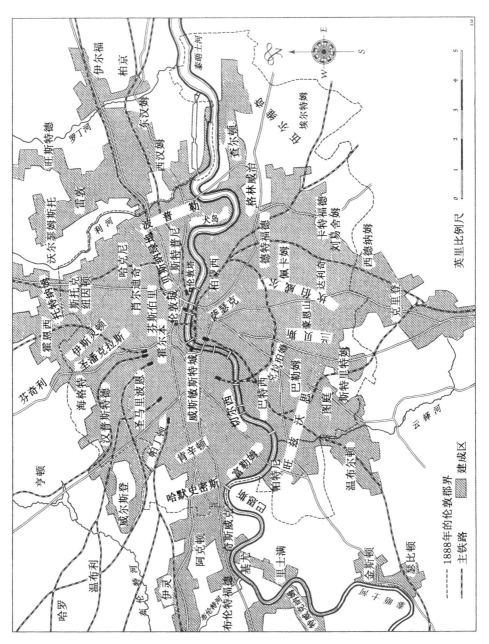

图 12-17 19 世纪伦敦的发展。

—— 1888 年的伦敦郡界　　　　建成区

—— 主铁路

英里比例尺

块醋栗馅饼、4.5 便士买一品脱黑啤酒。他们也能够去弗利特街上的安德顿酒店（Anderton's Hotel）住上一晚，早上起来在那儿吃早餐，花费不到 2 先令。他们也可能去剧院（德鲁里巷剧院顶层楼座的门票价仅 1 先令）、茶园、音乐厅，去莱斯特广场的全景图展示馆（the Panorama），去摄政街观看世界景物照片展，去杜莎夫人蜡像馆（Madame Tussaud）或去查尔斯·狄更斯年轻时十分喜爱的那座大都会——威斯敏斯特桥路（Westminster Bridge Road）上的阿斯特利圆形剧场（Astley's Amphitheatre），里面有情节剧、烟火、杂技、小丑和马舞表演。

这类丰富多彩的娱乐活动，在克雷蒙（Cremorne）花园同样也能享 *199* 受。花园位于切尔西国王路上，是 18 世纪娱乐花园的翻版。克雷蒙府曾经是亨廷顿夫人（Lady Huntingdon）的住宅，后被一位名声可疑的普鲁士男爵购得，他将花园开放，用于游园会、舞会和热气球活动。1849 年，一位阿尔比恩餐厅的前领班将其购得，并购买了更多的土地，修建了一座宝塔和两座剧院，用游乐场的一切乐趣来款待他的顾客们，包括游行、比赛、水上表演，还包括一座能够同时容纳 2000 对情侣的舞厅。然而，对于成千上万不那么幸运的伦敦人，这样的乐趣他们是从来无法享受的。

第十三章 梅休的伦敦

（1840—1887 年）

图 13-1 卖火柴者，1905 年。

19世纪40年代，一位医生给议会委员会提供证据，描述了伦敦一家火柴厂的状况。工厂雇用了近200人，大部分是13岁以下的儿童，有些尚不足10岁。工作重复、艰难、乏味、讨厌且危险。刺鼻的硫磺气味极其难闻而且有毒，引起剧烈的咳嗽。孩子们"面色难看、表情郁

图13-2　1870年的一家火柴厂。

恛"，不得不在恶臭的车间里吃饭。他们的工资大约是每周 5 先令，由于并不是所有的孩子都能够忍受这样的工作条件，因此他们的工资已经是伦敦普通童工的两倍。

工业革命带来的惨状，在北郊的新城区比在伦敦更严重。那里的童工经常因为在工作台上打瞌睡而遭到拳打脚踢和皮带鞭笞，而他们的惨叫却被隆隆的机器声所淹没。那里的制钉厂的男孩们如果干不好工作，会被倒吊在天花板上，而女孩们则光着上身，像动物一样腰上拴着铁

图 13-3　扫烟囱师傅和扫烟囱童，1877 年。

链，在矿山上用手推车拉煤。伦敦城内对于童工的剥削和残酷对待也足以令人痛心。如果他们在工作中实在是困得不行而昏昏欲睡，就会被暴殴头部，或被迫吸鼻烟，或被浸在冷水池里，或被使劲摇晃肩膀直到牙齿都被摇得咯咯作响。

他们不得不工作，哪怕在周末能带回家微不足道的几个先令，也可能意味着饥寒与饱暖之间的天壤之别。许多孩子在家干活，比如缝制手套之类，甚至在三岁就开始干活，被母亲绑在膝上，以免睡着了摔倒，他们常常忙到午夜都无法睡觉。还有许多孩子出门干活，晚至19世纪60年代，都还有小男孩在给扫烟囱的人充当扫烟囱童，他们的身体因浓盐水的擦洗而日益坚硬。扫烟囱童的师傅们，拿着一根藤条站在徒儿们的旁边，逼迫他们一次又一次擦伤身体，或者多给半个便士来哄他们多干活。孩子们扫完烟囱钻出来之后，往往手肘和膝盖上都鲜血淋漓，又被弄来站在滚烫的火边，又被涂一次浓盐水。

在19世纪中叶，伦敦5—15岁的孩童中大约只有一半在学校读书。203街上有许多的孩子，对于任何与日常生活无关的知识，都显得懵懵懂懂，一知半解。甚至在政府于19世纪70年代开始正视自己的责任之后，为穷人提供教育依然还是处于毫无头绪的状况。即使是上学的孩子，由于母亲须出门找工作贴补家用，他们中的大部分也不得不过早地步入充斥着大剂量"戈弗雷甜香酒"（Godfrey's Cordial）和鸦片、糖浆等其他危险药剂的教室。

接受了基本教育之后，能够在体面有序的行业，譬如建筑行业里当学徒的孩子是幸运的。建筑业在伦敦是从业人员最多的行业，1851年的人数超过6万。但大部分孩子远远找不到这样心仪的工作。当然，在其他技术行业里也有学徒机会，比如，在酿酒业中，有芬斯伯里的惠特布雷德（Whitbread）、萨瑟克的巴克利珀金斯（Barclay and Perkins）这样的企业，在船舶工程行业中，有布莱克沃尔的格林船厂（Green），还有主要制造大型蒸汽铁轮、并在1853—1858年制造出命运多舛的大东方（Great Eastern）号轮船的米尔沃尔的费尔贝恩（Fairbairn）船厂。另外，在新兴的行业中也有越来越多的职位空缺。马渡巷（Horseferry Lane）和红砖巷（Brick Lane）的大型煤气厂，早在19世纪20年代初就将煤气管道铺设了超过一百英里的伦敦煤气灯及焦炭公司（London Gas-light and Coke Company）不断扩大的车间，铁路公司遍布各处的修理厂、铁轨和车站，都能够吸收越来越多的学徒。然而，在整个维多利亚时代，伦敦的大部分孩童依然被迫从事既无技术也不赚钱的工作，他们的工作时间，远远长于井然有序的建筑行业的标准，即夏季每周60小时、冬季每周52小时。到别人家里帮佣的孩子——1851年仅伦敦便有12.1万名普通佣人——为了维持生活，以每小时约0.5便士的收入，工作时间也无法少于每周80小时。

尽管这样的报酬已经很是微薄，但伦敦还有许多临时劳工所得更少。在亨利·梅休（Henry Mayhew）的不朽之作《伦敦劳工与伦敦贫民》（*London Labour and the London Poor*）当中，浮现在字里行间众多衣衫褴褛的流浪汉和临时劳工，无不挣扎着生存在饥饿的边缘。

在梅休的画卷长廊中，最大的群体是叫卖小贩。据他估计，在19世纪中叶，这类人当中仅卖鱼、卖水果和蔬菜的小贩就不少于3万人，而且还年复一年地增长。有多达400家小旅馆主要依赖于他们的光顾来维持生意。这些小贩每天去一两家集市购买货品，然后放在货摊、手推车、马车，或挂在脖子上的托盘上出售。他们是些粗野、好斗、目不识丁但精力旺盛的人，经常打架、酗酒、赌博，在手臂上文身，用砖头砸警察。为了对警察和潜在的竞争对手保守生意的秘密，他们彼此之间都用一种外人无法理解的暗语进行交流，使用大量含义模糊的词汇，还擅长将单词的发音倒过来读。他们当中很少有人会读书写字，很少有人费心去娶生活在一起的女人。大部分人虽然做不到不欺骗顾客，但对自己人还算诚实，对孩子和毛驴也很好，几乎所有人都是宪章派，也几乎无人进过教堂。

他们喜欢去"两便士舞厅"跳舞，在角笛舞、波尔卡舞、闪电吉格舞、钢管舞当中尽情摆动、跳跃。他们经常去看戏、听廉价音乐会、观看斗狗，尤其乐于流连酒吧。无论走到哪里，他们都会一赌为快：赌撞柱游戏、赌斗狗、赌掷铜板和硬币、赌赛鸽、赌各种扑克牌。他们一坐就是数小时，大杯喝啤酒，大口抽卷烟，翻动着破烂不堪、图案模糊的扑克牌，用他们的暗语低声交谈，时不时会停下来休息，看一场拳击赛——称职的店主都会提供手套，或再喝一杯，或去听他们当中有点文化的人讲述雷诺（Reynold）《王室秘事》（ *Mysteries of the Court* ）的最新章节。

孩子们年岁尚幼，通常还不满七岁的时候，就开始和他们一起干活，照看手推车和毛驴，逐步掌握做生意和市场的窍门：如何把橘子变大，如何煮干梅子、烤榛子，学会叫卖货品："新鲜的马鲛鱼，一便士六条哦！……又大又蹦跶哦，新鲜小海鱼哦，一便士一大盘哦！……萝卜一便士一捆哦！"

孩子们14岁左右就开始独立做生意，并有了自己的女人。只要给姑娘一条丝绸围巾，这事就能搞定，而且过一段时间之后，这条围巾通常会回到自己手里，要么拿去做赌博的抵押品，要么自己戴。所有的叫卖小贩都为丝绸围巾感到无比自豪，他们称自己为"国王的人马"，其实，他们对自己的所有服饰都感到无比自豪。他们上身穿灯芯绒长背心，上面有许多大衣兜和闪闪发光的铜扣，下身穿紧贴着膝盖的接缝长裤，卷起在擦得锃亮的靴子上。头戴精纺羊毛无檐帽或布帽，在头的

图 13-4 格林威治的卖猫肉小贩，1885 年。

一侧往下拉得极低，露出额前的小卷毛和长过耳朵的"纽盖特门环式"长发。

叫卖小贩只是在伦敦街头谋生或勉强维持生计的无数小贩当中的一种。其他还有卖熟食的、卖饮料的、卖馅饼的、卖松饼的，有卖香料和大黄的女郎、卖熟鳗鱼的儿郎，还有展览老鼠的、表演吞蛇的，有下等杂耍的小丑、踩高跷艺人、清道夫、拾荒者、街上的机械修理工、石板艺人、吟诵人、人像雕刻师、收破烂的人、寻狗人、走街串巷的各种小贩、端着货盘卖咳嗽药水和热接骨木酒的老头、卖腌螺肉和水芹菜的老妇、卖橘子和坚果的男孩、卖热布丁的女孩、卖爱尔兰猫肉的贩子、演奏风琴的意大利男孩、卖服装的犹太男人、唱歌的法国女人、卖扫帚的荷兰女孩、演奏风笛的苏格兰人、唱小夜曲的埃塞俄比亚人和耍蛇的西西里人。

有成千上万的人，依靠在街上、河边和下水道捡破烂为生。每天清晨，他们肩上背着袋子，四处寻找木块、煤块、烟头、破布、骨头，还有狗粪，狗粪被称为"纯料"，因为柏蒙西的制革厂会用它来净化皮革。

捡骨头的人和收破烂的人，出门会带上一根尖头棍子，他们用棍子在后街小巷成堆的灰土中翻戳，把能找到的所有东西都捡起来，放进油腻的袋子里，如能发现一些面包屑，或者骨头上粘着的一点肉，就可以解决早饭问题。他们每天为了寻找破烂，大约要走25英里路，花去八九个小时。收来的破烂卖给如《荒凉山庄》(Bleak House)中讨厌的库鲁克(Krook)那样的商人，每天收入大约6便士。夜里他们睡觉的

图13-5　下水道拾荒者：梅休《伦敦劳工与伦敦贫民》插图。

地方，是在出租屋里，或也可能是圣凯瑟琳码头与迷迭香巷（Rosemary Lane）之间的一座废弃的房屋里的一堆麻布袋上。

拾"纯料"的人收入较好，一满桶可以卖到 1 先令 2 便士，许多勤快一点的人每周能带 5 至 6 先令回家。不过，这样的收入与下水道的拾荒者相比，简直就是小巫见大巫了。因为那些伦敦的"下水道清道夫"，总的来说，如果哪一周没能挣到 2 英镑，就会认为自己不走运。实际上，"下水道清道夫"几乎算得上是拾荒者中的精英分子了。他们从河边的前滩钻入下水道，不时会满载铜钱、银币、铁块、绳子、骨头而归，甚至会淘到镀金的匙子和长柄勺、银把手的刀子和一些珠宝。不过，他们的财富并不受人羡慕，因为他们的行当极其危险。大部分下水道已经陈旧不堪，摇摇欲坠，砖壁随时都有坍塌的危险。另外，潮水会毫无征兆地以山洪暴发的速度突然冲进来，他们被淹死的危险也常常存在。还有在不得不蹲着走的分支管道中，恶臭的气体也经常可能导致窒息或中毒。由于无人知道下水道通向何处，于是有很多传闻说，一些迷路的"下水道清道夫"就累死、饿死在里面了。由于下水道内充满无法

预知的危险泥潭，也有许多传闻说，"下水道清道夫"被吸进泥里，徒劳地挣扎着，企图凭借他们总是带着的 7 英尺长的棍子脱身。由于下水道内遍布着老鼠，还有更可怕的故事说，有拾荒者遭到它们的攻击，几天之后被发现只剩下骨架，皮肉都被啃了个精光。

许多"下水道清道夫"遭到过老鼠攻击也确有其事，他们绝大部分人的手上，甚至脸上都难免有一些伤疤。只有莽撞的人才会独自闯荡下水道。

尽管"下水道清道夫"们的生命充满危险，谋生的环境中也充满毒气，但他们是一群快乐而健康的人，往往干到七八十岁才会收手，过着衣食无忧、知足常乐的日子。

而远不如他们幸运的是在低潮时的河滩捡破烂的"泥地拾荒人"。大部分泥地拾荒人都是老弱病残，因为只有他们才会去干这种又脏又累而且收入极差的活儿。就连捡骨头的人，收入都比他们多两倍，而如果泥地拾荒人一天捡到的东西能卖到半个便士的话，他们都会认为自己够幸运了。

　　他们带着旧帽子或者锈迹斑斑的水壶，来到泰晤士河岸边的淤泥里，摸寻煤块或者铜钉。他们的衣衫烂如破布，硬如木板。他们赤裸双脚，随时有被埋在泥里的玻璃碎片划伤的危险。冬天站在蒸汽厂排放的热水中给冻僵的双脚取暖，是他们所知的最大的享受。他们当中的一些孩子仅六岁。亨利·梅休和一位九岁的孩子进行过交谈。他的父亲已经离开人世，他的母亲给别人洗衣服，有活干的时候每天能挣一先令，但并不是经常有活干。站在淤泥中非常冷。他原来有过一双鞋，但都是很久以前的事情了。从他记事起，他捡破烂已经三年了，他觉得他永远只能捡破烂，因为这是他唯一知道怎么干的活儿，他上过一次学，但他已经忘了，上学上了一个月。他不识字，也不会写字，他认为自己现在无法再学，哪怕再努力也不成。他听说过耶稣基督，但想不起来他是干什么的。他的母亲没带他去过教堂，因为他们没有衣服。他母亲是从亚伯丁（Aberdeen）来的，但他也不知道亚伯丁在哪儿，他只知道这里是伦敦，英格兰在伦敦的某个地方，但也不知道到底在哪里。他挣的钱全部交给母亲，她用来买面包。他挣不到钱的时候，他们只能尽量想办法度日。

　　卖水芹菜的小姑娘，也过着和泥地拾荒男童差不多的可怕生活。仅七八岁的年纪，她们就会在早上天不亮的时候起床，到法灵顿集市去和商贩们讨价还价。天寒地冻的日子里，身穿布衣和破旧披肩的小姑娘，会在捆菜的时候冷得瑟瑟发抖，在水泵旁边洗菜叶的时候，手指也会冻得生痛。她们走街串巷，吆喝着："水芹菜啊，一便士四捆啊，水芹菜啊！"她们平均每天能挣三到四便士。有一位八岁的小女孩说：

我上过学，但是没上多久。现在我都忘得一干二净了，那是很早以前了。妈妈把我带走了，因为校长打我，他用藤条抽我的脸⋯⋯芹菜现在都不行了，它们太冷了，人们都不买，每次我走上前去他们都会说："它们会冻坏我们的肚子"⋯⋯卖不完我们不能回家吃早饭，但如果太晚了，我会买一便士的布丁，带汁儿的，很好吃。我几乎一个人也不认识，在法灵顿也是，没人可以说话。他们不理我，我也不理他们。我们这些小孩从来也不玩，因为我们要考虑我们的生活。啊不，街上也没人可怜我，除了一位绅士，他说，他说的是："你那么一大早在外面干什么？"但我还没来得及想，他就走开了⋯⋯啊不，我从没看到哪个小孩哭，哭没有用⋯⋯

我总是把钱给妈妈，她对我很好。她不常打我。她很穷，有时候出去给别人打扫房子。我没有亲爸爸，我有后爸爸。啊不，妈妈没有再嫁人——他是后爸爸，他是磨剪刀的，对我很好。啊不，我的意思不是他对我说好听的话，他很少说话。卖完芹菜回到家里，我会整理房间，把椅子擦干净，虽然只有两把椅子，还要拖地⋯⋯

我没有正儿八经的饭可吃，妈妈给我两片夹黄油的面包和一杯茶当早饭，然后到了下午茶的时候，再吃同样的东西。我们周日有肉吃，当然啦，我巴不得天天吃肉。妈妈吃得跟我一样，但是她喝的茶多，有时候要喝三杯⋯⋯

有时候我和院子里的姑娘们玩"蜜罐子"的游戏，但也不经常玩⋯⋯我知道好多游戏，但我也不玩，因为出去卖芹菜已经累死我了。周五的晚上我还去一个犹太人家里，一直待到周六晚上11点。

我要做的事情就是剪蜡烛灯花，把炉火拨旺。你知道他们仍然要过安息日，他们什么都不碰，所以我帮他们做这些事，他们给我吃的和一个半便士……我把所有挣的钱都存起来，以后拿来买衣服。这可比花钱买糖吃要好，因为我要挣钱养家啊。而且，喜欢棒棒糖也太孩子气了，不像是个能挣钱养家糊口的人。我已经八岁多了，真的。我不知道我一年到头能挣多少，我只知道几便士等于一先令，一枚硬币是两个半便士，四枚铜板等于一便士。我还知道，几枚铜板等于两便士——八枚。在集市上我只想知道这么多。

同伦敦的一些孩子相比，她是心满意足的。至少她有一个家，有 209
活儿可干。成百上千的孩子既没有家，也无活儿可干。有个十三岁的 210
男孩，衣不遮体到整个胸膛都裸露在外，裹在腿上当裤子的东西仅能遮住一条腿，一只脚上穿着一只旧鞋，用一根带子绑在脚背上，另一只脚上穿着一只女人的靴子。他的脸都被冻肿了。他三岁就死了父亲，他的母亲在外乞讨，后来也死了。母亲死的时候，他的兜里只有六便士，当他知道自己就要失去母亲的时候，忍不住放声大哭，至今仍然忍不住要哭。他自己也只好出门乞讨："我讨啊讨，有时候一天也讨不到一个铜板。经常在街上一走就是一整夜。我完全没有力气了——快要饿死了。我从来不偷东西，有个男孩叫我一起去扒窃一位先生的衣兜，但我不干。那男孩叫我这样做是为了进监狱。他也是像我一样在街上快饿死了。我来伦敦之后就从来没在床上睡过觉，通常都是睡在西街干燥的拱门下面，就是他们修房子的地方，我的意思是地下室的拱门。我主要在衬裙巷（Petticoat Lane）附近向犹太人乞讨，因为他们都会把孩子剩下的面包给我——几片面包皮呀啥的。"

能够得到大人帮助和鼓励的孩子，通常能够找到某种活儿，得到比

图 13-6　格林威治卖火柴［布莱恩特和梅（Bryant and May）
公司生产的阿尔卑斯维苏威（Alpine Vesuvians）牌］的男童，1884 年。

几片面包皮更多的收入，哪怕是夜里在剧院门口卖坚果和橘子，或者扫大街，或者在出租马车站游荡以期靠牵马或者开门来讨点报酬，或者叫卖火柴："买火柴点香烟呗，尊敬的先生。一排火柴半便士。"但是这些行业的竞争也是相当激烈的。如果想要更好的生活，必须具备某种技能，或者需要资金。

金鱼在大街小巷都是很有市场的，但首先需要从金士兰路（Kingsland Road）或比林斯门的商人手中买入。鸟巢、蛇和青蛙也能卖个好价钱，但是必须要有经验才能找到它们。有一位年轻人，以二便士或三便士一只的价格一周能卖掉20只鸟巢。蛇卖五先令一磅，要么卖给需要蛇皮的人，要么卖给西奥博尔德路（Theobald's Road）上的一位先生作解剖用。他还卖上好的青蛙，一先令12只，莱斯特广场的一家法国餐厅要买，街上也有人买。"许多人吃小青蛙，他们认为有清肠胃的好处。"不过，找到他的这些货物是很难也是很需要技巧的，因此他少有竞争对手。

在河中挖泥找尸体也能挣大钱，因为报酬常常都很高，但首先得有一条船和用具；也可以选择当一个走街串巷的锡匠，但是得有坛坛罐罐；还可以考虑当一个手摇风琴歌女，但是得有音量极大的乐器。晃荡在歌剧结束之后的滑铁卢坊（Waterloo Place），或者街女聚集的干草市场，也能够维持生活——她们可舍不得自己花钱，但能够盼咐她们的先生花钱——不过要能够把这事干好，可不是每个人都学得会的。还可以选择去捉老鼠，因为"运动绅士"对老鼠的需求是巨大的。他们会去苏活区康普顿街上的国王头像俱乐部等地，参加狗咬老鼠比赛。但是，需要长时间的经验积累，才能捉到老鼠而避免自己被咬到、伤及骨头。很多人靠贩煤能挣到不错的收入，因为许多人都没有足够的钱一次买太多的煤。从商人手里买上一吨左右，存放在后屋里，很快就能带来丰厚的

211

图 13-7　格林威治的卖煤人，1885 年。

利润，不过，还是要有钱付给商人才成。

　　尽管贫困的家庭很少用煤，但伦敦每年消耗的燃煤依然达到 350 万吨。这为扫烟囱人和清洁工都提供了稳定的工作。扫烟囱人在冬天一周能挣到一镑之多。清洁工一车垃圾可从垃圾承包商手里换得八便士，而他们每天能运两车，甚至三车到垃圾场。

212
213　　清洁工沿着街道前行，他们头戴罩帽，皮帽檐垂在后颈，牵着一匹马和一辆厢式马车，吆喝着："垃圾——哟！垃圾——哟！"在有垃圾要收的屋门外，他们停下来，将垃圾箱内的垃圾装入他们的垃圾桶，再倒入马车内，然后再将垃圾艰难地运往垃圾场。在垃圾场内，有成群的猪在觅食内脏，成群的鸡在啄食菜叶，在堆积如山的垃圾堆上，有男女老幼在辛苦地干活，他们用铁筛子把煤渣和"土壤"分拣出来。煤渣送到

图 13-8　1864 年的克雷蒙花园，福玻斯·莱文（Phoebus Levin）绘。

图 13-9　1835 年摄政公园中的动物园，乔治·沙夫（George Scharf）
彩色石刻版画复制品。

砖厂，好一点的"土壤"作为肥料卖掉。断砖、旧靴子、水壶、破布、骨头和牡蛎壳，都能找到合适的市场，给垃圾承包商带来丰厚的利润。

在垃圾山上干活的人们站在齐腰深的垃圾当中，女人们戴着黑色的软帽，肮脏的棉布衣裳塞在身后，在她们的皮围裙上敲打着筛子。在大一点的垃圾场内，如19世纪中期摄政运河岸边的那座大垃圾场内，通常有上百人在里面干活。

虽然为垃圾承包商工作不需要什么技术，但清洁工每周挣的报酬，常常超过许多技术工人。举例来说，一名制椅子的工人，从早上6点工作到晚上九十点，吃饭在工作间里解决，早上8点吃早饭休息十分钟，吃晚饭休息20分钟，下午茶休息八分钟。一年当中，他每周六以及40个周日也工作同样长的时间。制椅工年复一年地工作，把完工后货物送到购买者手中的时间包含在内，他平均每周工作时间有可能长达100小时。

数以千计的在伦敦码头工作的人，也幸运不到哪里去。此时的码头区域已经超过90英亩，跨圣乔治、沙德韦尔和沃平三个教区。在这片混乱中，在发酵臭味的包围中，3000名各种类型、各个国籍的临时劳工，每日艰难地寻找着干活的机会。每天早上大门开启的时候，他们如潮水般涌向招工头，叫着、跳着、争抢着，挥舞着双臂，拼命想引起他们的注意，拼命想得到一天半个克朗报酬的辛苦工作。永远都没有足够的工作提供给所有的人。他们当中的一些人连续好几周每天都来，但一次都没有被叫到，只能依靠那些得到工作的人提供能够维持生活的食物，直到他们的机会来临。大部分的工作，是为运行吊车的大轮子提供动力，一个轮子里面有六到八人，在扣板上行走，如同踩踏车的罪犯一样。还有一些人负责卸货，或者在码头上往返搬运货物。

"装卸工"（卸木材的人）、"铲夫"（将压舱物铲入船舱的人）和"背

图 13-10　W. P. 弗里特（W. P. Frith）《帕丁顿站》(*Paddington Station*）局部，1862 年

煤人"（将煤背在背上从船上卸到马车上的人）通常都是由承包商雇用。

214

承包商以固定的金额承接工作，并安排在一家小酒馆里付钱给他的工人，而承包商也通常是该酒馆的老板。不喝掉两三品脱的啤酒，人们的工资是拿不到手的。很多时候，在没花光的钱递到他们手上的时候，他们已经喝得烂醉如泥。背煤是重体力活，很少有人能干上20年。15岁开始干活的男孩，到了35岁就衰老了，因血管破裂或者疝气，许多人还不得不在到达这个年龄之前就停止工作。尽管如此，愿意干这活儿的人从来都不缺。相比之下，报酬是比较丰厚的，可供他们喝个够，大部分的背煤人都很能喝，其中有一个人，每天早饭前都要喝掉16杯混了

图 13-11 "铁比利"：一位著名公共马车车夫和他的售票员，1873 年。

图 13-12　加里东路（Caledonian Road），1912 年。

图 13-13　一条贫民窟街，1911 年。

杜松子酒的啤酒。

　　而公共马车的车夫和售票员最常见的抱怨，是他们从来没有时间去酒馆或其他娱乐场所，或就算是有时间，也因为太累而无法去享受。"所有的公共马车驾驶员都没有时间去找老婆，"他们当中的一位抱怨说，"我们马厩中的每匹马，过四天就会休息一天，但驾驶员却没有休息。辛苦的工作都是我的，因为即使休息，也是短短的几分钟。虽然隔周的周日可以休息，但也只有两个小时。""我从未去过公共场所，"一位售票员承认，"我曾请求休息一天，却被拒绝……我对世上发生的事情基本上一无所知，我的时间都被占完了。我们只能在马车上通过乘客的谈论知道在发生什么事。我现在也不读报，尽管以前很喜欢。如果有两分钟的空闲时间，我啥都不想干，只想打个瞌睡。有一次车行驶在路上我

215

坐着睡着了，差点掉下去。"

在 19 世纪的下半叶，这类劳累过度、工资过低的工人，大部分人的居住条件是相当恶劣的。收入比大部分人稳定的公共马车车夫或者售票员，可居住在巴特西或克拉珀姆等条件相对舒适的地方，有几间房，有干净的地板和窗户，墙上贴着美术明信片、大盗杰克·谢泼德（Jack Sheppard）和迪克·特平（Dick Turpin）的图片。壁炉台上摆放着几件陶器、一只锡盘和一面镜子，桌上有桌布，床上有床单。然而，大部分伦敦的穷人，生活的条件比这要差得多。许多人挤在房间里，天花板斑驳得如同旧皮革，破烂窗户用纸糊住，家具破旧得无法修补，地板也破烂不堪，或用三四片旧地垫缝在一起充当地毯，一张床或地上的一块棉床垫（爬满臭虫）上睡五个人。数以千计，或许数以万计的人，居住在码头边，或德鲁里巷、圣吉尔斯、拉特克里夫大道（Ratcliffe Highway）、怀特查佩尔的迷迭香巷和特拉尔德街（Thrald Street）周围的廉价出租屋中，收费是一晚上两便士，床上有一堆破布，可以使用厨房，厨房里生着火，住户可以自己煮饭。在寒冷的冬夜里，出租屋的厨房里，挤满了各种衣衫褴褛的苦力、扒手、比林斯门的挑夫、乞丐、水手、醉汉、流浪汉。他们身穿奇形怪状的破烂衣衫，闪着岁月和油脂的光泽，一些人赤着脚，一些人穿着女式靴子，鞋尖被切开，以便把脚塞进去。他们坐在沿着墙摆成一圈的桌子旁，抽着从街上捡来的烟蒂，或在炉火边挤成一团，烤着青鱼或他们当中的某一个从肉摊上偷来的一点肉。如果少给一个便士，可以睡厨房的地板，很多人都选择这种方式，不管男女老幼，如果他们负担得起的话，大部分人都选择喝醉，否则就无法睡觉。

不愿意住出租屋的人，通常能从需要分担租金的家庭中寻得一间屋子睡觉。在迷迭香巷和德鲁里巷的院子里，有很多这样的分租户。这里的一间小单间里会睡上 10 个人，他们同对面的邻居，可以隔着仅一臂之距的窗户互相聊天。这里的女人坐在路边织毛衣，男人蹲在路上玩扑克，用粉笔把得分写在石头上。他们的儿子靠在墙上抽烟斗，他们的女儿洗干净衣裙之后，就把它晾在狭窄街道上遍布的晾衣杆上。

在这样的地方，每周能稳定挣 15 先令的人，相对就算是富人了，除了每周 2 先令的租金、8 先令左右的食物支出之外，他还能够花大约 6 先令买烟，1 先令买杜松子酒，半个克朗买啤酒。他的主要食物是面包、土豆、汤、腌菜和洋葱、香肠和梅子布丁。周日能指望着吃点肉，或许是煮牛肉或熏肉配肝子，甚至是一块烤羊肉。如果天气不错，他会款待自己一番，在街上的流动咖啡摊，以咖啡、面包和黄油配腌螺肉作为一顿早餐，午餐吃豌豆汤配热鳗鱼、羊蹄、熟肉布丁和水果馅饼，晚上再去一家小酒馆吃一份肉饼配辣白菜、烤土豆，加上足量的辣椒。热啤酒和杜松子酒调和在一起，再以姜汁增加辛辣味、以食糖增加甜味调制而成的苦艾酒，是冬天的最佳进餐伴侣。

对于不在家吃饭的人，各种小餐馆、小饭店和街摊能够完全满足他们的需要。每天早上，街上到处都是流动咖啡摊，它们用晾衣架撑起布单来挡风遮雨。街上还有大约 500 个售货亭，可供劳动者在寒冷的早上购买热豌豆汤和热鳗鱼，还有数量相当的专门卖腌螺肉和腌洋葱的摊位。在几乎所有的街角和每家剧院的外面，都有固定驻扎的卖烤土豆的人、卖火腿三明治的人、推着姜汁啤酒桶的人、摆着板栗炉的人、端着糖葫芦盘的人。

在露天街市也有能带回家的食物出售。每逢周六的晚上，皮革巷（Leather Lane）、怀特克罗斯街（Whitecross Street）、托特纳姆宫路（Tottenham Court Road）、兰贝斯的布里尔（Brill）和纽卡特（New Cut）都会举办这样的露天街市，它们拥挤得如同热闹的集市。货摊上出售的货品，被油灯或插在红萝卜或筛子上的蜡烛照亮着。周六夜市不光是出售食品，还有衣服、地垫、旧鞋、茶盘、陶器、衬衫、平底锅和手绢。商贩的叫卖声震耳欲聋："四便士一顶帽子，有没有人买啊？""来挑来选啊，便宜卖啦！""鞋带鞋带！半个便士三双啊！""来看一看啊！""旧鞋旧鞋！一便士一双啊！""上好的梨啊，一便士八个啊！""板栗板栗，热烙的板栗，一便士 20 个啊！""来！来！看啊看啊！看看这儿有啥啊！一便士一捆啊，免费白送啊！大红萝卜啊！""贻贝一便士一夸脱啊！""新啊鲜的马鲛鱼啊，一先令六条啊！""买一对活鲳鱼吧！三对六便士啊！""活蹦乱跳的鳕鱼啊！两便士一磅啊！""新鲜的坚果啊！一便士半品脱啊！""热辣的姜饼，买俺的姜饼啊！热气腾腾啊。只要吃一块暖和，一镑又如何啊？一镑又如何啊？"在夜市的周围，是被一排排闪亮的煤气灯照亮的店铺，店员站在柜台旁通往路边的门口，用高亢、沙哑的嗓音夸耀着店内出售的便宜货。

最热闹的街市在比林斯门。这里的推销员和小商贩，都是一副不用叫声把对方压倒不罢休的架势。他们身穿白色围裙，站在货摊上争相吸引顾客的注意力，叫嚷着："哟喂！哟喂！大比目鱼！大比目鱼！活蹦乱跳的大比目鱼哟喂……拿去哟，长官嘞，黑啊黑啊黑线鳕啊！又好又新鲜……啊哟！啊哟！啊哟！该您了！上好的小银鱼！条条都是大块头哟！……哈啰！哈啰！哈啰！来啊！上好的螃蟹哟，个个都是活的哟！……仅此一天哟，五条比目鱼外加一条大比目鱼，总共只要一镑哟！"每逢周五的清晨 4 点到 7 点，通往比林斯门的路上都会挤满鱼贩的马车、叫卖小贩的手推车。在出售货物的方形木楼内，商贩们穿着破烂油腻、散发着鱼腥味的裤子和帆布外衣，在一堆堆发亮的鲜鱼、棕色的藤筐和鲱鱼的鳞片中争吵着、叫喊着、咒骂着、大笑着。

搬运工们肩上扛着装牡蛎的大黑袋，在拥挤的人群中费力地穿行，水手们身穿防水羊毛衫、头戴红色精纺羊毛帽在其中游荡。鳕鱼的尾巴在围裙外晃悠的女人们，用胳膊肘互相推搡着挤来挤去，男孩们急切地推销他们可以将鱼搬到街上的服务，女孩们恳请着拍卖商的顾客们买下她们的一篮子货品，而顾客们则挨个逛着摊位，问着："多少钱啊，老板？"一会儿从一堆发亮的比目鱼中拣起一条来闻一闻，然后任其溜回到货摊上，一会儿又把一只爬出来的龙虾踢回去，一会儿又朝装鲱鱼的桶和装海螺的袋子里打量一番，一会儿又把大理石台面上的胡瓜鱼翻来翻去。

而科文特花园则没那么喧闹，气味也好闻许多。它的路上乱七八糟散落着压扁的橘子、破碎的核桃壳、灯芯绳和黏滑的白菜叶。这里挤满了身穿灯芯绒背心的叫卖小贩、身穿蓝色围裙的果蔬商贩、身穿罩衫的农民，还有牙关紧咬、脖子上肌肉紧绷、努力支撑着头顶上堆得高高的篮子，还要保持它们平衡的搬运工。卖苹果的爱尔兰女郎，坐在搬运工用来把最下层的篮子拴在头上的绳套上，抽着烟斗，向每一位经过的路人打着招呼："好吃的苹果，您来一筐吗？"在圣保罗教堂的栏杆旁，有成堆的放在篮子里的货品出售，装在笼子里的云雀和红雀喊价两便士一只，还有成捆的彩色草。而在水泵边，在食篮里睡了一夜的男孩们在洗漱，再过一会，卖花姑娘们也会来这里清洗一束束的紫罗兰。

除了科文特花园的水果、鲜花、蔬菜市场、法灵顿的水芹菜市场、比林斯门的鱼市、史密斯菲尔德的肉市之外，伦敦还有不少其他的专门经营特定商品的市场。犹太人经营的犬沟市场，能买到便宜的橘子、柠檬和坚果。衬裙巷、迷迭香巷、霍利韦尔街（Holywell Street）和蒙默思街（Monmouth Street）是旧服装交易中心。除了史密斯菲尔德之外，肉类也能在纽盖特门、利德贺和怀特查佩尔买到。而在船具用品店能找到的杂七杂八的航海用品和林林总总的杂物，有意购买的人必会被引向

图 13-14　1861 年的霍尔本，亚瑟·博伊德·霍顿（Arthur Boyd Houghton）绘（局部）

图 13-15　贴着海报的伦敦街景，约翰·佩里（John Parry）绘，1835 年。

拉特克里夫大道，以及科文特花园的外围和王座监狱。[1]

这些船具用品店出售的货品会陈列在店铺内，也会摆在街上的货摊和托盘上。商品之丰富令人惊叹，包括纽扣、钥匙、指南针、帆布靴、金属罐、瓶子、盒子、托盘、剃刀、小刀、钢笔、封口蜡、绸缎背心、图片、雨伞、瓷器装饰品、马刺、烛台，它们大部分都是二手货，全都蒙着灰尘。但旧货店里能找到的商品品种要少得多，而且还更脏，拾荒者在街上捡到的东西就是卖到这样的店铺中。在这样的店铺内，气味往往令人作呕，地板上糊着厚厚的油脂和灰尘，肮脏的窗户因拾荒者带来的成堆的破烂而被弄得模糊不清。它们的正面通常涂着鲜艳的颜色，以便那些年老、不识字且往往大脑迟钝的拾荒者找到。与在拥挤的城市中同样靠废品获取财富的垃圾承包商一样，这些店铺的经营者有时候也能过上不错的生活。

在伦敦最穷的一些地方，几乎每条街上都有旧货店或者船具店。还有一种杂货店，店内黑暗、狭窄，周围居住的穷人在此买点可怜巴巴的日用品，如奶酪、面包、煤炭、牛蹄冻等等。这种性质的小店，大部分全由店主和家人进行经营、亲自当店员。但有个别较大的店铺会雇用一两名店员，他们住在店铺里，早上 6 点甚至更早就起床，在早餐之前将货备好。

除了最辛苦的劳工之外，一天工作时间最长的就是店员了。煤气灯延长了店铺的经营时间，许多店铺不到晚上 10 点不打烊，周六甚至要到午夜。即使打烊之后，店员也无法马上睡觉，因为还要打扫卫生。到了 19 世纪的最后十年，许多店员依然还在抱怨，除了周日之外，他们都没有戴帽子、穿外衣的机会。而且即使到了周日，他们也往往累得不想玩了。

不过，对于有时间、有精力的穷人，维多利亚时代的伦敦也为他们

图 13-16 "我爱的少年在楼座上":《老贝德福德的乔·海恩斯和小多特·赫瑟林顿》(*Joe Haynes and Little Dot Hetherington at the Old Bedford*),西克特(Sickert)绘,1889 年(局部)。

提供了各种各样的娱乐和消遣。对于那些只能花寥寥几个便士的人，大街小巷中也充满各种乐趣。食物和饮料小贩多不胜数，他们兜售着从涂着鲜艳色彩的土豆罐里拿出来的热气腾腾的烤土豆，从带闪亮铜手柄的桃花心木酒桶中倒出来的姜汁啤酒（半便士一杯），还有蜜汁硬糖、杏仁太妃糖、半便士的棒棒糖和胡椒薄荷棒、冰淇淋（19世纪50年代开始流行）、热气腾腾的肉馅饼（从来都极受欢迎），以及杯装牛奶。几乎所有的近郊都遍布着奶牛舍，在19世纪80年代依然还有700家有执

图 13-17　卖烤土豆的人。

照的奶牛舍，后来才被乡下农场的"铁路牛奶"最终逐出市场。奶贩以1.5便士1夸脱的价格，从伦敦的奶牛主手里购得脱脂牛奶，搀水稀释、加糖增加甜味之后，再以半便士1品脱的价格出售。比这种加糖搀水的牛奶更有营养的是牛奶糊，它是把米加入牛奶中煮成黏糊状，然后再加入糖浆增加强烈的甜味。

卖牛奶糊的小贩还得准备着和顾客掷硬币来卖货，卖馅饼的小贩更是如此。如果馅饼小贩获胜，输了的顾客就得给他一便士，却得不到馅饼。如果馅饼小贩输了，就免费给一只馅饼。"如果不是掷硬币，我们都卖不掉，"一位馅饼小贩说，"很少有人买东西不掷硬币，特别是那些男孩子。出门在夜店里狂饮的男士们，不想要馅饼的时候也掷硬币，赢了之后，就互扔馅饼，或者朝我扔馅饼来取乐。" 220

除了街上卖食物和饮料的小贩，还有卖报纸杂志、图书，以及据说是色情图片的密封包装的"秘密报纸"的小贩。图书和报刊无一例外是些不体面的、耸人听闻的、极其恐怖或色情的内容，包括上流社会女士之间决斗的描述、野蛮谋杀的详解、罪犯和刽子手的生平故事、温莎或白金汉宫内争风吃醋的报道，或名为《一个医生对他被催眠的病人所做的残忍之事》的报道。然后还有众多的街头艺人：杰明街上的魔术师，格雷律师学院巷的吞火人，莱斯特广场、牛津街和托特纳姆宫路的"潘趣与朱迪"木偶戏表演者，还有操纵跳舞木偶和滑稽骷髅的木偶表演者，展示机械装置、望远镜（一便士看一次）的人，以及展示西洋镜的人。身无分文的男孩，只要能缠，或许可以用一只废瓶子换来看一次，尽管12只废瓶子还值不到三便士。如果没钱也没瓶子，孩子们往往也能设法看一场杂技、大力士、变戏法、吞刀子、小丑、钢丝舞、小狗跳舞、猴子体操等等表演，然后在收钱之前跑得无影无踪。 221

穷人当中最受欢迎的娱乐项目之一，是捕鼠比赛。在比赛中，他们会把赌注压在他们认为能够在给定的时间里捕鼠最多的那条狗身上。在伦敦，大约有40家酒馆举办这样的捕鼠比赛。比赛在一种特别的场地举行，在里面，一晚上被捕杀的老鼠最多可达到500只。

灭鼠之王是一只叫"比利"的狗，它的伟大功绩是在五分半内杀死了500只老鼠。不过，大部分猛犬无法以这样的速度攻击老鼠，每分钟能杀死15只都算是技艺高超了。

捕鼠比赛的场地是一种小竞技场，大约六英尺见方，地上涂着白漆，周围围着木墙。老鼠由一个人从锈迹斑斑的笼子里捉出来，扔到场地内。这个人必须经验丰富，能够将手臂伸进一大堆拼命挣扎的老鼠当中，牢牢抓住这些"祸害"的尾巴。待竞技场内的老鼠数量足够之后，接下来的顺序就是放狗。而绷紧了狗带、嘴里吐着泡沫，迫不及待地想一口咬住场内臭老鼠喉咙的猛犬，待狗带一松便飞奔而去。每一场比赛都有一只秒表进行计时，到时间之后，死去或血流不止的老鼠会被捡起来，扔在角落的死老鼠堆中，然后下一场比赛继续进行。

如果不想看毛骨悚然的捕鼠比赛，那么可以去看戏。许多每周收入不足两英镑的人，也会去剧院消磨三四个晚上，带上自己的妻子，怀着强烈的偏爱随着演出喝彩或者起哄。他们最爱去的剧院在泰晤士河的南岸，如萨里剧院、维多利亚剧院或鲍尔剧院（Bower Saloon），还有加里克（Garrick）剧院、亭台（Pavilion）剧院和伦敦城（City of London）剧院。他们最爱看的剧目是充满暴力、歌曲吵闹、情节极其夸张的那一类。

在能容纳2000人的科堡（Coburg）剧院，演出开始之前的楼座里可谓喧闹非凡。穿着衬衫的年轻人跳上别人的肩膀，以便获得更好的视线，或者朝前面女人的头上扔橘子皮或者坚果壳。其他晚到的人，会爬上门口围着的人的身上，朝前面的铁栏杆爬过去，然后在拥挤的长凳上为自己挤出一块地方。无礼之事屡屡发生，激烈的争吵不断爆发，斗殴也是家常便饭。然而，一旦幕布升起，要求安静和秩序的叫声响起，一切喧哗和骚动都会随之归于平静。

在整个演出过程中，观众们都咂咂有声地嚼着幕间休息时出售的猪蹄、火腿三明治，还不停地砸坚果、吃橘子、喝啤酒。如果后面的观众因看不见而抱怨，他们的反应是威胁要把对方扔到栏杆外面去。他们还不时地用揉得皱巴巴的戏票擦脸上的汗水，对着演员们大喊大叫，叫他们大声点，并为他们鼓劲："太棒啦，文森特！加油啊，我的郁金香！"每当有熟悉的旋律响起，他们一定会跟着歌词唱起来，或者随着节拍

图 13-18 "名犬比利在威斯敏斯特竞技场杀死 100 只老鼠"，1822 年。

鼓掌。

没钱去大剧院的人，可去被称为"一便士娱乐所"的下等小戏院，这种娱乐场所通常由店铺的上层楼改建而成，下三流的演员在吵闹的乐队伴奏下在此唱歌跳舞。这类演出的观众，大部分都是女人、小女孩和男孩。男孩子在临时舞台两边啪啪作响的煤气灯喷嘴口点燃自己的烟斗，或者动手去挠坐在前面的小女孩。小女孩，有的只有八岁上下的年纪，笑着叫着、拍着手掌、随着音乐一前一后地挥动着软帽上的旧翎毛。演出充满淫秽的歌曲和挑逗性的舞蹈，演出结束之后，成群结队未戴帽子、脚穿阿德莱德靴子的妓女，挤在入口的帆布门帘周围，期望能找到一位顾客。19世纪60年代，伦敦的职业妓女据估计达8万人，另还有未统计过的、数以千计被称为"时髦拖把"的暗娼，以及由有钱人包养在圣约翰林地、布朗普顿和摄政公园等高档住宅区的公寓中的情妇。她们大部分都很年轻，许多人尚不足13岁。

伦敦差不多有3000家妓院，最肮脏污秽的妓院位于兰贝斯、怀特查佩尔、沙德韦尔、斯皮塔佛德、沃平、拉特克里夫大道和滑铁卢路。最差的妓院分布在各个码头边，这里的蓝门广场（Bluegate Fields）外的某些院子里，每一座房子的每一间屋子都被用作卖淫，空气中飘荡着香甜浓郁的鸦片味儿，陋室中唯一的家具是潮湿发霉的草垫和破破烂烂的床架。

而在另一个极端，在国王坊（King's Place）、圣詹姆斯、欧克森登街（Oxenden Street）、可胜街（Curzon Street）和干草广场的詹姆斯街，却坐落着昂贵而设施齐全的妓院。这些地方的姑娘们，完全被鸨母所控制，她很少让她们出门，即便她们能出门，也是被一名"监视人"寸步不离地跟着。她们几乎没有自己的衣服，得到的报酬也极少。

而在公园中卖淫的妓女，虽然是伦敦东区价格最便宜的——除了那些在莱斯特广场和克兰本道（Cranbourne Passage）黑暗而肮脏的院子里要价仅几个铜板的"年老色衰的可怜虫"之外——但如果每周没能挣到两三英镑，她们就会认为自己不够运气，而许多人都能够挣到五六英镑。法国来的姑娘，大部分居住在摄政街之外女王街上的出租屋之内，她们向客人们的要价是每次一几尼，因此平均收入还要高两倍。但与徘徊在蓓尔美尔俱乐部之外，或频频出现在干草市场周围时尚夜店的那些女郎相比，这个收入却又显得微不足道了。干草市场这地方"夜里的某些街道上，"陀思妥耶夫斯基（Dostoievsky）曾说，"成千的妓女聚在一起。"这个地方，《家常闲话》（Household Words）的一位作者也让实说："夜里真可谓丑恶至极，充斥着斗殴的势利之徒、闪亮的绸缎、好赌的男人、涂脂抹粉的脸颊、闪着猥琐之光的眼睛、劣质的烟草、粗哑的狂笑和喧嚣的下流。"

这地方的夜店中，最时髦的几家是莫特（Mott's）、露丝·伯顿（Rose Burton's）、杰克·珀西瓦尔（Jack Percival's）和凯特·汉密尔顿（Kate Hamiltion's）俱乐部。凯特·汉密尔顿是一位巨胖且丑陋的女人，她整晚坐在店内，身穿低胸裙，啜饮着香槟，每每大笑起来，就像果冻一样晃动不已。若是姑娘缺少魅力、穿着不够考究、无法吸引光顾俱乐部的有钱绅士，她是不会允许入内的。而这样的姑娘，白天在伯灵顿拱廊街上遍地都是，只要给个暗号，她们就会飞快溜进附近的店铺中，店铺的上层楼有按照她们的品味布置、且能达到她们目的的房间。

与拥有高级妓女的凯特·汉密尔顿俱乐部一样受青睐的，还有阿盖尔包房（Argyll Rooms），它位于沙夫茨伯里大街上后来的特洛卡迪罗酒店（Trocadero Restaurant）所处的位置。妓女们不少都居住在附近风车街（Windmill Street）上的出租屋内。那里的楼上公寓的费用可高达每周四英镑，但她们认为如此奢侈的租金是值得的，因为它基本上就是与

224

众多有钱男人幽会的场所。还有许多妓女居住在位于苏活、皮姆利科和切尔西的布置舒适的公寓内。不愿意陪姑娘去她们住处的男子，在欧克森登街、潘顿街（Panton Street）、詹姆斯街，以及河岸街附近的几条街道上，都能找到住宿之处。同鲍斯维尔所处的时代一样，河岸街依然是妓女们乐于出入的地方。在科文特花园附近还有一些咖啡馆，也会在下午和晚上，将房间出租一小时左右给妓女。另还有一些更低档的地方，在莱斯特广场周围的院子里，那些房间里百叶窗低垂，煤气灯透着朦胧的亮光，门上贴着告示："内设床铺。"

伦敦的妓女，养有自己的小混混的，也不在少数，她们称他们为自己的"情郎"。他们除了向姑娘们要钱之外，还靠各种不算严重的犯罪维持生活，如扒窃行人、在周围小偷小摸、偷狗、入室盗窃等。他们虽然人数众多，但在成千上万完全或部分以犯罪为生的伦敦人当中，所占的比例是非常小的。这些人中，也很少有人知道其他的生活方式。他们从小就被疏于照管或者失去了父母，脏兮兮、赤着脚、衣不遮体地在城里游荡，乞讨或者偷盗，晚上要么回到部分靠着他们犯罪而养活的家中，要么回到廉价的出租屋中，屋内的居住者几乎都是曾经的或者未来的囚犯。实际上，许多廉价出租屋的氛围、里面能交往的人，和监狱几乎也没有两样。

名声最差的这类出租屋，位于兰贝斯、萨瑟克、斯皮塔佛德和七晷区的犯罪高发的贫民窟社区内。斯皮塔佛德介于联合街和思罗尔街（Thrall Street）之间的大片地区，整个都成了从事犯罪活动的房客的地盘。七晷区的大街小巷也被偷盗、坑蒙拐骗的团伙所占据，并且还有凶神恶煞的看门狗守护，以免引起陌生人或当局的注意。房间的墙上、天花板上都挖了洞，通往地窖或者屋顶。处于被警察抓捕危险之中的罪犯，由此能够借助迷宫般的密洞、井口、隧洞、隐匿的通道和暗藏的出

图 13-19　圣巴多罗买和大布料集市（Great Cloth Fair）的贫民窟，约 1875 年。

口，迅速逃脱追捕。

伦敦日益迫切的犯罪问题，因罗伯特·皮尔（Robert Peel）①1829
年的《都市警察法》（Metropolitan Police Act）而得到极大缓解。在这项
法令下，一支新的带薪警察队伍成立起来，领导他们的，是后来被称为
"警监"的两位法官。警长办公室位于白厅街（Whitehall Place）4 号，
背靠着被称为"苏格兰场"（Scotland Yard）的庭院。苏格兰场，是原先
苏格兰国王的伦敦宫殿原址的一部分。[2]

人们对《皮尔法令》的到来期待已久。《伦敦及威斯敏斯特警察法
案》（London and Westminster Police Bill），早在戈登暴乱五年后就被提
出，尽管事实证明它是如此必不可少，却遭到强烈的反对，最终不得不
流产。而且，1800 年成立的泰晤士河警备队（Thames River Police），虽
然取得了极大的成功，但是，在飙升的犯罪率令最顽固的阻挠者都不得
不改变观念之前，一直没有任何其他类似的组织得以建立。

泰晤士河警备队的建立，要归功于苏格兰商人帕特里克·柯洪
（Patrick Colquhoun），他对社会改革持有坚定的信念，并因此当上了
一名治安法官。在著名的《都市警察论》（*A Treatise on the Police of the
Metropolis*）一书中，柯洪说明了伦敦所面临问题的急迫性。他提出，
伦敦有不下十万人通过"犯罪、非法或不道德的行为"来维持自己的生
计，每年因盗窃造成的损失达 200 万英镑，而且职业窃贼的队伍如此庞
大，"令人极为担心的是，任何现有的力量都无法对他们加以限制"。

---

① 罗伯特·皮尔（Sir Robert Peel, 1788—1850 年），曾任两届英国首相（1834—
1835 年、1841—1846 年），亦被看作是英国保守党的创建人。在担任内政大臣
期间（1822—1827 年、1828—1830 年）改革英国的刑法，组建了伦敦第一支训
练有素的警察队。他征收所得税，改组英格兰银行，在爱尔兰发动改革。皮尔
还支持降低进口关税，废除《谷物法》，称得上是维多利亚时代中期稳定与繁荣
的总工程师，常被称为英国历史上最杰出的首相。——译注

图 13-20　1898 年皇家交易所的繁忙时刻，弗里茨·维尔纳（Fritz Werner）绘。

柯洪的论著并没有产生立竿见影的效果，但其合理性令西印度群岛商人协会信服，他们请他就如何制止码头犯罪提出建议。码头上职业海盗团伙、腐败的官员和不诚实的工人给商人们带来的损失甚是严重。于是，在柯洪的建议下，一支河上警备队建立起来，并且，在它的成功得到证明之后，它也得到了政府的认可。

不过，政府在同意将河上警备队的组织架构运用于整个都市之前，这个计划需要有更强的说服力。1811 年 12 月，在一周的时间内，拉特克里夫大道上有两家人惨遭残忍杀害，它所带来的恐惧，不亚于 1888 年的开膛手杰克（Jack the Ripper）连环谋杀案。1820 年，计划刺杀全体内阁成员的卡托街密谋者，袭击了政府大厦和银行，由此引发的广泛关注，导致对更有效警队的要求再次高涨。然而危险过去之后，人们却又陷入了得过且过的状态。后来，乔治四世愚蠢而不受待见的王后返回英格兰的时候，引发的暴乱导致一些士兵哗变，直到此时，通过将皮尔任命到内政部，成立都市警队这一步才最终迈了出去 ①。

皮尔的新队伍成立仅三个月之后，就收到了威灵顿的贺信："伦敦警察大获成功。"一开始，身穿燕尾服、头戴大礼帽的警察们，仅配备一根木制的短警棍。他们受人憎恨，薪酬极低，还频频受到攻击。数以千计的反对他们的传单在街上分发。但很快，人们不得不承认，家里被盗的频率减少了，夜里的街道也变得更安静了。1833 年，国家政治联盟（National Policical Union）在冷水浴场（Cold Bath Field）举行怒气

---

① 1829 年，在时任内政大臣的罗伯特·皮尔主导之下，伦敦都市警部（Metropolitan Police Service）成立。其非正式英文缩写有许多种版本，如"the Met""Met Pol"或"the MPS"等。在成文法中常以小写形式称作"metropolitan police force"（首都警队）或"metropolitan police"（首都警察），没有加上"service"（部门）的字样。人们也常以它所处的位置"苏格兰场"作为它的代称。它负责整个大伦敦地区（伦敦市除外）的治安及交通。——译注

图 13-21　圣保罗大教堂及现代城市：大卫·托马斯（David Thomas）《1967 年的伦敦》局部。

图 13-22　西德纳姆警察局的检阅仪式，约 1864 年。

弥漫、拥挤不堪的非法集会，他们被一支 500 人的警察队伍所驱散，无人受到严重伤害，但警察们却遭到暴力挑衅，三人被刺伤，一人死亡。警察队伍所展现的能力，导致人们对他们的憎恨态度开始转变。都市区之外的教区纷纷请求被纳入警队管理区域。而且，古老的教区体系依然占优势的一些乡下大城镇，也请求在伦敦受过训练的警官前去帮助他们对付罪犯，这些罪犯往往都是被效率逐年提高的首都警察赶出伦敦的。

　　虽然有首都警察阻止了伦敦犯罪率的不断上升，但刑法几乎还是18 世纪野蛮的那一套。死刑的数量虽然有所减少，但依然还是在大庭广众之下公开执行，也不顾一些有影响力的声音提出抗议，查尔斯·狄更斯便是其中之一。1849 年，他在马贩巷（Housemonger Lane）监狱目睹了乔治·曼宁（George Mannings）夫妇的绞刑，于是致信《泰晤士报》，抗议这种邪恶的场景、人们"难以形容的残暴"举止。晚至 1864

年，一名在火车车厢中谋杀了一位银行职员的犯人遭到公开处决后，《泰晤士报》报道说："抢劫与暴力、响亮的笑声、诅咒、打斗、下流的举止以及更肮脏的语言，充斥于绞刑架的周围，无处不在。"看客由伦敦最"不可救药的糟粕"组成，他们包括"骗子、窃贼、赌徒、拳赛场的闲杂人员……廉价歌厅和桌球室的浪荡之徒"。直到 1868 年，奥尔德姆议员 J. T. 希伯特（J. T. Hibbert）提出的一项普通议员提案，才规定从此后处决在监狱的高墙内执行。

到那时，高墙内犯人的条件终于得到了改善。约翰·霍华德（John Howard）在 18 世纪所描述的，同时也是被伊丽莎白·弗赖伊（Elizabeth Fry）和托马斯·福韦尔（Thomas Fowell）所谴责的肮脏、残忍的可怕状况，大部分都已不再。但是，伦敦监狱的改变进程，绝非一件容易的事情。

位于米尔班克的那座巨大的监狱，在它于 1813 年至 1816 年建造之后，其阴影就笼罩着兰贝斯巴茨（Lambeth Butts）对面的泰晤士河北岸。它的设计精心巧妙，按照杰里米·边沁（Jeremy Bentham）提出的"圆形监狱"的方式布局，① 并且也相对比较卫生。但狱中的生活却单调、孤独得可怕。犯人们要服刑超过刑期的一半，才被允许离开自己单

---

① 杰里米·边沁（Jeremy Bentham，1748—1832 年）是英国的法理学家、功利主义哲学家、经济学家和社会改革者。边沁设计出"圆形监狱"：圆形监狱由一个中央塔楼和四周环形的囚室组成，环形监狱的中心，是一个瞭望塔，所有囚室对着中央监视塔，每一个囚室有一前一后两扇窗户，一扇朝着中央塔楼，一扇背对着中央塔楼，作为通光之用。这样的设计使得处在中央塔楼的监视者可以便利地观察到囚室里的罪犯的一举一动，对犯人了如指掌。同时监视塔有百叶窗，囚徒不知是否被监视以及何时被监视，因此不敢轻举妄动，从心理上感觉到自己始终处在被监视的状态，时时刻刻迫使自己循规蹈矩。这就实现了"自我监禁"——监禁无所不在地潜藏进了他们的内心。在这样结构的监狱中，就是狱卒不在，由于始终感觉有一双监视的眼睛，犯人也不会任意胡闹，他们会变得相当守纪律、相当自觉。——译注

独的牢房，去和同狱的犯人一起干活。

如果在米尔班克的生活称得上孤独，那么在本顿维尔（Pentonville）监狱的生活更是有过之而无不及。囚犯们必须遵守严格的秩序，保持绝对的安静，还必须戴上棕布做成的面罩，保证没人认得出他们。早餐是十盎司面包加四分之三品脱可可，午餐是半品脱汤（或四盎司肉）、五盎司面包加一磅土豆，晚餐是一品脱燕麦粥加五盎司面包。工作从早晨6点开始，晚上7点结束，中途休息包括无声地吃饭、无声地锻炼，还包括在礼拜堂中的每日礼拜。每个囚犯在礼拜堂中的座椅上都有自己的小隔间，由此虽然值班的看守能够看到他的头部，但邻座却看不见他。

监狱有520间牢房，房内有暗淡的煤气灯、凳子、桌子、吊床、褥子和床单，还算得上舒适。但是，对于囚犯们的不公——他们甚至被剥夺了姓名，被剥夺了所有的人类接触和交流——把许多人都逼得发了疯，甚至还有人选择了自杀。

试图相互交流会受到惩罚，惩罚频频发生且力度很大。牢房里的抽水马桶后来都被拆除了，因为囚犯们会通过敲击水管来互相联络。惩戒室内一片漆黑，犯人可被关在里面长达三周。但最可怕的惩罚，是被剥夺了工作的权利。当然，这里的工作重复、单调，与伦敦其他监狱没什么两样，与许多囚犯常干的卑微而累人的踩踏车相比，也好不到哪里去。

229　　在金浴场监狱（Gold Bath Fields Prison），不管男女都得去踩踏车，每天六小时。踏车是旋转液压缸外的铁踏板架子，每一台踏车都有自己单独的隔间，并不连接任何类型的机械装置，因此一天下来，囚犯们除了攀爬了8634英尺之外，却是一事无成。

在伦敦另一些人满为患的监狱里，生活也同在金浴场或本顿维尔差不多。在作为监狱一直到1880年的纽盖特，在以中世纪哥特式城

图 13-23　金浴场流浪汉监狱中踏车及其他囚犯锻炼活动。

堡构造、于 1849—1851 年建于本顿维尔以北的霍洛韦监狱（Holloway Prison），在 1871 年修建的苦艾丛监狱（Wormwood Scrubs），在于 1898 年得到大规模扩建的布里克斯顿监狱（Brixton Prison），即使囚犯们能找到事情做，他们做的事情也是痛苦不堪的，常常还毫无用处，永远是难以忍受的不断重复。

The QUEEN
THE LADY'S NEWSPAPER

No. 3361.—Vol. CXXIX.   Saturday, May 27th, 1911.   PRICE SIXPENCE.

Registered at G.P.O. as a Newspaper.   Offices: WINDSOR HOUSE, BREAM'S BUILDINGS, LONDON, E.C.   Postage One Halfpenny.

第十四章　爱德华七世时期
的反差

（1884—1914 年）

图 14-1　"萨沃伊餐厅（Savoy Restaurant）中伦敦社交季的顶峰时刻"，1911 年。

1884 年 2 月的一个清晨，威尔士亲王爱德华身穿工人的衣服，在两位随同的陪伴下，由一位警察护送，乘着四轮马车去视察位于霍尔本和克勒肯韦尔的、他所形容的"最糟最穷"的贫民窟。他所到之处，是成千上万的伦敦人生活的环境，其贫穷、肮脏和悲苦，令他感到深深的震惊。他看到一个浑身颤抖、饿得半死的女子，带着三个衣衫褴褛、表情木讷的孩子，躺在家徒四壁的屋子里的一堆破布上。他从口袋里抓出一把金币想递给她，被他的朋友卡林顿勋爵（Lord Carrington）制止，他提醒他说，这样显富有可能会招来女子的邻居对她发动袭击。卡林顿勋爵一直到他和他的亲王安全回到蓓尔美尔，及时赶上马尔伯勒府的午餐，才长舒一口气。

　　马尔伯勒府是亲王大婚之前在伦敦的居所，这座府邸为他进行了现代化的改造，花费达 6 万英镑。他在这里所享受的生活，与克勒肯韦尔可谓是有着天壤之别。迪斯雷利所谈及的"特权阶层"，以及"人民形成了两个国家"，至此时依然难说它不是实情。马尔伯勒府立刻成为上流社会的中心和顶端。府邸十分宽敞，举办一次舞会就足以招待上流社会的所有成员。亲王将其作为自己的安乐之乡，带着精力充沛的热情和贪婪的胃口，与朋友们频频出没于餐厅、俱乐部、剧院、聚会，频频光顾克雷蒙花园和埃文斯音乐厅（Evans's Music Hall）。

终其一生，他，以及他对其时尚和习惯的改变作出了巨大贡献的上流社会，都享受在、沉溺在他们的闲暇和财富所能及的一切纸醉金迷当中。他们清晨纵马驰骋，午后走亲访友，夜里歌舞升平、不赌不休。虽然受制于不容改变的规矩和习俗，但生活是无忧无虑、无牵无挂的。爱德华七世时期的伦敦社交季（Edwardian London's Season），始于复活节之后，于6月底阿斯科特（Ascot）赛马会之后结束。在社交季期间，一位有教养的小姐，绝不会不带女仆外出，也绝不会少了马夫陪伴而侧骑着马沿罗敦道骑行。走亲访友的绅士，绝不能不戴礼帽、手套，不持手杖而进入会客厅。

在每英镑六便士的所得税税率下，富人们不难以他们祖辈同等的奢侈水准维持大宅邸的开支。在一战之前，皮卡迪利街的大部分宅邸依然处于私人手中。德文郡府、斯特拉顿府、巴斯府、格洛斯特府、阿普斯利府，以及位于148号的罗思柴尔德（Rothschild）家五层楼的大厦，都依然保留着昔日的辉煌，高墙内养着一群群穿制服的仆人，还有穿着长筒靴的马车夫，随时在屋后的马厩内等待着主人的召唤。

而皮卡迪利街本身，在国王爱德华驾崩的1910年，已然呈现出令王室那些美食家很是赏心悦目的富贵、浮夸、华丽，相当庸俗而浮华的外观。它昔日的特色已经难觅踪影，新的风格仿佛以肥硕的鱼、螃蟹、龙虾和牡蛎来体现，它们漫无目的地散布在皮卡迪利圆形广场内新艺术派基地——阿尔弗雷德·吉尔伯特（Alfred Gilbert）美丽的爱神厄洛斯雕像的周围，仿佛不屑于知道，在对面考文垂街上，在门面金碧辉煌的斯科特餐厅带黄铜把手的桃花心木大门内，它们有大量的同类天天遭到被吃掉的厄运。[1]

皮卡迪利街上的圣詹姆斯教堂，渺小而孤独地保持着 17 世纪的品味。尽管有几座建筑，如 106 号的圣詹姆斯俱乐部、94 号的海陆军（Naval and Military）俱乐部、历代考文垂勋爵和艾格蒙特勋爵曾经的宅邸等，还依然展现着昔日的优雅，但其他的许多建筑，都换上了更富丽堂皇的前立面：伯灵顿府优雅的线条早已消失，它的前面覆盖着后来的改造者所赋予的意大利风格的厚重镶边。

伯灵顿府的对面、皮卡迪利街的南侧，是新建的银行和商店、门面金碧辉煌的餐厅、生意兴隆的保险公司富丽堂皇的办公大楼。1906 年，丽兹酒店（Ritz Hotel）在此出现，在铁框架表面的挪威花岗岩的衬托下，它尽显华贵的风貌，在巴黎风格的屋顶下，它的名字因电灯的照耀而显得格外醒目。紧随丽兹酒店之后于 1908 年出现的，是由诺曼·肖（Norman Shaw）设计的爱德华七世时代巴洛克风格的庞大建筑——皮卡迪利酒店（Piccadilly Hotel）。

在西区的别处，街道的面貌也如皮卡迪利街一样发生了急剧变化。众多 18 世纪建筑，按照爱德华七世时期的品味，内外都重新进行了表面装修。譬如，格拉夫顿街（Grafton Street）3 号［现为赫莲娜·鲁宾斯坦（Helena Rubinstein）的展示间］，原为罗伯特·泰勒爵士于 18 世纪 50 年代设计的建筑，亚瑟·詹姆斯（Arthur James）夫人花费巨资对其进行了大刀阔斧的改造。数十座乔治时期、摄政时期和维多利亚女王时期的建筑也让路于各个新剧院：约克公爵剧院（the Duke of York's）、新剧院（the New Theatre）、斯卡拉剧院（the Scala）、帕拉丁剧院（the Palladium）、盖伊提剧院（the Gaiety）、女王陛下剧院（Her Majesty's）、伦敦馆（the London Pavilion）音乐厅、王宫剧院（the Palace）、阿波罗剧院（the Apollo）、温德姆剧院（Wyndham's）、竞技场剧院（the Hippodrome）、斯特兰德剧院（the Strand）、奥德维奇剧院

（the Aldwych）、环球剧院（the Globe）、女王剧院（the Queen's）、科利瑟姆剧院（the Coliseum），均修建于爱德华母亲执政的最后十年和爱

德华执政的九年。还有数百座老建筑被拆除，为新商店、阔气的大商场腾出空间，这些新建筑拥有豪华的大玻璃橱窗、黄铜镶嵌的桃花心木大门。1901 年，哈罗德（Harrod's）百货公司的红墙开始在布朗普顿路（Brompton Road）筑起，一股商店建设大潮紧随其后在牛津街出现，其中既有狂放的巴洛克建筑，如华林和吉洛（Waring & Gillow's）家具店（1906 年），也有惊人的庞然大物，如美国威斯康星州商人哈里·戈登·塞尔弗里奇（Harry Gordon Selfridge）于 1909 年投建的巨型百货大楼。

图 14-2　1890 年圣约翰林地的公共马车。

塞尔弗里奇（Selfridge）百货公司完工之时，摄政街已经完全变了模样。在萨默塞特府对面的河岸街北侧，奥德维奇（Aldwych）环道穿过迷宫般的街道被开辟出来，两侧遍布纪念性建筑物。国王道（Kingsway）也往北延伸到了霍尔本。

然而，这些爱德华七世时期的新街道，对伦敦拥挤的交通并未起到多少作用，交通问题还变得比以前更糟了。除了马车和自行车，机动车也日益普及。第一辆出租汽车出现于1903年，公共汽车也开始与公共马车进行竞争，不过，公共马车在某些线路上一直运营到1911年。继

图 14-3　双人自行车，1884 年。

图 14-4　基尤的郊外住宅，约 1890 年。

有轨马车、有轨牵引车、有轨压缩空气推进车之后，有轨电车于 1903
年投入运营，在接下来的几年里，数英里的新轨道铺设了起来，它们穿
过街道、桥梁，沿着河堤、深入地下，将滑铁卢桥与伊斯灵顿连接起
来。北部及城市（the Northern and City）线于 1904 年投入使用，贝克
鲁线（the Bakerloo Line）于 1906 年投入使用。

234　　　到 1900 年，伦敦郡的人口已经增至 450 万，不过在他们当中，此
时只有不到 3 万人居住在城内，绝大部分在城内或西区工作的伦敦人，
夜里都会返回郊区。

在新世纪初，郊区的家庭生活与 50 年之前相比，并没有多少变化。在富裕的中产阶级之家，一日之计，依然始于家庭早餐。出于"体谅"的考虑，早餐免去了仆人的左右服侍。装热菜的盘子盖着银质的盖子，放在结实的深色桃花心木餐边柜上，煮熟的鸡蛋置于母鸡形状的瓷盖内。一日之计，也依然以家庭晚祷画上句号。整天难以见着父母的孩子们，由他们的家庭女教师或者保姆带着参加晚祷，家里所有的仆人也必须加入。

在中产阶级下层居住的郊区，如在理查德·丘奇（Richard Church）1903 年度过十岁生日的巴特西，那温馨、安稳、共同参与的家庭生活却又大不相同。理查德的父亲是西南区邮局的邮件分拣员，邮局位于当时正在修建的威斯敏斯特主教座堂（Westminster Cathedral）的隔壁。他的母亲在位于巴特西公园路上的一家伦敦地方纳税人董事会管理的学校当老师。他们两人的收入加起来大约是每年 250 英镑。他们的大儿子赢得了奖学金，就读于理工中等专科学校（Polytechnic Secondary School），他们的小儿子在萨里巷高等学校（Surrey Lane Higher Grade School）读书。他们的房子抵押给了办公室位于鲁德门山的"节制永久建房互助协会"（Temperance Permanent Building Society），理查德和哥哥可拿到按季度发放的款项。房子是以 375 英镑的价格买下的，原来的房主是一位容光焕发的先生，就职于《世界新闻报》（*News of the World*），工作日和周日都能抽烟（成功人士的可靠象征）。

屋子的后面是水泥铺地的后院和一间自行车棚，丘奇先生心爱的双人自行车就存放在此。后院的前方有一盏煤气灯，晚上由一名灯夫点亮。灯夫身后总是跟着一群兴奋的孩子，他们围着他欢天喜地地又跳又叫，看着他将手上火焰摇曳的铜顶灯杆伸进灯罩内，将煤气灯点亮。在巴特西公园路，早已有了噼噼啪啪、嘶嘶作响的电弧灯，但煤气灯却远比它们更友善、更可靠。

在屋内，前厅和后厅之间的每一扇门总是敞开着，门拱上和两处壁炉上，都挂有带流苏的丝绒帘子。房间里放满了家具、照片、装饰品、衣架，还有书架，上面摆放着红色封皮的《欢迎杂志》(*Welcome*)、《男孩报》(*Boys' Own Paper*)、《家庭杂志》(*Family Journal*)，还有散页的《自行车运动》(*Cycling*)、《花絮新闻》(*Titbits*)、《喋喋不休报》(*Chatterbox*)、《每日记事报》(*Daily Chronicle*)。

屋子的外面，一切整洁有序，附近街道的上百座房屋也均是如此。洁白蓬松的蕾丝窗帘垂挂在闪闪发光的窗户内侧，前门外的台阶铺着红赭石、刷洗得纤尘不染。门前的小道上整齐地镶嵌着玻璃瓶的碎片或金属瓶盖。街坊邻居大部分都是些技艺高超的工匠、市政小官员、退伍军人和收入不高的职员，但也包括一些粗鲁无礼的家庭，他们从不去公理会教堂，把钱都花在附近酒吧的苦啤酒和腌菜上，却从不踏进克拉珀姆枢纽站（Clapham Junction）附近的克莱顿（Creighton）饭店去吃煎鱼、喝瓶装啤酒。

在爱德华七世时期伦敦郊区的社会等级中，略低于威严体面的圣约翰林地和汉普斯特德、远高于从未完全合并的河岸与巴特西沼泽区的，便是乔治（George Grossmith）和威登·格罗史密斯（Weedon Grossmith）兄弟俩所写的流芳百世的普特尔（Pooters）一家 ① 所居之地

---

① 《小人物日记》(*Diary of Nobody*, 1891 年) 是乔治·格罗史密斯（George Grossmith, 1848—1912 年 ）和他的弟弟威登（Weedon Grossmith, 1852—1919 年 ）托名小职员查尔斯·普特尔所写的日记，实为虚构作品。威登还为该书画了生动有趣的插图。先是在幽默杂志《潘趣》(*Punch*) 连载，后来才结集成书。该书问世百余年后，普特尔（Pooter）的名字进入了日常英语，用来指称某一类在郊区生活的古板守旧的中产人士，还派生出 Pooterish（自以为是而平庸的、小资产阶级的）一词。这本书虽然在正统文学史中地位不太显要，却是雅俗共赏，很受欢迎，直到现在影响绵绵未绝。《不列颠百科全书》和牛津大学出版社的《英美文化词典》里都有相关的词条。——译注

霍洛韦。

位于霍洛韦布里克菲尔德台地12号的"月桂居"，包含六间居室和一间地下室。前面有一个小院子，后面有个稍大的院子，一直延伸到铁路边。前门口有10级台阶，还有一道灰泥栏杆将房子和街道隔开。窗户周围包着厚厚的贴边，一道不成比例的扶栏，高出平屋顶数英尺，给屋正面一个错误的高度印象。前门只有在特殊情况下才打开，门板上半部分镶着毛玻璃。客厅窗户上的蕾丝窗帘和半关闭的百叶窗，把居住在屋内的人都遮挡得看不见，普特尔夫人的梳妆台镜子的背面，是透过上方她卧室的窗户唯一能看到的东西。屋内用煤气灯照明，在狭小的浴室里，有一个闹喳喳的烧水锅炉供应热水。尽管在1879年，朗伯德街上已经开通了电话线路（有10位用户），但"月桂居"尚未通电话。实际上，在一战以前，霍洛韦基本上都没有电话。厨房里——如同许多人家的厨房里一样，有一名女仆。

台阶上的地毯不够宽，接不到漆着黑巧克力色的台阶的两边。前客厅内绿色纹布的椅子和沙发上罩着印花棉布，门厅里挂着一对用熟石膏制作的、涂着棕色的雄鹿头，另外几面墙上则挂着放大并染色的照片，当家里举行聚会的时候，还会用"自由"牌丝绸蝴蝶结将它们装饰起来。后客厅（也用作餐厅）的壁炉台上，摆放着两个瓷花瓶、一本日历、几把扇子，还有一台罩着弧形玻璃盖的装饰钟。

每天早晨，普特尔先生带着雨伞进城，一路上乘公共汽车花去半小时。下午回家用过茶点之后，他通常会待在家里，读报或看《交易和市场》，干一些家里的零活，听他的妻子弹奏立式小钢琴（三年分期付款购买）。有时候他的朋友卡敏斯（一位狂热的三轮车爱好者和《自行车新闻报》的忠实读者）会来到家中，和他们一起玩多米诺骨牌或伯齐克牌，或在饭厅抽烟，同时喝一两杯威士忌（价格为36便士12瓶）。有

图 14-5 "从尤斯顿到克拉珀姆公园的改造已经完成"铁路海报，1924 年。

时候卡敏斯太太和其他朋友会来拜访，这时候卡敏斯太太就会唱首歌，《睡眠之花园》或《不，先生》。或者他们会玩一种叫"结局"的游戏，或更热闹的游戏，如"猴子与肉饼"等。或者观看本地业余喜剧俱乐部"霍洛韦喜剧演员会"的福赛尔顿先生模仿年迈的亨利·欧文的表演。大约每过一年，他们会举行一次聚会，会请一个侍者斟香槟。

偶尔，普特尔先生和他的妻子会外出，去市长府邸，去东艾克顿自愿者舞会，与来自萨顿的詹姆斯太太一起用茶点（周日），去伊斯灵顿的兰心剧院或坦科剧院，或去彼得·罗宾逊商店和霍洛韦的博马舍（廉价商店）购物。夏天他们会去布罗德斯泰尔斯待上一周。11月5日那天，他们会去卡敏斯家放焰火。圣诞节那天，他们会去拜访普特尔太太的母亲，乘坐的是上午10:20从帕丁顿车站出发的火车。

一战之后，乔治和威登·格罗史密斯描述得如此确切的伦敦市郊生活，被永远地改变了。普特尔一家所生活的郊区，也同样变了面貌。新地铁将它们与市内相连，新的主干道从它们当中穿过，一排排新房、工厂、商业中心拔地而起，蚕食着乡下的土地，程度之剧烈，可以说伦敦在20世纪上半叶的发展，超过了之前两千年的总和。

237

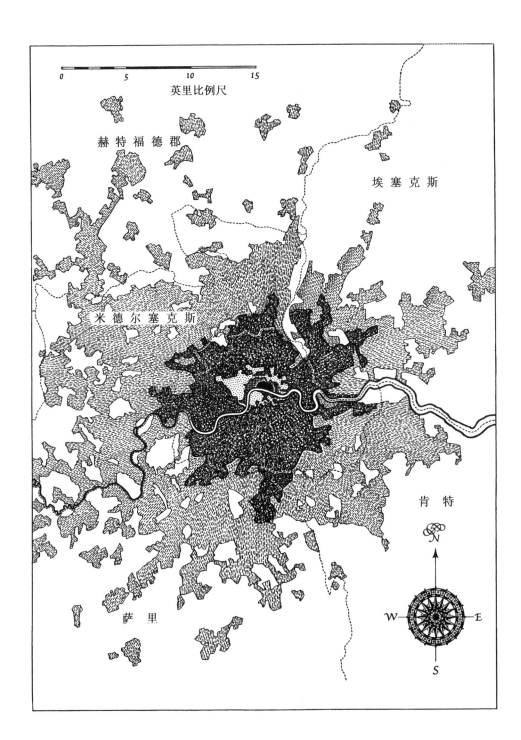

第十五章　现代伦敦的发展

（1914—1968 年）

图 15-1　"一朵大向日葵和它的花蕊"，恰如伦敦自中世纪至今的发展。

一战之后，伦敦郊区的面貌急剧地变化，城中心也同样如此。随着各种新样式建筑的出现，皮卡迪利街的爱德华七世时期的贵族豪气，也在慢慢消失。新建筑有时形成一种分裂性，常常也显得不协调。首先出现的是两家银行：1921年柯蒂斯·格林（Curtis Green）设计的巴克莱银行（Barclay's Bank）和1922年埃德温·鲁特恩斯爵士（Sir Edwin Lutyens）设计的米特兰银行（Midland Bank）。随后是德文郡大厦（Devonshire House），它是一座八层高的商业大厦，于1924年建成。紧随其后的是1926年的新乔治王时代风格的商店福南·梅森公司（Fortnum and Mason），次年，第三家银行威斯敏斯特银行在街上出现，另还有一家新的大酒店柏宁酒店（Park Lane）。两年之后，又有一座新的商业大厦斯特拉顿大厦（Stratton House）建成，同时贝雷斯福德·皮特（Beresford Pite）又给予伯灵顿拱廊街一道新的临街面。1935年，约瑟夫·恩伯顿（Joseph Emberton）给予皮卡迪利街第一座具有现代、先进风格的优秀建筑，它就是为辛普森（Simpson）设计的商店。次年，第二座现代设计的建筑也出现了，它就是被称为雅典娜庭（Athenaeum Court）的酒店，不过它的成功程度要逊一筹。15年内的第三座办公、展销、商店大楼纳菲尔德大厦（Nuffield House）于第二次世界大战爆发前不久完工。

在两次世界大战之间的数十年里，伦敦其他地区的发展，也几可与皮卡迪利街匹敌。现代化的报社大楼，如《每日电讯报》现代派的新希腊风格办公楼（1928）、《每日快报》黑色玻璃大楼等，在河岸街上拔地而起；豪华的酒店，如均建于1930年的多尔切斯特酒店（Dorchester House）和格罗夫纳酒店（Grosvenor House），取代了位于公园路它们原址上的私宅；新爱德华七世风格的办公大楼，如1922年修建的弗内斯大厦（Furness House）、1927年修建的斯通大厦（Stone House）、1928年修建的哈希尔伍德大厦（Hasilwood House）、1930年修建的皇家邮政大楼（Royal Mail House）和丘纳德大厦（Cunard House），出现在利德贺街和主教门；百货公司，如自由百货公司（Liberty's）、迪金斯与琼斯（Dickins and Jones）百货公司等，在摄政街兴建起来。1931年，广播大厦（Broadcasting House）出现在波特兰坊，萨维尔剧院（Saville Theatre）出现在沙夫茨伯里大街。影院、住宅、商店、银行在各地涌现。

240　　二战之后，伦敦的面貌发生了远比过去任何时候都更加迅速而剧烈的变化。纳粹德国空军的炸弹、拆迁承包商的大锤，将一片又一片的土地夷为平地，庞大的玻璃建筑、混凝土建筑从中一茬又一茬地拔地而起，许多被炸弹破坏的老建筑得到了修复，但也有许多老建筑，包括城里的20座教堂、18座同业公会大楼，却永远地灰飞烟灭了。在爱德华七世时代迷人的盖伊提剧院的原址上，如今是英国电力公司的办公大楼；1836年的圣詹姆斯剧院，消失在圣詹姆斯大厦的混凝土之下；维多利亚晚期的卡尔顿酒店，被19层楼的新西兰大厦（New Zealand House）所覆盖；帕内尔（Parnell）与史密斯气势雄伟的陆军和海军俱乐部，被近年来完工的一座建筑所取代，它对面的圣詹姆斯广场的西南角，大卫·布兰登（David Brandon）富丽堂皇的小卡尔顿俱乐部曾经屹立的地方，如今也是一座现代化的大厦；高达30余层的希尔顿酒店，高耸在被拓宽的公园路上；邮政大楼电信塔顶的窗户，从500英尺的高处俯瞰着马里波恩的屋顶；在泰晤士河两岸、市中心、西区和近郊，沿着维多利亚街和米尔班克，在梅费尔（Mayfair）和克勒肯韦尔、圣吉尔斯广场（St Giles Circus）和伯爵宫（Earl's Court），现代伦敦的办公楼、公寓楼直冲云霄，它们有的迷人而漂亮，有的却乏味而压抑。

尽管许多本可以幸免于难的老建筑被破坏，尽管许多本应该动人而和谐的新建筑却显得呆板而不协调，但是，迎接着现代眼光的伦敦，依然保持着它无与伦比的吸引力，依然施展着它令人难以忘怀的魔力。

围绕着伦敦，蔓延的城市群如今已经穿过米德尔塞克斯，扩展到白金汉郡（Buckinghamshire）、赫特福德郡、萨里、埃塞克斯和肯特。自1965年起，它们由大伦敦议会（the Greater London Council）进行管理，辖区人口已经超过800万，比1633年佩皮斯出生时的整个英国的人口还多差不多两倍。

中世纪的伦敦城所覆盖的区域，如今，像一朵大向日葵的花蕊一般，已经隐没在伦敦地图上拥挤的市中心内。然而，这朵向日葵依然还在生长。发展的问题和交通拥堵的问题依然在增加，它的面貌也继续在改变。

但伦敦的本质没变。尽管有这样那样的缺陷，但对于那些学着用独特的感情去爱它的人，它依然保留着独特的魅力和独特的美丽。如今，如同圣保罗大教堂落成之年一位惊讶的游客第一次看到它时一样，它依然是"这个国家最璀璨的宝石，一座充满奇迹和甜蜜喜悦的城市"。

注释及指南*

第一章

1　伦敦的古罗马城墙，以及中世纪扩建城墙的残留部分，在城中仍多处可见。最方便去的地方是：三一广场（Trinity Square）以东毗邻塔丘（Tower Hill）处；伦敦城墙路（London Wall）圣阿尔法（St Alphege）公共花园内；福尔街（Fore Street）克里普尔门的圣吉尔斯（St Giles）庭院的东南角。在三一广场 40 号的托克社（Toc H）俱乐部的地下室内，也有一段保存完好的城墙，游客事先向看守人申请后可以参观，但周末以及 18:00 之后不能参观。邮政总局（General Post Office）（见第十章注释 9）的参观者可在装卸场的下面看到一座城墙堡垒。

2　1954 年，在沃尔布鲁克，在为办公大楼巴克勒斯伯里大厦（Bucklersbury House）打地基之时，这座密特拉神殿的数尊大理石雕像被发现。其中包括密特拉本人和幽域之神塞拉皮斯（Serapis）的大理石头像。它们以及其他几件罗马伦敦的文物，在位于伦敦墙

---

*　各处开放时间以当地旅游指南为准。原著出版于 1969 年，所列举的开放时间可能已不适用。——译注

路150号（150 London Wall，E.C.2）的伦敦博物馆（Museum of London）可供参观。展示伦敦历史和自罗马时期以来伦敦社会生活的该博物馆，除周一关闭、周日下午14:00至18:00开放之外，其余时间每天10:00至18:00开放。

图1 密特拉的头像。

其他古罗马时期文物藏于大罗素街的大英博物馆（见第十章注释5）。其中包括一位在郎蒂尼亚姆服役的古罗马军团士兵的青铜头盔、重建的朱利叶斯·克拉斯希安努斯（Julius Classicianus）陵墓，其为布狄卡暴动之后将不列颠从罗马军队复仇狂怒中拯救出来的行政长官。

位于河岸巷（Strand Lane）5号现存的古罗马浴池（Roman Bath），工作日10:00至12:30对公众开放。该处已完全不是古罗马时期的浴池，应为17世纪初修建，或者大规模修缮。

两处古罗马时期的嵌石路面和一座古罗马时期建筑的部分墙体，在柏京万圣堂地下室内可看到（见下一条注释）。

第二章

1 原来的撒克逊教堂柏京万圣堂（All Hallows，Barking by the Tower），位于大钟塔街（Great Tower Street），大约建于675年。柏京指的是它原来所属的埃塞克斯的大修道院。除了地窖内的撒克逊墙体，它还有一道撒克逊拱门（伦敦城最古老的拱门），位于尖塔下面门屏的后方，另还有两座撒克逊十字架的残块。教堂重建于中世纪晚期，1940年因轰炸遭到严重破坏，于20世纪50年代重新修复。修

246

建于 1658 年共和国时期的砖塔，是伦敦仅存的那个时期修建的宗教建筑。塞缪尔·佩皮斯正是在此"害怕待得太久"而目击了伦敦大火的肆虐。该教堂与伦敦大部分教堂一样，白天大部分时间都对外开放。

2　威斯敏斯特大教堂除中殿西侧部分之外的 11 世纪的建筑体，由亨利三世的建筑师兰斯的亨利（Henry of Rheims）于 13 世纪中叶重建。或许它是现存的早期英式风格的精美典范。不过，人们流连在它雄伟身姿上的眼光，还会被诸多的雕像、陵墓、雕塑、纪念碑所夺走，太多的大师，包括里斯布拉克（Rysbrack）、卢比里埃克（Roubiliac）、圭尔菲（Guelfi）、韦斯特马科特（Westmacott），都在这里留下了杰作。中殿由国王的石匠领班、同时也是坎特伯雷大教堂（Canterbury Cathedral）设计者的亨利·耶维尔（Henry Yevel）于 1376 年至 1388 年重建。1441 年，增添了亨利五世的祈祷堂，1519 年，亨利七世华丽的大礼拜堂建成。西侧双塔是 18 世纪由尼古拉斯·霍克斯穆尔（Nicholas Hawksmoor）添建的。在仅开放中殿和耳堂的周日，礼拜于 8:00、10:30、11:40、15:00 和 18:30 举行，工作日时礼拜于 10:30、11:40、15:00 和 18:30 举行。牧师会礼堂、圣器室的开放时间是夏季 10:30 至 18:30，冬季 10:30 至 16:00。

图 2　威斯敏斯特大教堂。

回廊和唱诗礼拜堂（参观需要购买门票）的开放时间为周一、周三、周四 9:45 至 16:00，周二、周五 10:45 至 16:00，周六 9:45 至 14:15、15:45 至 17:00。

大教堂博物馆位于诺曼时期修建的地下室，藏有大量墓葬雕像，开放时间为冬季 10:30 至 16:00，夏季 10:30 至 16:30。

大教堂全年开放，但圣灰节、耶稣受难日和圣诞节仅对参加礼拜者开放。

位于威斯敏斯特厅的对面、笼罩在大教堂阴影下的圣玛格丽特（St Margaret's）小教堂，始建于 12 世纪，但现存的建筑为亨利七世礼拜堂同期所建，于 1735 年以波特兰石料重新修缮了墙面，1878 年进行了修复。

3　伦敦塔在克伦威尔将王室区拆除之后，就已不再是王宫了，不过查理二世遵循古老的传统，在加冕之前还是在此住了一夜。19 世纪 40 年代，护城河被抽干，仿中世纪的外墙被修建，在此之前好几百年里，它已早就不再是堡垒。皇家动物园于 1834 年搬迁至摄政公园。只有乌鸦留了下来，每周被允许喂半克朗马肉。17 世纪时，克里斯托弗·雷恩将其诺曼时期的窄缝换成更宽的窗户，给角塔盖上了圆顶，它在当时已经成为一座博物馆，并一直是一座博物馆，也一直是一座要塞、一座兵器库和一间珠宝屋。

几个世纪以来，围绕着原诺曼时期的塔楼，周围发展起来一片后几个时代的建筑群，有中世纪的堡垒、门房和房舍、砖木结构的棚屋和店铺；有都铎时期的塔楼和礼拜堂：戴镣铐的圣彼得（St Peter ad Vincula）礼拜堂在 1512 年大火之后重建；有 17 世纪的房屋；18 世纪的哨所；19 世纪的围墙。在这些围墙内，有亲王遭谋杀，有奸细被射杀，有卖国贼受酷刑。许多大主教、大臣、王后、苏格兰王、法兰西王、叛乱者、弑君者、异教徒，包括托马斯·莫尔（Thomas More）爵士、奥尔良的查尔斯（Charles of Orléans）、盖伊·福克斯（Guy Fawkes）和鲁道夫·赫斯（Rudolf Hess）都在这里被监禁。安妮·博林和简·格雷（Lady Jane Grey）从这里走出来，在绿塔（Tower Green）上被处死。洛瓦特勋爵（Lord Lovat）从这里走出来，在塔丘上更公开的行刑台上被处死。伦敦塔的开放时间是：工作日3月至10月从9:30至17:00，11月至次年2月从9:30至16:00；周日3月1日至10月31日从14:00至17:00。耶稣受难日、圣诞夜、圣诞节、节礼日和元旦不开放。延续了700年的每晚22:00的关门仪式，须经主管允许后方能参加。

4 威斯敏斯特厅于14世纪进行了重建，由亨利·耶维尔主持。中央92英尺高的悬臂托梁顶棚是英国跨度最大的无支撑屋顶。大厅被皇家历史遗迹委员会（Royal Commission on Historical Monuments）形容为"欧洲最精美的木屋顶建筑"。

　　开放时间是：议会开会期间，若无会议，周一至周四10:00至13:30，周六10:00至17:00。休会期间周一至周五10:00至16:00，周六10:00至17:00；耶稣受难日、圣诞节、节礼日除外。

5 现位于西史密斯菲尔德的圣巴多罗买大教堂，实际上是大诺曼奥斯定修会修道院的唱诗楼。位于圣堂北侧其创立者的带盖陵墓有他的墓葬雕像。威廉·霍加斯于1697年在其15世纪的圣洗池中受洗。1725年，本杰明·富兰克林曾在当时为印刷所的圣母堂内工作。

　　伦敦塔内的圣约翰礼拜堂比圣巴多罗买大教堂早建约40年，同样也是诺曼教会建筑的精美典范。除窗户被加宽之外，它的外形在900年里鲜有变化。巴斯勋章（Order of the Bath）（仅次于英格兰最古老的骑士勋章——嘉德勋章）的追求者们，在他们授勋仪式的前夜，在外面的浴池里举行洗礼，并与国王进过晚餐之后，会在此守一整夜。

6　圣殿教堂（the Temple Church）于 1185 年建成。在英格兰，仅有四座其他的中世纪圆顶教堂保存下来。该教堂于 1220 年和 1240 年进行了扩建，1841 年重新修缮，1941 年遭到炸弹严重破坏，但已经得到仔细修复。

第三章

1　17 世纪，克罗斯比大厦的大部分，都被大火毁坏，但大厅保留下来，并于 1910 年从主教门迁至切尔西的丹弗斯街（Danvers Street），如今依然可以见到。约翰·克罗斯比爵士去世之后，托马斯·莫尔曾在该宅内短期居住，因此该宅内藏有霍尔拜所作的托马斯·莫尔一家的画像。

图 3　市政厅地下室。

　　工作日 10:00 至 12:00、14:30 至 17:00 对游客开放。

2　市政厅［位于格雷沙姆街（Gresham Street）以北的市政厅广场（Guildhall Yard）］的入口门廊和地下室，是 1411 年左右理查德·惠廷顿（Richard Whittington）斥资重建的中世纪建筑中仅存的两处。不过，伦敦大火之后修复并在二战之后再次修复的大厅，是

15 世纪的风格。其哥特式的南正立面，为 18 世纪晚期小乔治·丹斯（George Dance）的设计。

作为市政府的中心、仪式场合下精英们聚集之地的市政厅，包括一座美术馆，藏有大量 19 世纪的英国绘画，并经常出租场地举办展览。它还包括一个图书馆，除藏有 13.5 万册图书之外，还藏有独家的伦敦文献、印刷品、地图、莎士比亚签名的黑衣修士街一座房屋的购买契据，以及他的各种剧本。

巨人哥革和玛各（Gog and Magog，圣经中的巨人族首领）的雕像，是二战中被毁的两座 18 世纪早期木雕像的替代物。木雕像据信也是中世纪雕像的替代物，中世纪的雕像用于上街游行，以纪念这两位传说中的巨人，他们是罗马帝国皇帝戴克里先（Diocletian）邪恶女儿们的后代，他们在所有的兄弟都被特洛伊的布鲁图斯（Brutus）①杀死之后，被俘虏到伦敦，在王宫门口当守门人。

市政厅的大厅和地下室开放时间为：工作日 10:00 至 17:00，5 月至 9 月的周日 14:00 至 17:00。钟表匠公会图书馆和博物馆已迁往科学博物馆（the Science Museum）二楼，周一至周六 10:00 至 17:00 开放。

3　所有城市同业公会的会馆都被重建过，有些多达三四次。它们大部分都可供参观，须事先向办事人员申请。位于福斯特巷（Foster

---

① 特洛伊的布鲁图斯或称布鲁特（英语：Brute），是传说中特洛伊英雄埃涅阿斯的后代，也是中世纪英国传说中不列颠王国的创造者与第一任国王。关于他的传说首次出现于 9 世纪的僧侣南尼厄斯（Nennius）编纂的《历史上的不列颠》（The History of the Britons，拉丁语为 Historia Brittonum），但最著名的记载则出自 12 世纪史学家蒙茅斯的杰佛里（Geoffrey of Monmouth）所作的《不列颠诸王史》（拉丁语为 Historia Regum Britanniae）。然而他并未在任何古典时代的著作中被提及，因此现代大多认为他并非历史上真实存在的人物。——译注

Lane）、1835 年按照菲利普·哈德威克（Philip Hardwick）的意大利风格设计建造的金匠会馆，是本书提及的会馆中最值得一去的一座，内部最为精美。其他值得参观的会馆有：黑衣修士巷的药材商会馆，其部分为 17 世纪的建筑，1786 年被扩建；道盖特门的皮革商会馆，也是 17 世纪和 18 世纪的建筑；威廉国王街的鱼贩会馆，它是 1666 年第一座着火的会馆，也是第一座在 1940 年得到修复的会馆，其中收藏有数幅罗姆尼（Romney）和塞缪尔·斯科特的精美绘画，还有作为该公会首席会长的伦敦市长，在他和约翰·斯坦迪什（John Standish）刺死 1381 年农民起义首领瓦特·泰勒时所携带的那把匕首；上泰晤士河街葡萄酒商会馆 15 世纪的大厅，在伦敦大火和二战轰炸中都幸免于难；而位于鲁德门山以北的出版商会馆，虽然在二战中遭到严重破坏，但如今已得到修缮，其端庄大方的正面为罗伯特·米尔恩（Robert Mylne）所修饰。在圣灰节，在圣保罗大教堂的地下室，可见到出版商公会成员遵循古老的传统派发圣饼和麦芽酒。

图 4　萨瑟克大教堂。

4　这座诺曼修道院 1206 年被烧毁，但很快得到重建。萨瑟克大教堂（Southwark Cathedral）尽管中殿重建于 19 世纪 90 年代，但它依然包含大部分原 13 世纪的建筑，被形容为除威斯敏斯特大教堂之外，伦敦最杰出的哥特式建筑。在附近班克赛特的剧院活跃过的伊丽莎白一世时期的剧作家和演员，有好几位都安葬于此。哈佛大学的创始人约翰·哈佛于 1608 年在此受洗。

5　原来的兰贝斯宫（Lambeth Palace）离河边更近，可以通过河边石阶抵达。13 世纪的地下室是现宫殿最古老的部分，宫殿本身是一个引人入胜的大杂烩：有 15 世纪的硬质岩石、都铎时期的砌砖、17 世纪和摄政时期的新哥特式及现代的修复部分。藏品贵重的图书馆工作日对读者开放，须向图书管理员申请。宫殿内部及其精美的大主教肖像藏品的参观，须向牧师申请。

6　萨沃伊宫在农民暴乱时遭到严重破坏，当时在此居住的是爱德华三世的儿子——兰卡斯特公爵（Duke of Lancaster）冈特的约翰（John of Gaunt），他的房产被亨利四世所吞并。亨利七世重建了宫殿，将它改造为一所医院。1899 年，在医院的原址上，当时已经在附近建起了萨沃伊剧院的理查德·德奥以利·卡特（Richard D'Oyly Carte）修建了萨沃伊酒店。

249

图 5　萨沃伊礼拜堂。

萨沃伊宫的王后礼拜堂（the Queen's Chapel），是兰卡斯特公爵等统治君王的私人礼拜堂，是亨利七世医院的礼拜堂，是萨沃伊宫仅存的部分，而大部分现存的建筑为悉尼·斯默克于 1864 年重建。开放时间为周一至周五夏季 10:00 到 16:00，冬季 10:00 至 15:00；周六 10:00 到 13:00。除了 8 月和 9 月，每周日 11:15 有礼拜。

7 在圣殿教堂、林肯律师学院和格雷律师学院的庭院、小巷内漫步，是在伦敦最惬意、安静的时光。建筑物的风格变化多端，从林肯律师学院都铎时期砖砌的门房（1518 年）到古典优雅的罗伯特·泰勒爵士的石砌建筑（1774—1780 年），从罗杰·诺斯的中殿大门（1684 年）到格雷律师学院 19 世纪早期的雷蒙德建筑。查尔斯·狄更斯 16 岁时在这里被艾里斯和布莱克默律师事务所聘为学徒。格雷律师学院的大厅、礼拜堂和图书馆，经向副财政大臣提出书面申请后可以参观。中殿大厅、内殿大厅于周一至周五从 11:30 到 12:00、从 14:30 到 16:00 开放，周六从 10:00 到 16:30 开放，假期除外。参观林肯律师学院大厅、图书馆和礼拜堂，除 12:30 至 14:00 之外，其余时间需在大法官巷的门房提出申请。

第四章

1 位于查特修道院广场（Charterhouse Square）的查特修道院（Charterhouse），是法国格勒诺布尔（Grenoble）附近大查特修道院（Grande Chartreuse）的英格兰分支，由爱德华三世的一位骑士沃尔特·德·曼尼（Sir Walter de Manny）创建于 1371 年。宗教改革时，修道士们拒绝了国王的要求，修道院院长被处死并被肢解，他的一部分肢体被挂在修道院大门上。诺斯勋爵去世之后，这座都铎府邸落入了诺森伯兰公爵（Duke of Northumberland）约翰·达德利（John Dudley）手中（他于 1553 年被砍头），而后又为霍华德（Howard）家族所有，1611 年被他们卖给一位富有的煤矿主托马斯·萨顿（Thomas Sutton）。萨顿建了一座医院、为 40 名穷孩子建了一所学校。今天此处依然住着 40 名老人，但当时位列英格兰最有名学校之一的那所学校，却已于 1872 年迁至戈德尔明（Godalming）。

查特修道院在二战中遭到严重破坏，但被体恤地予以修复。大厅为伊丽莎白时代早期 1571 年左右所建。4 月至 7 月的每周三 14:45 开放，复活节以及春假后的周三除外。

2　针线街和康希尔之间的格雷沙姆皇家交易所，在伦敦大火中被毁。由城市测量师之一、曾设计过许多同业公会会馆的爱德华·杰蒙设计的后来的皇家交易所，在 1838 年也同样毁于火灾。如今的这座古典建筑为威廉·泰德（William Tite）爵士于 1844 年所设计，结合了中庭保留下来的 16 世纪土耳其均蜜砂岩铺设的地面，以及钟楼上托着的格雷沙姆的那只大蚂蚱顶饰。开放时间为除周日和公共假期外的每天 10:00 到 16:00（周六为 10:00 到 12:00）。

3　位于圣詹姆斯街尽头的圣詹姆斯宫的门楼，是原都铎王宫最壮观的部分。它建于亨利八世迎娶安妮·博林之时，大门口的侧门上刻有他们名字的缩写。内部房间（State Apartments）不对公众开放，但公众可进入寺院庭（Friary Court），新君主继位的公告仍然在此处的阳台上由传令官发布，当女王未在白金汉宫居住的时间段，卫兵于每天早上 10:30 在此换岗。

大使庭（Ambassador's Court）内的皇家礼拜堂（Chapel Royal）（公众也可进入）建于约 1532 年，如今虽经过许多变化，但仍保留有最初绘制的天顶画，这幅精美之作有人认为出自荷尔拜因之手。愿意在此做早礼拜者，可参加礼拜的时间为从 10 月的第二个周日开始，直至圣枝主日，包括圣诞日的 8:30 到 11:15，还包括 1 月 6 日 11:30 的主显节盛宴，有金币、乳香、没药等王室礼物派发。

4　位于新桥街（New Bridge Street）14 号，原址上现有的建筑是 19 世纪初的办公楼，包含有布莱德维尔宫原来的大厅。

5　伦敦现存的伊丽莎白时代内饰的实例极少。高霍尔本 338 号的斯塔普客栈（Staple Inn）为最佳。它创建于 14 世纪，为羊毛商居住的客栈，后于 1545 年成为大法官会馆，并于 16 世纪 80 年代得到重建。正立面最新一次修缮，是于 1950 年遭到飞弹破坏之后。

第五章

1　林肯学院广场的大部分 17 世纪的建筑均已经消失。不过，位于 59—60 号的林德赛府（Lindsey House）建于 17 世纪 30 年代末，而且，按照科伦·坎贝尔（Colen Campbell）的说法，是伊尼戈·琼斯本人所为。17 世纪的砖结构被灰泥所覆盖，但基本风格得以保留。该房屋的右侧为它的复制品，建于 100 年之后。

2　普拉森舍（Placentia）王宫，是亨利八世及其子女钟爱的宫殿，17 世纪末被雷恩设计的漂亮的格林威治医院（Greenwich Hospital）所替代，现为皇家海军学院（Royal Naval college）。王后宫（the Queen's House）于 1617 年为詹姆斯一世的王后动工，至 1635 年才为她的儿媳汉丽埃塔·玛丽亚而完工。其幸存的建筑现为国家海洋博物馆（National Maritime Museum）的中心部分。

　　皇家海军学院的彩绘大厅，曾在 19 年的时间里被霍加斯的岳父詹姆斯·桑希尔爵士所占有。现可前往参观，开放时间为从 5 月至 9 月，工作日（周四除外）及周日的 14:30 至 17:00。礼拜堂同样对外开放，时间为工作日（周四除外）每天下午，以及周日 11:00 的晨祷。

　　国家海洋博物馆藏有一些精美的肖像画及海景画，并藏有大量海军的仪器、制服、船舶模型、驳船及其他海洋残余物。开放时间为工作日 10:00 至 18:00（冬季至 17:30），周日 14:30 至 18:00。耶稣受难日、圣诞日、节礼日、元旦不开放。

3 位于马尔伯勒路的圣詹姆斯宫王后礼拜堂，由伊尼戈·琼斯为查理一世的准新娘——西班牙的玛丽亚公主动工修建，于他的王后汉丽埃塔·玛丽亚在位期间完工。35 年后，汉丽埃塔·玛丽亚的继承者布拉干萨的凯瑟琳对其进行了重新装修和布置。从复活节开始至 7 月底的周日早上 8:30 至 11:15 的礼拜可以参加。如提出要求，工作日参观马尔伯勒府（见第七章注释 3）的行程可包括此处。

4 伊尼戈·琼斯早年的杰作——怀特霍尔宫国宴厅，建于 1619 年，完工于 1622 年，是伦敦出现的第一座完全的帕拉蒂奥式建筑。尽管最初仅石柱和石栏为波特兰石料，其余为棕色牛津郡石料和暗褐色北安普敦郡石料，但正面由约翰·索恩爵士于 1829 年以波特兰石料重修表面，同时窗户也由竖框窗和门顶窗改为上下拉动窗。

图 6 科文特花园圣保罗教堂。

鲁本斯正是因九幅寓言天顶画被查理一世授予骑士身份。它不久之前为皇家三军联合研究所（Royal United Service Institution）所在地，现被政府用于公务接待。开放时间为工作日（公共假日除外）10:00 至 17:00，周日 14:00 至 18:00。

5 科文特花园的圣保罗教堂于 1790 年被烧毁，后由托马斯·哈德威克（Thomas Hardwick）按照伊尼戈·琼斯的原设计进行了重建。教堂由西端的入口进入，而不是从位于柱廊下方的大门进入。尽管大部分墓碑已经被移走，但据信，除圣保罗大教堂和威斯敏斯特大教堂之外，埋葬于此的名人超过英格兰其他任何一座教堂。

251

6 尽管科文特花园内这座教堂的设计依然闻名而独特，但广场上的拱形走廊和房屋已经荡然无存。不过，由第九代贝德福德伯爵于1880年建在科文特花园北侧的"贝德福德屋"（Bedford Chambers），对以前外观的模仿尚可接受。

第六章

1 在1940年轰炸中幸存或者得到修复的伦敦城内的雷恩的教堂，最值得一提的包括：弗利特街上的圣布瑞德（St Bride's）教堂，它有一座十分独特的五层尖塔；洛思伯里（Lothbury）街上的圣玛格丽特（St Margaret's）教堂，其内部装饰极其华美，包括据认为是格林宁·吉本斯、迈克尔·里斯布拉克（Michael Rysbrack）和休伯特·勒叙厄尔等人的作品；鲁德门的圣马丁（St Martin's）教堂，典型的雷恩特色的教堂，正面端庄大方；阿尔德玛丽圣玛丽（St Mary's Aldermary）教堂，早期哥特复兴风格；沃尔布鲁克圣斯蒂芬（St Stephen's Walbrook，又译沃尔布鲁克圣司提反）教堂，巴洛克风格的宏伟建筑；上泰晤士街简朴的小教堂圣贝尼特（St Benet's）和阿布彻奇巷（Abchurch Lane）的阿布彻奇圣玛丽（St Mary's Abchurch）教堂；齐普塞街的圣玛丽勒波（St Mary-le-Bow）教堂；霍尔本高架桥（Holborn Viaduct）的圣安德鲁（St Andrew's）教堂；衣橱排屋（Wardrobe Terrace）的圣安德鲁斯（St Andrew's by the Wardrobe）教堂；朗伯街的圣艾德蒙国王（St Edmund the King）

教堂；上泰晤士街的加里克海斯圣詹姆斯（St James's Garlickhythe）教堂和殉道者圣马格纳斯（St Magnus the Martyr）教堂；洛瓦特巷（Lovat Lane）的圣玛丽山（St Mary at Hill）教堂；福斯特巷的康希尔圣彼得（St Peter-upon-Cornhill）教堂和圣万达斯特（St Vedast's）教堂。伦敦城界之外的雷恩的教堂，为圣克莱门特丹麦人教堂（St Clement Danes）。教堂建于1680—1682年，尖塔于1719年由吉本斯所加，是1941年轰炸中的唯一幸存部分，教堂的其余部分全部遭到破坏，其著名的钟掉落地上摔破。阿布彻奇圣玛丽教堂由雷恩于1680—1687年间进行重建，1863年进行了修缮，1940年被炸毁，它的石料被运往美国，用在密苏里州富尔顿（Fulton）威斯敏斯特学院（Westminster College）重建的教堂上，现为丘吉尔博物馆的一部分。

在伦敦城外的其他雷恩的建筑中，保存最完善的是切尔西皇家医院路上漂亮的皇家医院（Royal Hospital）。它由查理二世出资修建，作为老兵和残疾士兵的收容所。住在此处的老人依然身穿马尔伯勒时期的制服，冬季为深蓝色厚长大衣，夏季为红色礼服大衣。这座红砖建筑包括伸出的两翼和巨大的柱形门廊，于1691年建成。尽管此地之后由罗伯特·亚当和约翰·索恩爵士进行了一些工程建设，但它依然明显是雷恩的杰出作品。

医院的博物馆和庭院、礼拜堂

图7　沃尔布鲁克圣斯蒂芬教堂。

和大厅的开放时间，为工作日 10:00 至 12:00、14:00 至傍晚，周日仅下午开放。会议室夏季周日 14:00 至 16:00 开放，（全年）周日 11:45 至 12:15、14:00 至 16:00 开放。

2　除开举行礼拜的时间（周日 8:00、10:30、15:15，周一、周二、周四、周六 8:00、10:00、16:00，周三和周五 8:00、10:00、12:30、16:00），其余时间 4 月至 9 月从 7:45 至 19:00，10 月至 3 月从 7:45 至 17:00，游客可在圣保罗大教堂免费游览。

参观图书馆、耳语回廊、石回廊、金回廊、圆球和地下室需要付费。地下室内有许多海陆军士兵和艺术家的墓穴，包括威灵顿、纳尔逊、特纳和雷诺兹。圣保罗大教堂传统上都吸引着这类人群的遗体，正如威斯敏斯特大教堂吸引国王、王后、官员和作家的遗体一样。耳语回廊是参观大教堂底层，以及欣赏穹顶内桑希尔绘画的最佳地点。南过道 233 级台阶之上的石回廊、更高处的金回廊，以及位于灯笼式天窗顶端、离底层 627 级台阶之上的圆球，都为观赏伦敦景色提供了独特的视角。

第七章

1　雷恩认为皮卡迪利圣詹姆斯教堂（St James's Piccadilly）是自己设计得最满意的教区教堂。它在二战中被严重损坏，但现已得到修复。其外表普通，但内部光线明亮，空间宽敞，包括一些充满活力的格林宁·吉本斯的木雕以及一架由瑞那图斯·哈里斯（Renatus Harris）于 1685 年为怀特霍尔宫制造的管风琴。

2　位于蓓尔美尔街 80—82 号的朔姆贝格府建于 1698 年，尽管内部已经成为办公室，但外部经修复依然保持了原有的外观。这座房子，是罕有的 17 世纪晚期独立设计的伦敦宅邸的实例，盖恩斯伯勒（Gainsborough）在此度过了他一生中最后的四年。

3　马尔伯勒府由雷恩设计，建于1709—1711年。位于马尔伯勒路与蓓尔美尔街。后来经过了较大的改造和扩建，主要为1771年由威廉·钱伯斯爵士实施，以及19世纪60年代由詹姆斯·彭奈索恩（James Pennethorne）爵士为威尔士亲王所实施。内饰包括几个18世纪的漂亮大理石壁炉、来自格林威治王后宫的由奥拉西奥·简提列斯基（Orazio Gentileschi）绘制的17世纪早期天顶画、路易斯·拉盖尔（Louis Laguerre）所绘的马尔伯勒大捷的壁画。英联邦代表团使用该府的权利一直被保留至今，

图8　马尔伯勒府。

代表团未使用期间对外开放。开放时间为从复活节至9月底的每周六、周日和公共假日的14:00至18:00。

4　第三代伯灵顿伯爵对帕拉蒂奥的倾慕，深深影响了18世纪英格兰的品味。他绝不会认出皮卡迪利大街奥尔巴尼庭院（Albany Courtyard）和伯灵顿拱廊街之间现在的伯灵顿府。曾经将它与街道相连的大门和弯曲的柱廊，均已消失不再。宅邸本身被塞缪尔·韦尔于1816年为乔治·卡文迪什勋爵进行了内部改造，并于19世纪60年代被政府购得，同时进行了外部改造，成为皇家艺术研究院（Royal Academy of Art）的所在地。1867年，悉尼·斯默克为它增加了一层楼，几年之后，沿皮卡迪利街修了一排新房，背朝着伯灵顿花园。

维多利亚女王时代的扩建部分成为各种学术团体的驻地，包括皇家学会、地质学会（Geological Society）、化学学会（Chemical Society）、皇家天文学会（Royal Astronomical Society）、伦敦古文物学会（Society of Antiquaries of London）和林奈学会（Linnaean Society）。除受邀请者之外，它们的房间不对游客开放。

在伯灵顿府本身，皇家学会于 5 月至 8 月中旬举办夏季展会，此地冬季也出租给举办的各种展会。

5　位于水门步道（Watergate Walk）和堤岸花园（Embankment Gardens）的漂亮的约克水门（York Watergate）是白金汉公爵的宅邸仅存的部分。大门曾经从他的花园通往河边石阶，但它现在已经被填土修建的维多利亚路堤和堤岸花园与泰晤士河隔开。它建于 1626 年，其设计被认为出自数人之手，包括修建它的尼古拉斯·斯通（Nicholas Stone），以及伊尼戈·琼斯、为公爵购买了许多画作的出色代理商巴尔塔萨·杰比耶（Balthasar Gerbier）。

6　尼古拉斯·巴尔本修建的别具特色的排屋位于贝德福德道（Bedford Row）36—43 号，不过它们的木质屋檐已经不复存在，竖铰链窗已经被框格窗所取代。它们可与数年之后修建的、位于威斯敏斯特安妮女王门（Queen Anne's Gate）西侧的房屋相比较，此处是伦敦保存最完好的 18 世纪早期建筑群，位于 15 号左侧的安妮女王雕像在她生前就已经放置于此。

第八章

1　由约翰·伦尼开始修建、在他去世十年之后于 1831 年建成的伦敦桥，其石料后来被卖到美国，在亚利桑那哈瓦苏湖城（Lake Havasu City）被重建。它于 1973 年建成。伦尼的滑铁卢桥（Waterloo

Bridge）被乔治·吉尔伯特·斯科特爵士设计的现代化桥梁所取代（1939 年），他的萨瑟克桥（Southwark Bridge）被欧内斯特·乔治（Ernest George）爵士设计的新桥所取代，新桥于 1921 年建成。不过，他儿子设计的在海德公园内跨九曲湖的漂亮桥梁得以幸运地保存下来（1826 年），此桥是在伦敦观赏威斯敏斯特大教堂和威斯敏斯特宫的最佳地点之一。

另有三座 19 世纪晚期的桥梁得以保存：托马斯·佩奇（Thomas Page）的威斯敏斯特铸铁桥（1854—1962 年）、著名的伦敦塔桥（1886—1894 年）和黑衣修士桥（重建桥，1865—1869 年）。伦敦中心的另外三座大路桥全部为较现代的建筑：沃克斯豪尔桥（Vauxhall Bridge）（1906 年）、萨瑟克桥（1921 年）、兰贝斯桥（Lambeth Bridge）（1929—1932 年）。

2 怀特霍尔的格威瑟府（Gwydyr House）是唯一幸存的 18 世纪府邸。据认为是由约翰·马昆德（John Marquand）所设计。

3 参观亨利八世酒窖的申请可寄往以下地址：

The Secretary，London Region Estates Division/A，

Property Services Agency，Room 10/14，

St Christopher House，Southwark Street，SE1 0TE.

参观时间仅限于春季和夏季的周六 14:30 至 16:30。酒窖于 9 月底关闭过冬。

第九章

1 霍克斯穆尔在东区的三座杰作：坎农街路（Cannon Street Road）的

东圣乔治教堂（1715—1723 年）、商业
街（Commercial Street）的斯皮塔佛德
基督教堂（1714—1729 年）、莱姆豪斯
圣安妮教堂（1712—1724 年）均在二战
中遭到严重破坏，但人们仍能够欣赏到
它们惊人的宏伟，并理解周围低得多的
建筑物如何使它们的宏伟更显突出。格
林威治大道（Greenwich High Road）的
圣阿尔斐济教堂（1712—1714 年）也在
二战中遭到严重破坏，但被仔细地予以
修复。它所处的位置，据传说，是坎特
伯雷大主教阿尔斐济（Alphege）1012

图 9　斯皮塔佛德基督教堂。

年被丹麦人杀害的地方。布鲁姆斯伯里路（Bloomsbury Way）的圣
乔治教堂（1720—1730 年），于范布勒 1726 年去世之后完工，尖
塔由约翰·詹姆斯（John James）添建。它如今为伦敦大学教堂，
是霍克斯穆尔登峰造极之作。其醒目的阶梯式尖塔，仿照蒲林尼
（Pliny）所描述的位于哈利卡尔那索斯（Halicarnassus）的摩索拉
斯（Mausolus，公元前 3 世纪波斯总督）陵墓而建，方尖塔顶上有
一座奉为圣乔治的乔治一世的雕像，这种封圣不合常理，沃波尔对
此的评价是"荒谬的杰作"。这座教堂可在霍加斯画作《杜松子酒
巷》（Gin Lane）的背景中见到，在建成之后的岁月里，它曾备受诟
病。《伦敦建筑评论》（The Critical Review of the Buildings in London）
（1734 年）称它"尽人皆知，可笑而荒谬"。朗伯德街的伍尔诺斯
圣马利亚堂（1716—1727 年），被尼古拉·佩夫斯纳（Nikolaus
Pevsner）称为"伦敦城外观最新颖的教堂"。瑞士新教教会（the

Swiss Protestant Church）周日在这座教堂内用德语举行礼拜。〔使用法语的瑞士新教教会礼拜在高霍尔本温德尔街（Endell Street）他们自己的教堂内举行。〕

2 河滨圣母教堂是安妮女王"五十座新教堂"法令下的第一座教堂，它与圣马丁教堂一起，常被认为是詹姆斯·吉布斯的杰作。

3 河滨圣母教堂一直处于人人皆知的状态，而圣马丁教堂（1722—1726年）却是在特拉法尔加广场形成之后才开始迎来自己的时代。建筑师们批评它殿堂正面的柱廊和高耸的尖塔相结合的方式，但它的内部，仿照雷恩的皮卡迪利圣詹姆斯教堂而建，却非常华美。吉布斯的另一座小教堂维尔街圣彼得教堂（St Peter's Vere Street）（1723—1724年）是为卡文迪什广场设计的礼拜堂，约翰·萨默森（John Summerson）爵士称它为"圣马丁教堂的迷你先行版，造得精巧"。

4 托马斯·阿切尔解决了德特福德大街（Deptford High Street）圣保罗教堂（1712—1730年）的塔楼与柱廊的问题，他将塔楼设计成圆形，在西端给予它一个半圆形突出，将一道半圆形柱廊放在它的下方。这样一来，按照佩夫斯纳的说法，它便成为"伦敦18世纪最动人的教堂之一：伟岸、庄严而雄浑"。威斯敏斯特史密斯广场的圣约翰教堂（1714—1728年）被称为脚凳教堂，因为据说安妮女王曾将一只四条腿的凳子踢翻，以给阿切尔展示她希望教堂修成什么样子。它是英国巴洛克风格的较好实例，曾在战争中被烧毁，但在以废墟状态保留25年之后，经过圣约翰教友们的不懈努力，它终于得到修复。

5 圣奥拉夫教堂于1926年被拆除，但圣吉尔斯大街（St Gile's High Street）的圣吉尔斯教堂（1731—1734年）依然保留在那片地区巨大的新建筑当中。其内部在1953年进行了极其充分的修复。

6　汉诺威广场圣乔治教堂（1712—1725年），约翰·詹姆斯的带巨大独立石柱的柱廊总是受人仰慕。詹姆斯·拉尔夫（James Ralph）在1734年写道："从广场的上端沿乔治街向下，是整座城市最愉悦的风景之一：广场的四侧、中间的区域、形成街景入口的建筑物的缺口、街景本身，尤其是圣乔治教堂突出在外的漂亮柱廊，它们是美的结合，也使景色完美。"

7　此处具代表性的原宅邸是汉诺威广场24号。

8　汉诺威广场上现存最吸引人的18世纪宅邸为8、9、12和38号。

9　南奥德利街（South Audley Street）的格罗大纳礼拜堂（Grosvenor Chapel）（约1730年）的建筑师有可能就是其建筑商本杰明·廷布雷尔（Benjamin Timbrell）。

10　原乔治·丹斯的市长官邸（1739—1753年），有一座巨大的两层楼的上层建筑，于1842年被移除。如今建筑的上层，是伦敦市长的私人房间。楼下的华丽大厅，包括90英尺长的埃及厅（Egyptian Hall）、画廊、会议厅、大宴会厅、会客厅，经游客书面向伦敦市长秘书申请后，可在周六下午进行参观。

11　位于针线街的最初的英格兰银行，仅是一座较大

图10　市长官邸的埃及厅。

的城市宅邸。罗伯特·泰勒爵士于 1765 年对它进行了扩建，并于 1782—1788 年再次进行了扩建。罗伯特·索恩爵士于 1788—1808 年以高超的技巧和创意对它进行了重建。然而，接下来的 1921—1937 年的改造，却完全破坏了它原有的特色。游客参观仅限于入口大厅。

12 白厅的皇家骑兵卫队（1750—1758 年）内部不对外开放，实际上内部的营房也乏善可陈。每天 10:00 至 16:00，门口有两名骑兵队的骑兵身穿异国情调的制服骑马站岗。工作日的 11:00、周日的 10:00，游客可观看换岗仪式，16:00 是卫队检阅仪式。

6 月初（女王生日）皇家骑兵旅和皇家骑兵卫队在接受女王检阅时，步行者（非车辆）可穿过钟塔下的拱门进入皇家骑兵卫队阅兵场（Horse Guards Parade）。可向骑兵旅少校（Brigade Major）申请门票，地址为：H.Q. Household Division, Horse Guards, Whitehall, S.W.1。

13 圣詹姆斯坊 27 号斯宾塞府（1756—1766 年）的正立面，大部分保留了瓦迪给予它的原貌，不过阶梯由罗伯特·泰勒爵士进行了改造（约 1772 年），底楼的一些房间由亨利·霍兰德进行了改动（1785 年）。现为办公楼。

14 圣詹姆斯广场 15 街的利奇菲尔德府（Lichfield House）（1763—1766 年），其漂亮的正立面大部分也依然保持原貌。原址上以前的宅邸为里士满公爵夫人的住所。硬币上的不列颠女神形象即是以她为模特。府邸内部由塞缪尔·怀亚特爵士进行了改造（约 1791 年），同斯宾塞府一样，现也为办公楼。圣詹姆斯广场上其他 18 世纪的漂亮府邸还包括：马修·别廷翰（Matthew Brettingham）的 5 号（1748—1751 年），不过这座府邸于 1854 年以石饰面并增加了一层楼；有可能同样也出自别廷翰的 13 号（约 1740 年）；亨利·弗利克洛弗特的 10 号（1734 年），这座府邸为查塔姆府（Chatham House），它的不同寻常在于有三位首相曾于此居住：老皮特（Pitt）、德比（Derby）和格莱斯顿（Gladstone）；罗伯特·亚当的 20 号（1775—1789 年）。4 号大约建于 1667 年，在遭遇一场火灾之后于 1725 年进行了改造，以前认为改造是霍克斯穆尔和莱昂尼进行的，但如今《伦敦纵览》（第 1 部第 29 卷）的编辑与科尔文（H. M. Colvin）证实，实际上它出自 1735 年在梅费尔老游乐场原址上修建了谢泼德市场（Shepherd Market）的爱德华·谢泼德。16 号东印度及运动俱乐部（East India and Sports Club）大楼［查尔斯·李（Charles Lee），1865 年］，看起来仿佛是从蓓尔美尔而来。

15 皮卡迪利街 74 号剑桥府（1756—1760 年），由马修·别廷翰为艾格蒙特勋爵（Lord Egremont）设计，是帕默斯顿勋爵（Lord Palmerston）1855—1865 年间在伦敦的住所，如今是海军和军事俱乐部（Naval and Military Club）。

16 伯克利广场 44 号（1742—1744 年）由威廉·肯特为伊莎贝拉·芬奇女士（Lady Isabella Finch）设计，它被认为是伦敦"最好的排屋"。佩夫斯纳教授毫不含糊地称它的楼梯间和客厅是伦敦 18 世纪私人宅邸中"最豪华的"。

17 整个米德尔塞克斯医院（詹姆斯·佩因，1755—1775 年）和伦敦孤儿院［希欧多尔·雅各布森（Theodore Jacobsen），1742—1752 年］的大部分，于 1928 年被拆除。孤儿院的办公室，即如今所称的托马斯·科拉姆基金会（Thomas Coram Foundation），被并入医院位于布伦瑞克广场（Brunswick Square）的新大楼中，基金会保存有原建筑的模型，以及霍加斯所绘的医院伟大的创办人——慷慨、果敢的老船长托马斯·科拉姆感人而栩栩如生的画像。画廊和大厅内还有数幅精美的画像。周一至周五 10:00 至 16:00，除外租会议期间之外，其余时间工作人员方便时会带领游客参观这些房间。

18　贝斯伯勒府（Bessborough House）现为罗汉普顿巷（Roehampton Lane）的曼雷萨府（Manresa House）。它由威廉·钱伯斯设计于 1767 年之前，是罗汉普顿几座乔治王朝时期最漂亮的乡下宅邸之一。

19　在基尤占地 280 英亩的漂亮的皇家植物园（the Royal Botanical Gardens），始建于乔治三世的祖母卡罗琳王后（Queen Caroline）。曾经屹立于植物园内或附近的一批王室居所，如今只剩下最小的王宫邱宫（Kew Palace）。它之前被称为荷兰府（Dutch House），因为在 17 世纪早期，一位来自低地国家的商人，依照该国人喜欢的风格对它进行了重建。乔治三世为 15 个子女的年长者购入该府邸作为居所，夫妇二人从 1802 年开始在此居住，一直住到 1818 年，他们对于舒适家庭生活的喜爱是众所周知的。它如今最大限度保留了当年的原貌，并向公众开放。威廉·钱伯斯的柑橘园和宝塔是他的作品的范例。植物园全天开放（圣诞日和元旦除外），夏季为 10:00 至 20:00，冬季为 10:00 至日落。王宫开放时间为 3 月 1 日至 9 月 30 日 10:00 至 18:00（周日 14:00 至 18:00），2 月和 10 月为 10:00 至 17:00（周日 14:00 至 17:00），1 月、11 月和 12 月为 10:00 至 16:00（周日 14:00 至 17:00）。

20　梅尔本府（Melbourne House）（1770—1774 年）于 1791 年被传入约克和奥尔巴尼公爵（Duke of York and Albany）手中，此后便被称为约克府（York House）。1802 年它被卖给一位年轻的建筑商亚历山大·柯普兰（Alexander Copland），他在亨利·霍兰德的帮助下，将其改建为奥尔巴尼公寓，并在花园的两侧修建了两长排楼群，从皮卡迪利街的入口通往伯灵顿花园的铺有路面的步行道，将这两排楼房隔开，如今依然如此。伯灵顿花园的房舍仍在，但皮卡迪利临街的新入口，以及霍兰德在两侧修建的店铺均已消失不再。奥尔巴尼的住户总不乏知名人士。

21 萨默塞特府（1776—1786年）是除奥尔巴尼公寓之外，钱伯斯在伦敦唯一保留的重要建筑。其东翼由罗伯特·斯默克爵士添建（1828—1834年），西翼由詹姆斯·佩内索恩爵士（Sir James Pennethorne）添建（1852—1856年）。南翼的遗嘱认证和离婚登记处（the Probate and Divorce Registry）周一至周五 10:00 至 16:30 提供咨询服务。

22 朴素优雅的海军部屏门按照罗伯特·亚当的设计修建于 1759—1761 年间。后方的海军部的建筑［托马斯·雷普利（Thomas Ripley），1723—1826 年］远不及它成功。

23 约翰·亚当街（John Adam Street）8 号的亚当的阿尔德菲排屋（1768—1772 年）如今只剩下残垣。不过，皇家艺术研究院（1772—1774年）是罗伯特·亚当作品的

图 11 荷姆府的楼梯。

范例。工作日（非使用时）9:30 之后经申请可参观学会的大厅。

24 亚当的内部装饰在伦敦市中心不易见到，不过，有非常精美的一处在波特曼广场 20 号的荷姆府（Home House）内。这座宅邸是 18 世纪 70 年代为荷姆伯爵夫人（Countess of Home）所建，被后来的所有者塞缪尔·科陶德（Samuel Courtauld）赠给伦敦大学，便是科陶德艺术学院（Courtauld Institute of Art）的所在地。它的房间在假期的周一至周五从 10:00 至 17:00 对外开放，复活节和圣诞节关门十天。

其他从伦敦市中心方便前往的亚当负责设计内部装饰的住宅，有布伦特福德的赛恩府（Syon House）、汉普斯特德的凯伍德府（Kenwood House），以及奥斯特利庄园府（Osterley Park House），罗伯特·亚当于 1767 年开始修建这座宅邸，工程一直进行了 19 年。这些宅邸均对公众开放，开放时间：赛恩府从复活节至 7 月的工作日，8 月至 10 月从周日至周四 13:00 至 17:00（上午需约定）；凯伍德府［艾弗遗产（Iveagh Bequest）］10 月、2 月、3 月 10:00 至 17:00，11 月至 1 月 10:00 至 16:00，4 月至 9 月 10:00 至 19:00（耶稣受难日、圣诞夜和圣诞日除外）；奥斯特利庄园府（除耶稣受难日、圣诞日、节礼日和非公共假日的周一之外）每天开放，4 月至 9 月 14:00 至 18:00，10 月至 3 月 12:00 至 16:00，花园全年开放。

25 伦敦城墙路诸圣堂（1765—1767 年重建）在七年战争期间遭到破坏后，按照乔治·丹斯迷人的设计得以修复。

26 纽盖特监狱于 1780 年戈登叛乱时被烧毁，最终于 1902 年被拆除。它的部分石头，被用于修建老贝利街（Old Bailey）上爱德华七世时代巴洛克风格的中央刑事法院（Central Criminal Court）（1902—

1907 年）。在周六 11:00 和法院不开庭的工作日的 11:00 至 15:00，游客可在工作人员带领下参观建筑周围。开庭的时候，允许公众于 10.15 和 13:45（8 月除外）通过纽盖特街（Newgate Street）上的入口进入旁听席。每次开庭的头两天，法官都会带着鲜花花束、地板上撒着曾经用来防止引起伤寒的恶臭的药草，以提醒大家这里曾经是一座监狱。有少量监狱内部的残存物被保留下来，与许多其他的恐怖文物一起存于马里波恩路杜莎夫人蜡像馆内。

27 圣詹姆斯街 60 号的布鲁克斯俱乐部（1777—1778 年），在查尔斯·詹姆斯·福克斯时代是最主要的辉格党人俱乐部，是圣詹姆斯街上值得一去的几座有趣的 18 世纪末、19 世纪初建筑之一。街上另还有一些俱乐部，包括 37 号的怀特（White's）俱乐部（1787—1788 年，很可能为詹姆斯·怀亚特修建，1811 年改建并装上了弓形窗，1852 年翻新了正立面）；28 号的布托（Boodle's）俱乐部 [1775 年，约翰·克伦登（John Crunden）修建]；69—70 号的卡尔顿俱乐部 [1826—1827 年，托马斯·霍珀（Thomas Hopper）修建]；50 号的德文郡俱乐部（the Devonshire Club）[原克罗克福德（Crockford's）俱乐部，1827 年由本杰明·迪恩·怀亚特（Benjamin Dean Wyatt）设计]；74 号的保守派俱乐部（the Conservative Club）（由乔治·巴塞维和西德尼·斯默克设计），为帕拉蒂奥风格的维多利亚时代早期建筑。

28 曼彻斯特公爵的宅邸在后几代人中变为赫特福德府（Hertford House），即赫特福德侯爵（the Marquesses of Hertford）在伦敦的居所。第四代侯爵的私生子和继承人理查德·华莱士爵士（Sir Richard Wallace）于 1872 年对其进行了改造和扩建。1897 年，华莱士夫人将宅邸中收藏的大量罕见的珍贵艺术品赠予国家。

华莱士典藏馆（the Wallace Collection）始于第一代侯爵与其子，第一代侯爵是驻巴黎大使，其子为驻柏林和维也纳大使。第三代侯爵是乔治四世的密友，也是《名利场》中斯丹恩勋爵（Lord Steyne）和《康宁斯比》（Coningsby）中蒙茅斯勋爵（Lord Monmouth）的原型，而正是他，才给收藏馆带来最终的辉煌。因为这位侯爵娶了一位女子，昆斯伯里公爵（the Duke of Queensberry）和乔治·塞尔文（George Selwyn）均声称她是自己的女儿，且不管另一方怎么说，他们二人都留给她一笔遗产。她的儿子在一生中的大部分时间居住在巴黎，因此能够尽情地沉浸在对他18世纪法国艺术品的热情中。这份收藏如今成为典藏馆的骄傲并在馆内展出，即使是在法国本土，也难在一座屋檐下找到如此丰富多彩的展品。典藏馆内同样著名的铠甲，以及中世纪和文艺复兴时期的美术作品，为理查德·华莱士爵士所搜集。

258 典藏馆的开放时间（耶稣受难日、圣诞夜、圣诞日、节礼日和元旦除外）为工作日 10:00 至 17:00，周日 14:00 至 17:00。

29 具代表性的詹姆斯·伯顿修建的房屋位于布鲁姆斯伯里广场 18—27 号（1800—1814 年）。它们可同位于贝德福德道、伯顿浮夸的前辈尼古拉斯·巴尔本于 100 年前修建的房屋相比较。

第十章

1 尽管卡尔顿府被完全拆除，但它正立面的石柱被用于国家美术馆的柱廊（见以下注释 4）。它的几扇大门、镶花地板、壁炉和大理石，被杰弗里·怀亚特维尔（Jeffry Wyatville）爵士用于重建温莎城堡（Windsor Castle），也被纳西用于白金汉宫。

2 休伯特·勒叙厄尔（Hubert Le Sueur）的查理一世纪念碑

（Monument to Charles I）
（1633年），是伦敦最具活力的纪念碑之一，它坐落于1647年被拆除的原查令十字（Charing Cross）所处的位置上。现火车站庭院外的查令十字，是维多利亚时代的复制品。爱德华一世修建了12座顶端为十字架的石碑，以标出1291年将埃莉诺王后的遗体从林肯郡送到威斯敏斯特大教堂的送葬队伍的休息点，查令十字是石碑的最后一座。

图12　纳尔逊纪念柱。

3　纳尔逊纪念柱建于1839—1842年。柱体由威廉·莱尔顿（William Railton）设计，雕像的作者是爱德华·霍奇斯·贝利（E.H.Baily）。底座浮雕的作者为约翰·特诺特（John Ternouth）和威廉·弗雷德里克·伍德顿（W.F.Woodington），狮子雕塑的作者为埃德温·兰西尔爵士（Sir Edwin Landseer）。纪念柱之所以建得如此之高——185英尺，原因之一是赞助人希望它能够超过本杰明·迪恩·怀亚特的约克公爵纪念柱（Duke of York Column）（1831—1834年）。

　　约克公爵纪念柱竖立在滑铁卢坊的石阶上，顶端有一座理查德·韦斯特马科特爵士（Sir Richard Westmacott）所做的约克公爵雕像（尽管犯下许多错误，他依然是个受人尊敬的总司令）。它从底座到顶端为124英尺，据说是为了有足够的高度让公爵远离其债主——公爵在离世之时欠下的债务已经累计超过 200 万英镑。纪念柱的费用大部分通过停发军队中每位士兵一天的军饷而获得，因公爵一直在军队中广受爱戴。

4　特拉法尔加广场上的国家美术馆，是全世界拥有最多、最丰富藏品的美术馆之一。其收藏的 4500 幅绘画中，展出的仅有约 1500 幅。但其拥有的任何未挂在墙上展出的绘画，通常可以通过向馆长书面申请而获得观赏机会。对公众展出的时间（耶稣受难日、圣诞夜和圣诞日除外）为工作日 10:00 至 18:00（夏季的周二和周四延至 21:00），周日 14:00 至 18:00。在周二、周三和周四 13:00、夏季的周二 18:00、周六的 14:30 均有讲座。与国家美术馆毗邻的是位于圣马丁坊（St Martin's Place）的国家肖像馆（the National Portrait Gallery）[伊万·克里斯蒂安（Ewan Christian）和科林（Colling），1890—1895 年，杜维恩馆（Duveen Wing）由罗伯特·埃里森（Sir Robert Allison）和 J.G. 韦斯特（J.G.West）建于 1933 年]。国家肖像馆实际上"更关乎历史而不是艺术"，如其前馆长大卫·派珀（David Piper）所说："它拥有一些绝对令人惊叹的绘画几乎是它目的之偶然；就艺术品质而言，它令人欣喜地同样也有一些绝对令人震惊的作品。比如简·奥斯丁（Jane Austen）的姐姐卡桑德拉（Cassandra）为她所画的水彩肖像画，虽然水平拙劣，但却是肖像馆最珍贵的藏品之一。而另一方面形成鲜明对比的是，在霍尔拜因的巨幅肖像画《亨利八世》中，艺术与历史以不可分割的魔力融合在一起。"肖像馆与国家美术馆一样，可通过申请观赏未展出的绘画。开放时间为 6 月至 9 月工作日的 10:00 至 18:00，周二和周四为 10:00 至 21:00，周日为 14:00 至 18:00。耶稣受难日、圣诞夜、圣诞日、节礼日和元旦不开放。

259

5　大罗素街上早期大英博物馆（1823—1852 年，含爱德华七世时期的扩展部分）的各种零星藏品，最终发展为涵盖埃及、希腊、罗马、东方及英国古物的浩瀚收藏，包括手稿、印本、硬币、勋章、版画、绘画、邮票、原始艺术、贝宁青铜器、阿兹特克出土文物、萨顿胡（Sutton Hoo，英国萨福克郡的古迹）船葬、伊尔博特（Ilbert）钟表收藏，加之品种丰富的各种其他藏品，人们在内观赏可以花去一生的时间。藏品还在不断地增加：英国每年出版的书籍必须存放一本在博物馆内，因此书籍的数量每年都在增长，需要摆放的书架也延长了一英里。

一天的时间远不够参观。博物馆的开放时间是（耶稣受难日、圣诞夜、圣诞日、节礼日和元旦除外）工作日 10:00 至 17:00、周日 14:30 至 18:00。在蒙塔古府的中央庭院加巨大的圆顶而建的阅览室，须购票进入。如有合理理由或者经有地位的人推荐，可获得免费票。手稿部和图片图稿部的学生室，也须购票进入。

因大英博物馆的庞大、其收藏品的规模和多样性而感到无望、退缩的人，可去参观位于林肯律师学院广场 13 号迷人而小巧的约翰·索恩爵士博物馆（Sir John Soane's Museum）。此处为索恩 1812 年为自己设计的住宅，他在这里一直住到 1837 年离世。博物馆内除他的家具、书籍、劳伦斯（Lawrence）为他画的巨幅肖像外，还有一批赏心悦目的古董大理石雕像、青铜雕像、半身雕像、希腊花瓶、建筑模型、克里斯托弗·雷恩的手表、拿破仑的手枪、公元前约 1370 年的埃及国王塞提一世（Seti I）的石棺（被大英博物馆拒绝之后由索恩以 2000 英镑购得），还包括卡纳莱托（Canaletto）、皮拉内西（Piranesi）、朱利奥·克洛维奥（Giulio Clovio）、特纳（Turner）和克莱里索（Clérisseau）的精美画作，威廉·霍加斯

《选举》（the Election）的四幅场景和他的八幅《浪子生涯》。

博物馆开放时间为周二至周六 10:00 至 17:00，8 月和公共假日除外。周六下午 14:30 有参观讲解。未展出的建筑书籍、图纸和模型，经向馆长申请后可获参观。

6 　无论女王在内居住与否，白金汉宫内部和占地 40 英亩的私人花园均不对外开放。楯顶的英国王室旗帜飘扬，表示女王居住在内。不过，原来的私人礼拜堂，被改造成为女王画廊（Queen's Gallery），并有王室收藏的油画、素描、家具、艺术品和古董在内展出。画廊从白金汉宫路可达，开放时间为（圣诞节除外）周二至周六 11:00 至 17:00、周日 14:00 至 17:00。白金汉宫路再往下为皇家马厩，皇家御马关在此处，皇家马车，包括威廉·钱伯斯为乔治三世设计、奇普里亚尼（Cipriani）绘画的马车，均存放于此。除阿斯科特赛马会周，皇家马厩的开放时间为周三、周四 14:00 至 16:00。

在由身穿制服的皇家骑兵旅哨兵巡逻的王宫前庭，每天上午11:30 举行换岗仪式。

7 　大理石拱门（1828 年）的大理石来自塞拉韦扎（Seravezza，意大利卢卡省一市镇），纳西似乎模仿的是罗马的君士坦丁拱门。南侧的浮雕是爱德华·霍奇斯·贝利的作品，他亦是特拉法尔加广场纳尔逊雕像的作者；北侧浮雕的作者是理查德·韦斯特马科特爵士，他亦是滑铁卢坊石柱顶端约克公爵雕像的作者。

海德公园角德西穆·伯顿的科林斯式拱门被称为宪法拱门（the Constitution Arch）（1828 年），或有时也称为威灵顿拱门（the Wellington Arch），原来顶上装有威灵顿公爵的雕像，1912 年替换成如今的四马战车上的和平天使青铜雕像，作者为阿德里安·琼斯（Adrian Jones）。伯顿的爱奥尼式海德公园角屏门（Hyde Park

Corner Screen)（1825 年）模仿的是罗伯特·亚当的赛恩府屏门。

8　林荫路东端厚重的爱德华七世时期罗马风格的海军部拱门 260
（Admiralty Arch），由阿斯顿·韦伯爵士（Sir Aston Webb）建于
1912 年，部分是为了纪念维多利亚女王，而维多利亚女王纪念碑
（Victoria Memorial）更有效地体现了纪念性。华丽的纪念碑由托马
斯·布罗克（Sir Thomas Brock）爵士以 2300 吨汉白玉砌成，位于
白金汉宫的庭院前方。

9　如今的维多利亚及爱德华七世时期的邮政总局（General Post
Office）楼群（1870—1911 年）导致斯默克的建筑显得多余，因此
它被拆除。从爱德华国王街（King Edward Street）可达的主办公楼
（the Chief Office）开放时间为周一至周五 8:00 至 19:00、周六 9:00
至 12:30。运行于怀特查佩尔和帕丁顿之间，途经利物浦街火车站，
每天运送 4 万件邮件的 6 英里长的邮局地下铁路（1908 年完工），
可供游客参观。参观铁路、邮政博物馆和邮局建筑的申请，可寄
往：the Post Master Controller's Office，King Edward Street，E.C.1。

10　皇家铸币厂（1808—1811 年，1882 年扩建），有一座博物馆短期内
将会在此开放。现在的硬币由位于威尔士的一家新铸币厂制造。

11　米尔班克监狱（1812—1821 年）于 1890 年拆除，原址上建了泰特
美术馆（the Tate Callery）（1897 年）。该馆不仅收藏有自公元 1500
年以来的英国主要绘画作品，还收藏有欧洲大陆和美国的现代绘
画作品和现代雕塑。它的开放时间是工作日（耶稣受难日、圣诞
夜、圣诞日和元旦除外）的 10:00 至 18:00，周日和节礼日的 14:00
至 18:00。参观讲解时间为周二和周三的 13:00、周四的 13:00 和
15:00、周六和周日的 15:00。

12　兰贝斯路詹姆斯·刘易斯（James Lewis）的精神病院（1812—1815
年），现为帝国战争博物馆（Imperial War Museum）。其柱廊和圆

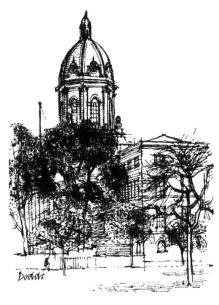

图13 帝国战争博物馆。

顶为西德尼·斯默克1846年添建，其双翼后来被拆除。博物馆藏有独一无二的自1914年以来与英联邦三军有关的资料、设备、遗物、模型、绘画、图书、地图、照片和影像资料。开放时间是工作日（耶稣受难日、圣诞夜、圣诞日、节礼日和元旦除外）的10:00至18:00、周日14:00至18:00。博物馆档案室的影像资料的放映时间是周一至周五的12:00和周六、周日的14:45。

13　下泰晤士街（Lower Thames Street）巨大的海关大楼（Custom House）[大卫·莱恩（David Laing）设计，1813—1817年]，所处之地自14世纪以来就为海关所用。可从伦敦桥上看到的临河岸大楼正面的中心部分，由罗伯特·斯默克爵士在1825—1826年间进行过改造。

14　领港公会是英国的水手协会。他们于1514年从亨利八世手中获得第一份特许状。受亨利的委托管理德特福德的海军造船厂，他们很快获得了设立航标灯的权利，后来又获权设立并维护灯塔、灯塔船、浮标，并担任海事鉴定人、监督引航员的工作。其总部原位于德特福德，18世纪迁入伦敦。三一广场上迷人、优雅、小巧的领港公会大厦，由塞穆尔·怀亚特设计，建于1793—1795年。在二战中曾被严重破坏，现已得到很好的修复。

15 以下列举现存最著名、最值得一提的 19 世纪早期教堂。沃本街的圣潘克拉斯教区教堂（St Pancras Parish Church），其造价为 7 万英镑，建于 1819—1822 年，设计者是一位名叫威廉·因伍德（William Inwood）的测量师，他的儿子亨利曾在希腊学习建筑学。因伍德在同一教区的另三座教堂：卡姆

图 14 摄政广场圣彼得教堂。

登镇卡姆登街（Camden Street）的诸圣堂（All Saints）（1822—1824 年）、摄政广场的圣彼得教堂（1824—1826 年）和萨默斯镇埃弗肖特街（Eversholt Street）的哥特式圣玛丽教堂（1824—1827 年）。约翰·索恩爵士的三座教堂是：沃尔沃思利物浦路（Liverpool Grove）的圣彼得教堂（1823—1825 年）、马里波恩的圣三一教堂（Holy Trinity）（1824—1828 年）和贝斯纳绿地剑桥希斯路（Cambridge Heath Road）的圣约翰教堂（1824—1828 年）。马里波恩温德姆坊（Wyndham Place）有罗伯特·斯默克爵士的圣玛丽教堂（1822—1824 年）。切尔西西德尼街（Sydney Street）约翰·萨维奇（James Savage）的圣路加教堂（St Luke）（1820—1824 年），是最早的哥特复兴式石拱顶教堂，柏蒙西瑟兰路（Thurland Road）上有同一位建筑师的圣詹姆斯教堂（1827—1829 年）。查尔斯·巴里在伊斯灵顿的三座哥特式教堂：霍洛韦路福音传道者圣约翰教堂（St John the Evangelist）、埃塞克斯路鲍尔斯庞德区（Ball's Pond）圣保罗教

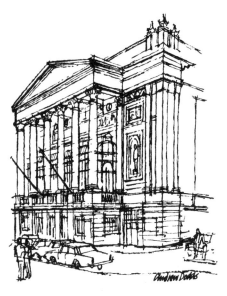

图 15　皇家歌剧院。

堂和克劳兹利广场（Cloudesley Square）圣三一教堂，它们均建于 1827—1828 年；四座带希腊式柱廊、建于 1822—1824 年、位于今大范围的兰贝斯教区的教堂：布里克斯顿圣马太教堂（St Matthew）、肯宁顿圣马可教堂（St Mark）、西诺伍德圣路加教堂和滑铁卢路圣约翰教堂。不过，布朗普顿路圣三一教堂［1826—1829 年，建筑师为托马斯·唐纳森（T.L.Donaldson），亚瑟·布罗姆菲尔德（Sir Arthur Blomfield）爵士添建了新的圣坛］因与上流社会的关联而比它们更具名气。在这段时期，非圣公会的礼拜堂也修建了无数，尽管它们大部分已经消失，但佩卡姆高岸街（Highshore Street）贵格教会礼拜堂（the Quaker Meeting-House）（1826 年）以及斯托克纽因顿亚克利路（Yoak ley Road）的贵格教会礼拜堂（1828 年）均是约翰·卫斯理（John Wesley）为卫理公会礼拜堂建设者所倡导的简约性的范例。

16　斯默克的科文特花园剧院是原址上修建的第二座。建于 1732 年的第一座剧院在 1808 年的大火中被烧毁，而斯默克的剧院建于 1856 年。如今巨大的皇家歌剧院（1856—1858 年）为爱德华·M. 巴里（Edward M. Barry）所设计，他还于 1859 年设计了附近的花卉馆（Floral Hall）。

17　本杰明·迪恩·怀亚特的德鲁里巷剧院（1811—1812 年）至今仍

在。它是原址上所建的第四座剧院，佩夫斯纳教授认为它至今都是伦敦最好的剧院。罗素街上的爱奥尼式柱廊为1832年添建，剧场于1922年进行了重建。它的前厅、圆形大厅和阶梯是伦敦仅存的乔治王朝时期剧院的室内部分。第一座剧院建于1663年，据说妮尔·格温曾在里面卖过橘子。它于1674年毁于火灾之后，很可能是由雷恩进行了重建，1775年建成。1791—1794年间，由亨利·霍兰德为谢里丹进行了重建。1809年，在目睹剧院被大火吞噬之时，人们听到谢里丹说道："一位绅士当然可以在他自己的炉火边暖手。"

18　纳西的干草市场皇家剧院的柱廊，依然矗立在从詹姆斯广场沿查理　　*262*
　　二世街的街景尽头，但剧院的内部于1905年进行了重建。

19　斯默克的联合服务俱乐部于19世纪50年代被纳尔逊（Nelson）与英尼斯（Innes）的小联合服务俱乐部（Junior United Service Club）所替代，而后者20世纪50年代让位于英国原子能管理局（United Kindom Atomic Energy Authority）的办公室。威尔金斯的大学俱乐部1906年被雷金纳德·布罗姆菲尔德爵士（Sir Reginald Blomfield）的建筑所替代。但蓓尔美尔116—119号纳西的联合服务俱乐部至今仍在，它于1858年由得西穆·伯顿进行了改造。蓓尔美尔街上所有的其他俱乐部，除了二战时被破坏的以外，基本上都保留着原建筑师留给它们的风格，不过，雅典娜神庙俱乐部（1828—1830年）于1899年加了一层顶楼层。

20　养马场路（Stable Yard）的兰卡斯特府（以前被称为约克府，后来还被称为斯塔福府），其现名来源于将皇家契约赠予国家的第一代利华休姆子爵（Viscount Leverhulme）。1941年前该府是伦敦博物馆的藏馆，现被用于国际会议、接待和宴请。在未有活动期间，该府异国情调的内部对公众开放，时间是 3 月至 10 月周六、周日和公共假日的 14:00 至 18:00。

21 皮卡迪利街 149 号（海德公园角）阿普斯利府原是亚当兄弟于 18 世纪 70 年代为阿普斯利勋爵（Lord Apsley）亨利·巴瑟斯特（Henry Bathurst）而建造。1829 年本杰明·迪恩·怀亚特为威灵顿公爵进行了改造和扩建，他添建了一道巨大的柱廊，将砖墙以巴斯奶色石覆盖。1947 年，第七代公爵将府邸赠予国家，其家人在府内保留私人住房。五年之后，该府作为威灵顿博物馆（the Wellington Museum）对公众开放。府内藏有威灵顿的大量收藏品、在他长期的职业生涯中获得的珍贵美术作品，包括大量的精美绘画、令人惊叹的银器和瓷器、异国勋章，还包括一座由安东尼奥·卡诺瓦（Antonio Canova）所做的巨大的拿破仑裸

图 16 卡诺瓦的拿破仑雕像。

体雕像（1810 年），以及约瑟夫·诺勒肯斯（Joseph Nollekens）所做的公爵本人的较小雕像（1813 年）。

博物馆开放时间是工作日（耶稣受难日、圣诞夜、圣诞日、节礼日和元旦除外）的 10:00 至 18:00，周日的 14:30 至 18:00。

22 养马场门（Stable Yard Gate）克拉伦斯府是王太后的居所，不对公众开放。其名称来源于乔治四世的弟弟克拉伦斯公爵（Duke of

Clarence），由纳西于 1825 年为其建造。

23 特威克纳姆里士满路的大理 石山别墅，是罗杰·莫里 斯（Roger Morris）在艾莱 勋爵（Lord Islay）和赫伯 特勋爵（Lord Herbert）的 总体指导下，于 1728 年至 1729 年为乔治二世的情妇汉 丽埃塔·霍华德（Henrietta Howard）所建。后来它是另 一位王室宠儿——乔治四世

图 17 大理石山别墅。

的秘密妻子菲茨赫伯特夫人（Mrs. Fitzherbert）的居所。近期它得 到仔细修复，是英国帕拉蒂奥式风格的极佳典范。开放时间是除周 五、圣诞节外的工作日的 10:00 至 17:00。

24 霍勒斯·沃波尔的"小哥特城堡"草莓山庄（1748—1776 年），位 于特威克纳姆沃尔德格拉维路（Waldegrave Road），现为圣玛丽学 院（St Mary's College）。它靠近大路是为了让它"玩具般"的外部 能够让人们欣赏，而不至于打搅学生。如想入内参观，须向院长秘 书递交书面申请。

263

25 亨利七世在里士满修建、其孙女伊丽莎白女王驾崩于此的豪华宫 殿，如今仅剩下大门和一两处残垣。但它辽阔的都铎时期猎苑保留 下来成为里士满公园（Richmond Park），园内还养有原来由查理一 世引进的黇鹿和马鹿。在公园和里士满山（Richmond Hill）周围， 有许多漂亮的宅邸，时间可追溯到乔治一世统治后期，威尔士亲

王、王妃在里士满屋（Richmond Lodge）处理政事时期。

26 彼得沙姆的哈姆府是 1610 年为托马斯·瓦瓦索（Sir Thomas Vavasour）所建，在 17 世纪后期经历了较大的改造，特别是在查理二世的大臣劳德戴尔公爵（Duke of Lauderdale）和他强势的公爵夫人手中。彼得·莱利爵士（Sir Peter Lely）为他们所绘的两幅出色的肖像画还悬挂在圆形画廊（the Round Gallery）中。府邸的内部摆设着斯图亚特时代的家具，或许是英国最能唤起人们对劳德戴尔时代回忆的地方。

府邸的开放时间为（周一、耶稣受难日、圣诞夜、圣诞日、节礼日和元旦除外）4 月至 9 月每天 14:00 至 18:00，10 月至 3 月每天 12:00 至 16:00。

27 位于切尔西博福特街（Beaufort Street）房址上的汉斯·斯隆爵士的府邸博福特府（Beaufort House）如今已消失。但伊尼戈·琼斯于 1621 年在此所建的大门，于 1736 年被迁至由威廉·肯特在位于奇斯威克的伯灵顿勋爵精美的乡间别墅奇斯威克府（Chiswick House）周围建起的花园内。它的开放时间是（耶稣受难日、圣诞日、节礼日和元旦除外）5 月至 9 月 9:30 至 13:00，14:00 至 19:00；3 月、4 月和 10 月，周三至周日 9:30 至 13:00，14:00 至 17:30；11 月至 2 月，周三至周日 9:30 至 13:00，14:00 至 16:00。

第十一章

1 伦敦大火纪念碑位于纪念碑路（Monument Street）和鱼街山，由雷恩与其友罗伯特·胡克设计。纪念碑的顶端有一只鼎，上有一个饰有火焰的镀金圆球。雷恩本来更想塑一座查理二世的雕像，但胡克有自己的想法。不过，国王出现在西侧的底座上，被 C.G. 希伯

（C.G.Cibber）以浮雕体现，他身穿罗马服饰，正在鼓励他的人民重建他们的都城。工作日 9:00 至 18:00（冬季至 16:00），夏季周日 14:00 至 18:00，体力好的游客可登上顶部的平台。耶稣受难日、圣诞日和节礼日，以及 10 月至 4 月的周日不开放。

2　乔治二世于 1760 年在肯辛顿宫驾崩之后，它便不再是王室的主要居所。不过，威廉三世、玛丽二世、安妮女王均在此离世，维多利亚女王于 1819 年在此出生，并一直居住于此，直到 1837 年那个难忘的早晨，她被从床上唤醒，接到她登基的消息。她的卧室中收藏有家具、玩具和饰物，以唤起人们对她童年的动人回忆。

图 18　肯辛顿宫橘园（Orangery）。

王宫二楼的房间对外开放（耶稣受难日、圣诞夜和圣诞节除外），时间为工作日夏季的 10:00 至 18:00，冬季的 10:00 至 17:00，周日 14:00 开始。

曾经以此为驻地的伦敦博物馆已迁至城内（见第一章注释 2）。

264

3　乔治二世于 1732 年将唐宁街 10 号给予罗伯特·沃波尔爵士，从此以后英国首相便居住于此。它于 1764—1766 年间得到重建，此后，在简朴的外表下，其内部经过数次重新设计，已经远比以前宽敞而豪华。街道的名称来源于乔治·唐宁爵士（Sir George Downing），他曾任财政大臣，在此建了第一批房屋。

4　弗利特街高夫广场西侧简朴的 17 世纪晚期约翰逊博士故居（Dr Johnson's House），藏有 1748—1759 年在此居住的这位伟人的大量遗物。在阁楼里，他在六位文书助理的帮助下编纂了他那部著名的词典。苏格兰人詹姆斯·鲍斯维尔以得意的口吻写道："让对他怀有敌意的北不列颠的居民记住，（这些文书助理）当中的五位都来自那国。"故居的开放时间是工作日（公共假日除外）夏季 11:00 至 17:30，冬季 11:00 至 17:00。

对游客开放的伦敦其他作家的故居有：

霍加斯故居（Hogarth's House），位于奇斯威克西大道（Great West Road）（霍加斯洗衣房隔壁）。在霍加斯时代，是"泰晤士河畔一个乡间小亭"，如今被工厂、公寓、塞满卡车的主干道所包围。故居内家具很少，都不属于霍加斯，但有大量的版画。开放时间是工作日冬季 11:00 至 16:00（周日 14:00 至 16:00），夏季 11:00 至 18:00（周日 14:00 至 18:00）。耶稣受难日、圣诞节和冬季的周二不开放。

狄更斯故居（the Dickens House），位于道蒂街（Doughty Street）48 号。狄更斯在成名的早年于 1837 年至 1839 年居住于此，在这里写完了《匹克威克外传》（Pickwick Papers）、《雾都孤儿》（Oliver Twist）和《少爷返乡》（Nicholas Nickleby）。这里也是狄更斯十分喜爱的妻妹玛丽·霍加斯（Mary Hogarth）在他怀抱中死去的地方。狄更斯以每年 80 英镑的价格租下这座宅邸。当时的道蒂街，是"一条宽阔、通风、卫生的街道；它不是低档出租马车和震天响的皮克福德货车喧闹穿梭的公共大道，而是私人财产，两端都有一道大门，门房里有一名门卫，头戴有金饰带的帽子，身穿纽扣上有道蒂纹章的紫红色制服"。在狄更斯联谊会（Dickens Fellowship）于1924年将故居买下之前，有许多其他人在此居住过，因此它并没有留下狄更斯的多少印记。不过，它却包含有狄更斯的大量文集。故居的开放时间为除公共假日外的工作日10:00至17:00。

卡莱尔故居（Carlyle's House），位于切尔西切恩道（Cheyne Row）24号。卡莱尔在此居住了47年，直至1881年去世。卡莱尔和简·韦尔什（Jane Welsh）曾在此用奇怪的食物招待他们的朋友，在此担心他们的健康、对他们的仆人发火，而故居基本保持了当时的模样。他们屋里的家具，他们的书籍和照片，挂在花园门边挂钩上的宽边帽，夏天太热、冬天又太冷的阁楼

图19 托马斯·卡莱尔（Thomas Carlyle）的厨灶。

上隔音房间里的书桌，所有的物件，都会让人赫然觉得他们还活着。还有卡莱尔的陶土烟斗、烟盒、抽烟时戴的帽子，简的榉木沙发（1835年买的二手货）、她的针线盒和做珠饰的脚凳。故居开放时间是除周一、周二之外的工作日11:00至13:00以及下午（包括周日下午）14:00至18:00，或至天黑。元旦、耶稣受难日和12月不开放。

265

济慈故居（Keats House），位于汉普斯特德济慈街（Keats Grove）温特沃斯坊（Wentworth Place）。该宅建于1815年，约翰·济慈于1818年至1820年在罗马去世前在此居住。故居内藏有他的带注释的书籍、信件和其他遗物。可参观的时间为工作日

10:00 至 18:00，周日和公共假日 14:00 至 17:00。圣诞日、节礼日、元旦、耶稣受难日、复活节前夕不开放。

另有两座对公众开放的有看头的伦敦宅邸为：

雷顿府（Leighton House），位于霍兰德公园路（Holland Park Road）12 号，是由极其成功的画家、雕塑家，1878 年被选为皇家艺术研究院院长的雷顿勋爵（Lord Leighton）于 1866 年修建的维多利亚时代异国情调的住宅。卫斯理府（Wesley's House），位于城市路（City Road）47 号，卫理公会（Methodism）创始人简朴的住宅（约 1770 年）。他于 1791 年在这里的卧室内去世。雷顿府的开放时间为除公共假日外的工作日 11:00 至 17:00，卫斯理府为工作日 10:00 至 13:00、14:00 至 16:00。

5　船夫们竞赛是为了争夺道格特（Doggett）制服和徽章，它们为公会的橙色制服和汉诺威王室的银质勋章。德鲁里巷剧院经理托马斯·道格特（Thomas Doggett）在遗嘱中提供了一笔资金，用于长期举办这项年度竞赛，以庆祝汉诺威王室登上英国王位。这项竞赛至今仍每年在伦敦桥至切尔西 4.5 英里的河段上举行。

6　霍兰德府在二战中遭到严重破坏，残留的部分在霍兰德公园中可见。它曾是一座漂亮的詹姆斯一世时期大宅，如今只剩下约 1640 年建造的东翼、南厅的拱形底层和橘园。宅邸东侧花园内的两根门墩柱，由伊尼戈·琼斯设计，由尼古拉斯·斯通建造。霍兰德府在第三代霍兰德勋爵与其强势的妻子居住期间，是维多利亚时代早期知识分子团体的社交中心。

7　自乔治二世 1760 年驾崩之后，汉普顿宫（Hampton Court Palace）再无执政君主居住，直到维多利亚女王执政之后，王宫的房间和其中的精彩绝伦的绘画才对公众开放。

沃尔西的宫殿由亨利八世进行了扩建，由威廉和玛丽进行了修缮，雷恩为他们拆去了一部分建筑，以在东侧建一道古典文艺复兴风格的正立面，并按照当时法国盛行的井然有序的风格，为他们重新规划了美丽的花园。

工作日（耶稣受难日、圣诞日、节礼日除外）开放时间为 9:30，关闭时间 5 月至 9 月为 18:00，11 月至次年 2 月为 16:00，3 月、4 月和 10 月为 17:00；周日开放时间，5 月至 9 月为 11:00 至 18:00，11 月至次年 2 月为 14:00 至 16:00，3 月、4 月和 10 月为 14:00 至 17:00。

8　洛德球场的板球纪念画廊（the Cricket Memorial Gallery）于每个比赛日开放至 17:00。冬季按事先预约。

9　萨瑟克伯勒大街（Borough High Street）的乔治驿站（the George Inn），火灾之后于 1677 年重建。它有伦敦仅存的 17 世纪长廊。狄更斯在《小杜丽》(*Little Dorrit*) 中提到此处。不过，山姆·韦勒（Sam Weller）和匹克威克先生在大院里相遇的白鹿驿站已经消失了，原址现被白鹿院（White Hart Yard）所占。同样地，乔叟笔下的人物前去朝圣的出发之地塔巴德驿站（Tabard Inn），原址现也被塔尔博特院（Talbot Yard）所占。

第十二章

1　这些车站部分或经过完全重建，但大多保留着原有的特色。菲利普·哈德威克在尤斯顿车站的多立克式凯旋门已于 1963 年被拆除，而圣潘克拉斯站也面临着同样的命运。圣潘克拉斯站依然是它那个时代的美妙回忆。一位维多利亚时代的评论家写道："它有着无与伦比的华美、舒适和方便。其建筑风格是各种中世纪特色的结合，看到它会令人想起伦巴第和威尼斯……而学生挑剔的眼中会看到米兰或意大利其他地方的陶瓦建筑的少许感觉，交织着温切斯特和索尔兹伯里城堡、威斯敏斯特大教堂等处细节的精美再现。"

2 布朗普顿圣堂，是伦敦的圣菲理·乃里（St Philip Neri）教堂，由赫伯特·格里布尔（Herbert Gribble）设计，是一座意大利巴洛克风格建筑，是维多利亚时代中期英格兰罗马天主教复兴的宏伟纪念碑。位于维多利亚街阿什利坊（Ashley Place）的罗马天主教威斯敏斯特主教座堂（Westminster Cathedral）[约翰·弗朗西斯·本特利（John Francis Bentley），1895—1903 年]，为红砖与波特兰石相间的线条，是早期基督教建筑拜占庭风格的鲜明运用。可以容纳 2000 名教徒的中殿，是英格兰最大的中殿。它的钟塔，比威斯敏斯特大教堂的西塔还要高将近 50 英尺。钟塔上的长廊，是俯瞰伦敦西侧景色的最佳地点。周日和平时都常有礼拜在内举行。

3 位于思罗格莫顿街的证券交易所，最初建于 1802 年，1853—1854 年由托马斯·阿拉森（Thomas Allason）进行了重建，30 年后由 J.J. 科尔（J.J.Cole）进行了扩建，20 世纪 70 年代被现在这座建筑所替代。游客在周一至周五 10:00 至 15:15 可进入其大厅楼座。

4 皇家法院是与圣潘克拉斯站相呼应的精巧的哥特式建筑，但是以石材而非砖头修建。它对公众开放，游客们可于周一至周五 10:00 至 16:15 进入其大厅旁听席。

5 乔治·吉尔伯特·斯科特本来更想按照他的圣潘克拉斯站的风格，赋予外交部大楼以独特的哥特式结构。但帕默斯顿（Palmerston）坚持意大利古典风格。斯科特试图做一些折中，在意大利设计的基础上覆以拜占庭风格的装饰，帕默斯顿骂它是个"普通的杂烩"。斯科特于是购买了一些有关意大利建筑的昂贵图书，安下心来"重温"他的知识。他努力的成果没过多久就被拆除了。

隔查理国王街（King Charles Street）与外交部相邻、在议会街（Parliament Street）和大乔治街（Great George Street）上都有长长的临街面的，便是财政部，它包含亨利八世怀特霍尔宫的残留部分。最初的较小型的建筑由威廉·肯特于1734—1736年设计，约翰·索恩于1827年对其进行了扩建，查尔斯·巴里于1847年对其进行了改造和表面重修。

6 周六、复活节后的星期一和星期二、春季和夏末的公共假日、周一和周二，议会大厦于（未有议会举行时的）10:00至16:30开放。入口在维多利亚塔旁。如给予充分的通知，大部分议员可抽出时间带领选民们参观。

下议院举行会议期间，如访客能得到议员的安排，或者在每周一至周四下午16:15之后、周五11:30之后在圣斯蒂芬大厅（St Stephen's Hall）的入场安排办公室进行申请，可被允许在周一至周四11:00和11:30之间、周五14:30至15:00之间，进入圣斯蒂芬门廊（St Stephen's Porch）旁的旁听席。

上议院举行会议期间，其公众旁听席同样也对公众开放，通常举行会议的时间为周二、周三和周四（偶尔周一）14:30，入口在圣斯蒂芬门廊旁边。开门的时间为周二、周三14:40，周四16:10。

7 维多利亚和阿尔伯特博物馆位于展览路（Exhibition Road）和瑟洛坊（Thurloe

267

图20 议会大厦。

Place），其现有的文艺复兴风格的正立面由阿斯顿·韦伯设计，完成于 1909 年。虽然该馆不少藏品本应归于大英博物馆，但它拥有国家级的美术、实用艺术、水彩画和微型肖像画藏品，以及除古典雕塑（藏于大英博物馆）、现代雕塑（藏于泰特美术馆）之外的雕塑作品，同时它也是国家美术图书馆的所在地。

博物馆有许多极致美丽的珍品，如拉斐尔的壁毯画原稿（the Raphael cartoons）、伊丽莎白一世时期的微型肖像画、切尔西和德比的瓷雕、米开朗基罗的蜡质雕塑小样、贝尔尼尼（Bernini）的《海王尼普顿与特里同》(*Naptune and Triton*)。博物馆还有各种各样展示伦敦历史的精彩藏品：商铺的正面、大门、铁制阳台、窗户，位于主教门的保罗·品达尔爵士（Sir Paul Pindar）府的差不多整个正立面也收藏于此，还藏有由罗伯特·亚当装饰的阿尔德菲排屋内的加里克的客厅的一部分。

博物馆开放时间为工作日（耶稣受难日、圣诞日、节礼日除外）10:00 至 18:00。周二、周三、周五 13:15 和周六 15:00 有参观讲解。图书馆对读者开放的时间为工作日（公共假日除外）的 10:00 至 17:45，获得门票的方式同大英博物馆（见第十章注释 5）。

维多利亚和阿尔伯特博物馆的对面，是位于克伦威尔路的自然历史博物馆（the Natural History Museum）。它是一座巨大的

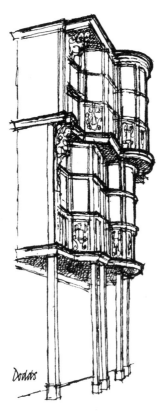

图 21　保罗·品达尔爵士府。

拜占庭式建筑，由阿尔弗雷德·沃特豪斯（Alfred Waterhouse）设计，建于1873—1880年。开放时间与维多利亚和阿尔伯特博物馆相同，工作日15:00有参观讲解。

在展览路上有地质博物馆（the Geological Museum）[J.H. 马卡姆（J. H. Markham）设计，1933—1935年]、科学博物馆（the Science Museum）（罗伯特·埃里森爵士，1913年）。两座博物馆的开放时间均为工作日（耶稣受难日、圣诞节、元旦除外）的10:00至18:00、周日的14:30至18:00。科学博物馆周一、周三和周五15:00，地质博物馆周二、周三、周四和周六15:00均有讲解。

除南肯辛顿的这些博物馆和之前提及的博物馆外，伦敦还有7座其他的博物馆非常值得一去：

杰弗瑞博物馆（the Geffrye Museum），位于肖尔迪奇金士兰路，前身为在1685—1686年间担任伦敦市长的罗伯特·杰弗瑞爵士（Sir Robert Geffrye）的遗赠下，于1715年修建的济贫院，这一排美观的建筑于一战前成为博物馆。博物馆拥有家具和木制品的特色馆藏。开放时间为工作日（周一、圣诞日除外）的10:00至17:00、周日的14:30至17:00。

犹太博物馆（the Jewish Museum），位于上沃本街（Upper Woburn Place）沃本府（Woburn House），开放时间为周一至周四的14:30至17:00、周五和周日的10:30至12:45。周六、公共假日和犹太节日不开放。

公共档案馆博物馆（The Public Record Office Museum），位于大法官巷（大法官巷的添建部分由约翰·泰勒爵士设计，1891—1896年，脚镣巷尽头的部分为詹姆斯·彭奈索恩爵士设计，1851—1856年）。开放时间（公共假日和圣诞节除外）为周一至周

268

五 13:00 至 16:00。博物馆原址为亨利三世 1232 年为皈依的犹太人建立的礼拜堂。博物馆包含国家档案局收藏的国家档案和法律文件，包括《土地调查清册》(*the Domesday Book*，又译"末日审判书"，英国 1085—1086 年钦定土地调查清册)、威灵顿的滑铁卢急件、一份莎士比亚签名的文件等。

皇家地理学会博物馆 (the Royal Geographical Society Museum)，位于肯辛顿·戈尔 (Kensington Gore) 大道，由于缺乏工作人员，已经不对公众开放。但藏有超过 50 万份地图和地图册的地图室仍然开放，时间为周一至周五 9:30 至 17:30。

芬顿府 (Fenton House)，位于汉普斯特德格罗夫 (the Grove)，是一座坐落在带有围墙的花园内的 17 世纪晚期漂亮府邸。开放时间为周三至周六 11:00 至 17:00、公共假日的周一。闭馆时间为耶稣受难日、元旦和 12 月整月。

两座值得一去的医学博物馆为：位于林肯律师学院广场的皇家外科医学院 (Royal College of Surgeons) 的亨特博物馆 (the Hunterian Museum)，它在外科医学的奠基者约翰·亨特 (John Hunter) 收藏的基础上形成；位于尤斯顿路 (Euston Road) 维康大楼 (Wellcome Building) 的维康医学历史博物馆 (the Wellcome Historical Medical Museum)。维康博物馆的开放时间为 (公共假日除外) 周一至周五 10:00 至 17:00，亨特博物馆需向医学院秘书申请方可参观。

最后，还有三处艺术收藏不容错过，但它们比起以上提到的地方游客要少得多：

科陶德艺术学院美术馆 (the Courtauld Institute Calleries)，位于沃本广场，值得一提的是它拥有丰富的印象派及早期后印象派绘画作品。开放时间为工作日（耶稣受难日和圣诞节除外）10:00 至 17:00、周日 14:00 至 17:00。

达利奇美术馆（the Dulwich Picture Gallery），位于达利奇学院路（College Road），其建筑是约翰·索恩爵士的杰作。它设计于 1811—1812 年，二战中遭到严重破坏，但现已得到修复。它藏有大量早期绘画大师作品，是在达德利学院的创立者——莎士比亚时期戏剧演员爱德华·艾伦（Edward Alleyn）收藏的基础上发展而来。开放时间为 5 月 1 日至 8 月 31 日的工作日 10:00 至 18:00、周日 14:00 至 18:00；9 月 1 日至 10 月 15 日、3 月 16 日至 4 月 30 日的工作日 10:00 至 15:00；10 月 16 日至次年 3 月 15 日的工作日 10:00 至 16:00；4 月和 9 月的周日 14:00 至 17:00。闭馆时间为 10 月至次年 3 月的周日、平时的周一、耶稣受难日、公共假日和圣诞节。

珀西瓦尔·大维德中国艺术基金会（the Percival David Foundation of Chinese Art），位于戈登广场 53 号，拥有宋、元、明、清的 1500 多件艺术品。开馆时间为周一 14:00 至 17:00，周二至周五 10:30 至 17:00，周六 10:30 至 13:00，公共假日、耶稣受难日和圣诞节除外。

8　位于肯辛顿·戈尔大道、简朴而实用的阿尔伯特音乐厅，在它完工十年之后，被形容为"配得上古罗马鼎盛时期的建筑物"，但没过几年，又遭到否定，说它有着"带熟悉曲线的普通的舞台"，而如今却广受赞誉。音乐厅内部宽大而适宜，可容纳 8000 人入座，非使用期间对公众开放。伦敦的另一座主要的音乐厅为皇家节日音乐厅（the Royal Festival Hall）[罗伯特·H. 马修爵士（Sir Robert H. Mathew）和莱斯利·马丁爵士（Sir Leslie Martin），1951 年]，其音响效果更令人满意，但缺乏阿尔伯特音乐厅的魅力。

9　摄政公园动物园，是官方的伦敦动物协会花园（Gardens of the Zoological Society of London），占地面积 35 英亩，拥有全世界最具代表性的动物。得西穆·伯顿的原建筑保留了少许，其余建筑为各种大杂烩，包括近期海伊·卡松爵士（Sir High Casson）的混凝土大象馆、斯诺登勋爵（Lord Snowdon）的鸟舍。动物园从公园外环（Outer Circle）、阿尔伯特亲王路或布罗德步道（the Broad Walk）可达。开放时间为 3 月至 10 月（周一至周六）的 9:00 至 17:00、周六和公共假日的 9:00 至 19:00，11 月至次年 2 月的 10:00 至 17:00。

第十三章

1　参观伦敦主要市场的时间是大清早。清晨 6 点，科文特花园市场（现位于九榆树）、比林斯门、利德贺和史密斯菲尔德都是最热闹的时候，搬运工穿梭、卡车轰鸣、商贩交易。利德贺市场的街上扔满了稻草、果皮、菜叶和茎干，充斥着虽微弱但能辨别的水果和蔬菜的味道；比林斯门的人行道潮湿而充满鱼腥味；史密斯菲尔德中心肉市的广阔区域内满是被宰杀的动物奇形怪状的躯体，沉甸甸地挂在肉钩上，还有许多体格健壮的搬运工，蓝白相间的外衣上布满斑斑血渍。

伦敦现存的街市依然有不下 100 处，即使游览时机不佳，也能体会到一定的乐趣。最值得一去的街市在苏活的贝里克街（Berwick Street）、霍尔本的皮革巷、怀特查佩尔的麦尔安德荒地（Mile End Waste）和兰贝斯步行街（Lambeth Walk）。法灵顿路是买书的好去处。每逢周六，伊斯灵顿的卡姆登步行道（Camden Passage）和诺丁山的波多贝罗路（Portobello Road）是买古董、杂物、古玩和旧货的去处。每逢周日，在肖尔迪奇的俱乐部街（Club

Row）有宠物出售，贝斯纳绿地的哥伦比亚路有盆栽植物出售，在怀特查佩尔路附近的米尔德塞克斯路、著名的衬裙巷，可以买到所有东西。

2　位于维多利亚路堤的新苏格兰场，这座必然令人生畏同时也令一些人心安的砖石建筑，于1871年由多产的诺曼·肖开始修建。警察总部现已搬迁至宽街（Broadway）。

第十四章

1　斯科特的餐厅［现已迁至芒特街（Mount Street）］和阿尔弗雷德·吉尔伯特的雕像建于1892年的同一日期。雕像为基督教博爱天使，竖立在此是为了纪念最慈善博爱的第七代沙夫茨伯里伯爵。但它常被称为厄洛斯（Eros），并且以厄洛斯之名，它已成为伦敦的吉祥物。

参考文献

仅在伦敦图书馆，关于伦敦历史和地理的书籍就放满了两百多英尺长的书架。以下列出的书目不过是其中我认为最有用、最有趣的一部分。这并非一个以伦敦为主题的完整书目总览，而且这样的总览也不存在。

Allen, Thomas

    The History and Antiquities of London（1827—1829）

Ashley, Maurice

    Life in Stuart England（Batsford, 1964）

Banks, F. R.

    The Penguin Guide to London（Penguin, 4th Edn 1968）

Barbon, Dr Nicholas

    An Apology for the Builder（1685）

Barker, Theodore and R. M. Robbins

    A History of London Transport（Allen & Unwin, 1963）

Barton, N. J.

　　The Lost Rivers of London（Phoenix House, 1962）

Bedford, John

　　London's Burning（Abelard-Schuman, 1966）

Bell, Walter G.

　　The Great Fire of London（1920）

　　The Great Plague in London（Bodley Head, Reprinted, 1951）

Besant, Sir Walter

　　Early London: Prehistoric, Roman, Saxon and Norman（1908）

　　London in the Time of the Stuarts（1903）

　　London in the Time of the Tutors（1904）

　　London in the Eighteenth Century（1902）

　　London in the Nineteenth Century（1909）

　　London North of the Thames（1911）

　　London South of the Thames（1912）

　　London City（1910）

　　Mediaeval London（1906）

Binnell, Robert

　　A Description of the River Thames（1758）

Bird, Ruth

　　The Turbulent London of Richard II（Longmans, 1949）

Birkenhead, Sheila

　　Peace in Piccadilly: The Story of Albany（Hamish Hamilton, 1958）

Bone, James

　　The London Perambulator（1926）

Booth, Charles

   (Ed.) *Life and Labour of the People in London* (1902—1903)

Boswell, James

   Boswell's London Journal, 1762—1763 (Ed. Frederick A. Pottle,
   Heinemann, 1950)

   The Life of Samuel Johnson (1791)

Boulton, W. B.

   The Amusement of Old London (1901)

Braybrooke, Neville

   *London Green: The Story of Kensington Gardens, Hyde Park and St
   James's Park* (Gollancz, 1957)

Brayley, E. W.

   Londiniana (1829)

Brett-James, Norman G.

   The Growth of Stuart London (1935)

Briggs, Asa

   Victorian Cities (Odhams, 1967)

Briggs, Martin S.

   Wren the Incomparable (Allen & Unwin, 1953)

Brookbank, Sir J. G.

   History of the Port of London (1921)

Brown, Ivor

   London (Studio Vista, 1965)

   Winter in London (Collins, 1951)

Bryant, Sir Arthur

The Medieval Foundation（Collins，1963）

Protestant Island（Collins，1967）

Burton, Elizabeth

The Elizabethans at Home（Secker & Warburg，1958）

The Georgians at Home（Longmans，1967）

The Jacobians at Home（Secker & Warburg，1962）

Calthrop, Sir Henry

Liberties, Usages and Customs of the City of London（1642）

Campbell, R.

The London Tradesman（1747）

Carpenter, Edward

（Ed.）*A House of Kings：The History of Westminster Abbey*（John Baker，1966）

Chamberlain, H.

New History of London（1770）

Chambers, R. W. And M. Daunt

A Book of London English, 1384—1425（1931）

Chancellor, E. B.

History of the Squares of London（1907）

London Recalled（1937）

Lost London（1926）

Pleasure Haunts of London during Four Centuries（1925）

Private Palaces of London（1908）

The Eighteenth Century in London（1920）

The West End of Yesterday and Today（1926）

Church, Richard

London Flower of Cities All（with drawings and paintings by Imre Hofbauer, Heinemann, 1966）

Over the Bridge（Heinemann, 1955）

The Royal Parks of London（H. M. S. O., 1956）

City of London: A Record of Destruction and Survival（The Architectural Press, 1951）

Clarke, Basil F. L.

Parish Churches of London（Batsford, 1966）

Clode, C. M.

London during the Great Rebellion（1892）

Clunn, Harold P.

The Face of London（1932）

Coach and Sedan pleasantly disputing for Place and Precedence, the Brewer's cart being Moderator（1631）

Colquhoun, Patrick

Treatise of the Commerce and Police of the River Thames（1800）

Colvin, H. M.

Biographical Dictionary of English Architects 1660—1840（John Murray, 1954）

Cook, G. H.

Old St Paul's（Phoenix House, 1955）

Crace, Frederick

 A Catalogue of Maps, Plans and Views of London (1878)

Craig, Sir John

 The Mint: A History of the London Mint from A. D. 287 to 1948

 (Cambridge University Press, 1953)

Cunningham, Peter

 A Handbook for London (1849)

Davis, Dorothy

 A History of Shopping (Routledge & Kegan Paul, 1966)

Delaune, Thomas

 Angliae Metropolis (1690)

 The Present State of London (1681)

De Maré, Eric

 London's Riverside: Past, Present and Future (1958)

Desant, A. T.

 Grosvenor Square (1937)

 Piccadilly in three centuries (1914)

 The History of St James's Square (1895)

Diary of John Evelyn, The (Ed. William Bray, Dent, 1907)

Diary of Samuel Pepys, The (with notes by Lord Braybrooke, Dent, 1906)

Ditchfield, P. H.

 (Ed.) *Memorials of Old London* (1908)

Dodwell, C. R.

 Lambeth Palace (Country Life, 1958)

Douthwaite, W. R.

  Gray's Inn（1876）

Dugdale, G. S.

  Whitehall through the Centuries（Phoenix House, 1950）

Dyos, H. J.

  Victorian Suburb: A Study of the Growth of Camberwell（Leicester University Press, 1961）

Eades, Geo. E.

  Historic London（The Queen Anne Press and The City of London Society, 1966）

Early Victorian England（Oxford University Press, 1934）

Ellis, Aytoun

  Three Hundred Years of London River（Bodley Head, 1952）

Emerson, G. R.

  London: How the City Grew（1862）

Evelyn, John

  Fumifugium, or the Inconvenience of the Aer and Smoak of London Dissipated（1661）

Fletcher, Geoffrey

  The London Nobody Knows（Hutchinson, 1962）

Foord, A. S.

  Springs, Streams and Spas of London（1910）

Gay, John

    Trivia, *or the Art of Walking the Streets of London* (1716)

Gaspery, W.

    Tallis's Illustrated London (1851)

Gaunt, William

    Chelsea (Batsford, 1954)

    Kensington (Batsford, 1958)

    London (Batsford, 1961)

George, M. Dorothy

    London Life in the Eighteenth Century (Reprinted by the London School of Economics, 1951)

Godfrey, E. H.

    (Ed.) *François Colsoni's Guide de Londres*, *1963* (Cambridge University Press, 1951)

Gomme, Sir Laurence

    The Making of London (1912)

    London (1914)

    The Governance of London (1907)

Gough, J. W.

    Sir Hugh Myddelton, *Entrepreneur and Engineer* (Clarendon Press, Oxford, 1964)

Green, A. S.

    Town Life in the Fifteenth Century (1894)

Griffiths, Roger

    A Description of the River Thames (1746)

Grimes, W. F.

    The Excavation of Roman and Mediaeval London（Routledge & Kegan

    Paul, 1968）

Gwynn, J.

    London and Westminster Improved（1766）

Harben, H. A.

    Dictionary of London（1918）

Harrison, Michael

    London, Beneath the Pavement（Peter Davies, 1961）

    London by Gaslight 1861—1911（Peter Davies, 1963）

    London Growing（Hutchinson, 1965）

Hatton, Edward

    A New View of London（1708）

Hayward, Arthur L.

    （Ed.）*The London Spy by Ned Ward*（Cassel, 1927）

Headland, C.

    The Inns of Court（1909）

Heal, Sir Ambrose

    The London Furniture Makers（1953）

Hearsey, John E. N.

    Bridge, Church and Palace in Old London（Murray, 1961）

    London and the Great Fire（Murray, 1965）

Hibbert, H. G.

    Fifty Years of a Londoner's Life（1916）

Hill, William Thomson

Buried London（Phoenix House, 1955）

Hind, A. M.

Wenceslaus Hollar and His Views of London（1922）

Home, Gordon

Mediaeval London（1927）

Roman London A. D. 43—457（Eyre & Spottiswoode, 1948）

Howell, J.

Londonopolis（1657）

Hughson, David

Walks through London（1817）

Hunt, J. H. Leigh

The Town（1848）

Inderwick, F. C.

The Inner Temple（1896）

Jenkinson, W.

Royal and Bishop's Palaces in Old London（1921）

Jesse, J. H.

Literary and Historical Memorials of London（Collected works, 1847）

London and its Celebrities（Collected works, 1847）

Johnson, B. H.

Berkeley Square to Bond Street（John Murray, 1952）

Johnson's England（Ed. A. S. Turberville, Clarendon Press, Oxford, 1933）

Jones, G. P.

 The London Mason in the Seventeenth Century（Manchester, 1935）

Kent, William

 （Ed.）*An Encyclopaedia of London*（Dent, Revised Edn, 1951）

 The Lost Treasures of London（Phoenix House, 1947）

Kingsford, Charles Lethbridge

 （Ed.）*A Survey of London by John Stow*（Oxford, 1908）

 Chronicles of London（1905）

 The Early History of Piccadilly, Leicester Square, Soho and their Neighbourhood（1925）

Knight, Charles

 （Ed.）*London*（1841—1844）

Lang, Jane

 Rebuilding St Paul's after the Great Fire（O. U. P., 1956）

Larwood, Jacob

 The Story of the London Parks（1872）

Lemon, Mark

 Up and Down the London Streets（1867）

Lethaby, W. R.

 London before the Conquest（1902）

Letts, M.

 As the Foreigner Saw Us（1935）

Lewis, R. A.

    Edwin Chadwick and the London Health Movement (1952)

Lichtenberg's Commentaries on Hogarth's Engravings (Tr. Innes and Gustav

Herdan, Cresset Press, 1966)

Lillywhite, Bryant

    London Coffee-houses (Allen & Unwin, 1963)

Lithgow, William

    Surveigh of London (1643)

Locks, W. A.

    East London Antiquities (1902)

'London in 1689—1690. The Manuscript Diary of Mr Robert Kirke' in

London & Middlesex Archaeological Society Transactions. New Series. Vols.

vi and vii.

London in 1710 from the Travels of Z. V. von Uffenbach (Tr, W. H. Quarrell

and M. Mare, 1934)

London in Miniature (1755)

London Topographical Record

Lysons, Daniel

    The Environs of London (1792—1800)

McMichael, J. H.

    The Story of Charing Cross (1906)

Magalotti, Lorenzo

    Travels of Cosimo, Grand Duke of Tuscany through England (1821)

Manchée, W. H.

　　The Westminster City Fathers 1585—1901（Bodley Head, 1934）

Maitland, William

　　The History of London（1759）

Malcolm, James Peller

　　Anecdotes of the Manners and Customs of London in the Eighteenth Century（1808）

　　Londinium Redivivum（1802—1807）

Marshall, J.

　　Topographical an Statistical Details of the Metropolis（1832）

Martin, William

　　The Early Maps of London（1916）

Matthews, E. R. and W. M. Atkins

　　A History of St Paul's Cathedral（1957）

Merrifield, Ralph

　　The Roman City of London（Ernst Benn, 1965）

Misson, H.

　　Memoirs and Observations in his Travels Over England（1719）

Mitchell, R. J. and M. D. R. Leys

　　A History of London Life（Longmans, 1958）

Moritz, C. P.

　　Travels in England in 1782（Tr. P. E. Matheson, 1924）

Morris Corbyn

　　Observations on the Past Growth and Present State of London（1751）

Mumford, Lewis

  The City in History（Secker & Warburg, 1961）

Nairn, Ian

  Nairn's London（Penguin, 1966）

Noppen, J. G.

  Royal Westminster（1937）

Northouck, J.

  New History of London（1773）

Ogilby, John

  London Surveyed（1677）

Ordish, T. F.

  Shakespeare's London（1897）

Ormsby, H.

  London on the Thames（1924）

Page, William

  London: Its Origin and Early Development（1923）

  （Ed.）*The Victoria History of London*

Parreaux, André

  Smollett's London（A. G. Nizet, Paris, 1968）

Partington, C. F.

  （Ed.）*National History and Views of London*（1834）

Passingham, W. J.

    London's Markets（1935）

Pendrill, Charles

    Old Parish Life in London（O. U. P., 1937）

Pennant, Thomas

    Some Account of London（1813）

Petrie, Sir Charles

    Scenes of Edwardian Life（Eyre and Spottiswoode, 1965）

Pevsner, Nikolaus

    London: The Cities of London and Westminster（Penguin, Revised Edn, 1962）

    London Except the Cities of London and Westminster（1952）

Phillips, Hugh

    The Thames about 1750（Collins, 1951）

Piper, David

    The Companion Guide to London（Collins, 1964）

Pope-Hennessy, James

    London Fabric（Batsford, 1940）

Priestley, Harold

    London: The Years of Change（Muller, 1966）

Pritchett, V. S.

    London Perceived（Chatto &Windus and Heinemann, 1962）

    A Cab at the Door（Chatto & Windus, 1968）

Quennell, Peter

    Hogarth's Progress (Collins, 1955)

    (Ed.) *London's Underworld* (William Kimber, 1950)

    (Ed.) *Mayhew's Characters* (William Kimber, 1951)

    (Ed.) *Mayhew's London* (Spring Books, n. d.)

Ralph, James

    A Critical Review of the Public Buildings in and about London (1734)

Rasmussen, Steen Eiler

    London: The Unique City (Pelican, 1961)

Reader, W. J.

    Life in Victorian England (Batsford, 1964)

Reddaway, T. F.

    The Rebuilding of London after the Great Fire (Cape, 1940)

Richardson, A. E. and C. Lovett Gill

    London Houses from 1660 to 1820 (1911)

Riley, Henry Thomas

    Memorials of London and London Life (1868)

    (Tr.) *Liber Albus: The White Book of the City of London* (1861)

Robinson, E. F.

    The Early History of the Coffee-House in England (1893)

Round, J. H.

    The Commune of London (1899)

Royal Commission on Historical Monuments (England): An Inventory of the Historical Monuments in London (1924—1930)

Rubinstein, Stanley

Historians of London（Peter Owen, 1968）

Rye, W. B.

England as seen by Foreigners in the days of Elizabeth and James I
（1865）

Salmon, J.

Ten Years growth of the City of London 1881—1891（1891）

Sands, Mollie

Invitation to Ranelagh 1742—1803（John Westhouse, 1946）

Saunders, Hilary St George

Westminster Hall（Michael Joseph, 1951）

Scott, J. M.

The Book of Pall Mall（Heinemann, 1965）

Sekon, G. A.

Locomotion in Victorian London（1938）

Seymour, Robert

Survey of London（1735）

Shakespeare's England（Clarendon Press, Oxford, 1926）

Sharpe, R. R.

London and the Kingdom（1894—1895）

Sheppard, Edgar

Memorials of St James's Palace（1894）

The Old Royal Palace of Westminster（1902）

Smith, Charles Roach

Illustrations of Roman London (1859)

Smith, H. Clifford

Buckingham Palace: Its Furniture, Decoration and History (1931)

Smith, Sir Hubert Llewellyn

The History of East London (1939)

Smith, J. T.

Antiquities of Westminster (1807—1809)

Sophie in London in 1786 (Trans. and Ed. Claie Williams, 1933)

Southworth, James Granville

Vauxhall Gardens (Columbia University Press, 1941)

Spencer, Herbert

London's Canal (Putnam, 1961)

Stanley, A. P.

Historical Memorials of Westminster Abbey (1868)

Stenton, F. M.

Norman London (with a translation of William Fitz Stephen's Description by Professor H. E. Butler and A Map of London under Henry II by Marjorie B. Honeybourne, S. Bell & Sons, 1934)

Stephenson, Henry Thew

Shakespeare's London (1905)

Stow, W.

Remarks on London and Westminster (1722)

Summerson, John

Sir Christopher Wren (Collins, 1953)

Georgian London（Pelican, 1962）

John Nash（Allen & Unwin, 1935）

Inigo Jones（Penguin, 1966）

Sunderland, S.

Old London Spas, *Baths & Wells*（1915）

Sutherland, L. S.

A London Merchant, *1695—1774*（Oxford, 1933）

Survey of London, *The*（Later volumes edited by F. H. W. Sheppard,
Athlone Press）

Sydney, William Connor

England and the English in the Eighteenth Century（1892）

Tanner, L. E.

History and Treasures of Westminster Abbey（1953）

Thompson, Richard

Chronicles of Old London Bridge（1839）

Thompson, G. Scott

Life in a Noble Household（1937）

The Russells in Bloomsbury（1940）

Thornbury, Walter

London Old and New（1897）

Thrupp, Sylvia L.

A Short History of the... Bakers of London（1933）

The Merchant Class of Medieval London（University of Chicago Press,
1948）

Timbs, J.

    Clubs and Club Life in London（1872）

Transactions of the London and Middlesex Archaeological Society

Trent, Christopher

    Greater London：Its Growth and Development（Phoenix House, 1965）

Unwin, G. H.

    The Guilds and Companies in London（1908）

Walcott, M.

    Memorials of Westminster（1851）

Walford, Edward

    Greater London（1882—1885）

Weale, John

    （Ed.）*London Exhibited*（1851）

Westlake, H. F.

    The Abbey of Westminster（1920）

Wheatley, H. B.

    London Past and Present（1891）

    Round About Piccadilly（1870）

    Short History of Bond Street（1911）

Wheeler, R. E. M.

    London in Roman Times（London Museum Catalogues, No. 3, 1930）

White, R. J.

　　Life in Regency England（Batsford，1963）

Williams，Gwyn A.

　　Medieval London from Commune to Capital（Athlone Press，1963）

Williamson，J. Bruce

　　The History of the Temple（1924）

Wilson，F. P.

　　The Plague in Shakespeare's London（1927）

Wroth，Warwick

　　London Pleasure Gardens of the Eighteenth Century（1896）

Young，Elizabeth and Wayland

　　Old London Churches（Faber，1956）

译者后记

伦敦，是英文学习者心中麦加一般的存在。

在普通中国人眼里，它遥远、神秘但却不失声名显赫。

在过去，它是许多大文豪、大画家笔下故事的发生之地，如查尔斯·狄更斯的《雾都孤儿》《荒凉山庄》，柯南·道尔的《福尔摩斯探案集》，萨克雷的《名利场》，霍加斯的《浪子生涯》……它也是许多重大历史事件的发生地，如奠定了君主立宪制的1688年的光荣革命、影响整个世界工业进程的始于18世纪60年代的工业革命、于1851年举行的第一届世界工业博览会……

如今，它头顶各种耀眼的光环，是世界首屈一指的金融中心，是全世界最顶级的大都会之一，是欧洲最大的城市，是全球最富裕、经济最发达、商业最繁荣、生活水平最高的城市之一。同时，它也是全世界最重要的文化、教育、体育和科技中心之一。伦敦的博物馆、图书馆、电影院和体育场馆数量位居世界首位，是世界上唯一一个举办过三次奥运会的城市，拥有世界知名的电影节、音乐节、时装周及数量最多的高等教育机构和著名大学，名列全球最佳留学城市，是全球文化当之无愧的引领者之一。

国强民安的今日中国，能够去伦敦一睹其风姿的人越来越多：去学习、商务交流、旅行，甚至去定居的也不在少数。即使尚未成行的人，也一定会将这座大都市列在未来的旅行计划表当中，而且名列前茅。

在翻译本书之前，本人也有缘去过伦敦。去游览了一座座名声在外的地标建筑：徜徉在伦敦桥、伦敦塔、威斯敏斯特大教堂、白金汉宫，海德公园、特拉法加尔广场，在大英博物馆内惊叹于古往今来的丰富藏品，甚至还端坐在女王陛下剧院内，观看了一场音乐剧大师安德鲁·劳埃德·韦伯（Andrew Lloyd Webber）的经典名作《剧院魅影》（*Phantom of the Opera*）。时间短暂，伦敦的奇妙尚不能收进眼底于百分之一，更谈不上深入了解。站在充满历史底蕴的街道上，看着那潺潺流淌的泰晤士河……感叹兴奋之余，不明就里的好奇心也油然而生。我想，大多数第一次去伦敦的国人，会和我有着同样的心境。在成行之前，哪怕就算做足了旅游攻略，也大抵就是公交、美食、购物、景观。然而一旦置身其间，仅凭浮光掠影的表象已绝对无法获得内心的满足，无数关乎历史、人文、文化、艺术的问号在脑海中不住地翻腾。

这，就是《伦敦城记》存在的意义。正如作者本人所说："尽管本书着重介绍伦敦的发展史以及伦敦人的社会生活，但我也试图在某种程度上将其打造为一本指南。本书无意佯装全面，但在最后部分，我将本书中提及或以插图展示的，目前仍能在伦敦观赏、享受到的所有建筑、景观、宝藏和乐事，都作了一些详细的说明。谨希望通过此举，本书能为不熟悉伦敦的访客派上一些实际的用途，同时也能为熟悉伦敦但对它了解并不深入、对它所展示的独特和多样性永不厌倦之人，譬如像我这样的人，起到一些实际的作用。"

是的，不管是对于去过还是没有去过伦敦的人，不管是对它熟悉还是陌生的人，本书都会满足你不同的兴趣点。它会带你去探索伦敦精彩纷呈的表面之下的与众不同，去寻找它在历史长河中的足印和记忆，给你一个与走马观花的印象迥然不同的、深入人心的伦敦。作为译者，我也算是第一个读完中文版的人，掩卷之后最强烈的愿望就是，我一定要再去伦敦！

感谢上海人民出版社编辑张晓玲女士的信任和给予的机会，让我能够对心目中的麦加奉上一份敬意。感谢好友 York Moeller 先生在本书翻译的过程中给予我的无与伦比的无私帮助和鼓励，使得我能够克服文字上乃至精神上的种种困难，顺利地完成本书的翻译工作。当然，限于水平，错误在所难免，也恳请各位读者批评指正，以使将来在再版之时更正、修订。

翻译本书期间，正值新冠疫情肆虐全球。人口稠密、商业贸易发达、国际交流频繁的大都市伦敦，不可避免地成为重灾区。当然，在历史的风雨飘摇中，它也曾经历了无数次的瘟疫和灾难，如中世纪导致三分之一人口死亡的黑死病，17 世纪下半叶烧毁大半座城市的伦敦大火，然而，这座英勇的城市最终都能够战胜一切磨难，浴火重生、凤凰涅槃，如一座人类历史的丰碑一般，傲然屹立在泰晤士河畔。祈愿它一如既往地不屈不挠，早日克服疫情，也祈祷人类早日战胜病魔，希望伦敦，以及许多人类引以为傲的其他伟大城市，早日重现辉煌，继续引领我们向更美好、更和谐的生活迈进。

译者
2020 年 9 月

图书在版编目(CIP)数据

伦敦城记/(英)克里斯托弗·希伯特
(Christopher Hibbert)著;刘嫄译.—上海:上海
人民出版社,2021

(历史·文化经典译丛)
书名原文:London:The Biography of a City
ISBN 978-7-208-16949-4

Ⅰ.①伦⋯　Ⅱ.①克⋯　②刘⋯　Ⅲ.①伦敦-历史
Ⅳ.①K561

中国版本图书馆 CIP 数据核字(2021)第 028500 号

责任编辑　张晓玲　张晓婷
封面设计　秘密门扉

历史·文化经典译丛

伦敦城记

[英]克里斯托弗·希伯特　著

刘嫄　译

出　　版　上海人民出版社
　　　　　　(200001　上海福建中路 193 号)
发　　行　上海人民出版社发行中心
印　　刷　上海商务联西印刷有限公司
开　　本　720×1000　1/16
印　　张　30.25
插　　页　10
字　　数　368,000
版　　次　2021 年 4 月第 1 版
印　　次　2021 年 4 月第 1 次印刷
ISBN 978-7-208-16949-4/K·3049
定　　价　118.00 元